오키나와 현대사

국립중앙도서관 출판시도서목록(CIP)

오키나와 현대사
아라사키 모리테루 지음;
정영신, 미야우치 아키오 옮김
 -- 서울 : 논형, 2008 p. ; cm
원표제: 沖繩現代史
원저자명: 新崎盛暉
색인수록
일본어 원작을 한국어로 번역
ISBN 978-89-90618-78-8 94910
ISBN 89-90618-50-9(세트)

오키나와[沖繩]

913.99-KDC4
952-DDC21
                              CIP 2008002439

오키나와 현대사

아라사키 모리테루 지음/ 정영신 · 미야우치 아키오 옮김

논형

沖縄現代史, 新崎盛暉 作, 岩波書店 岩波新書 986
OKINAWA KENTAISI
by ARASAKI MORITERU
ⓒ 2005 by ARASAKI MORITERU
Originally published in Japanese by Iwanami Shoten, Publishers, Tokyo, 2005.
This Korean language edition published in 2008 by Nonhyung, Seoul
by arrangement with the author ARASAKI MORITERU

오키나와 현대사

초판 1쇄 발행 2008년 8월 15일
초판 2쇄 발행 2019년 3월 20일
지은이 아라사키 모리테루
옮긴이 정영신 · 미야우치 아키오
펴낸곳 논형
펴낸이 소재두
등록번호 제2003-000019호
등록일자 2003년 3월 5일
주소 서울시 영등포구 양산로 19길 15 원일빌딩 204호
전화 02-887-3561
팩스 02-887-6690
ISBN 978-89-90618-78-8 94910
값 15,000원

오키나와는 일본의 47도도부현(都道府県)* 중의 하나이다. 그렇지만
오키나와는 단순히 일본의 한 지역으로만 규정할 수 없는 독자적인 역사
를 지니고 있으며, 그러한 독자성에 기반한 특색 있는 문화를 가꾸어 왔
다. 현대사에 한정시켜 보아도, 지상전이나 미군정을 체험한 것은 일본
에서 오키나와뿐이었다. 오히려 지상전이나 미군정과 같은 역사적 체험
은 일본보다 한국과 공유되는 측면마저 존재한다.

내가 처음으로 한국을 방문한 것은 1987년이었다. 전쟁 중에 군부(軍
夫)로 경상북도 경산군에서 오키나와로 강제연행 되었던 사람들이 조직
한 태평양동지회에서 초대한 것이었다. 태평양동지회는 오키나와전(沖
縄戰)에서 살아남은 사람들이 귀국하는 도중에 배 위에서 결성했다고 한
다. 그들은 전후 오랫동안, 오키나와에서 죽은 동료들의 혼을 고향으로
모셔올 수 있기를 기원해 왔다. 그러나 한국전쟁이나 한일관계, 군사독
재정권 등에 가로막혀 그들의 소원은 실현되지 못했다. 내가 초대받았던
당시에도 한국의 일반인들이 '관계 기관'의 초대 없이 해외로 나가는 것
은 곤란했다고 한다.

그런 이야기를 듣고, 당시 오키나와대학의 학장으로 있던 나는 오키나
와대학의 토요강좌로 '강제 연행된 한국인 군부와 오키나와전'이라는 신

---

* 47도도부현: 일본의 행정단위는 광역자치단체인 도(都) · 도(道) · 부(府) · 현(県)과 기
초자치단체인 시(市) · 정(町) · 촌(村)으로 구성된다. 47개의 광역자치단체에는 1도
(東京都), 1도(北海道), 2부(京都府, 大阪府), 43현이 있다. 광역자치단체의 수장(首
長)은 '지사'라고 하여 도지사, 현지사 등으로 부르고, 기초자치단체의 수장은 시장,
정장, 촌장 등으로 부른다.

포지움을 기획하고 태평양동지회의 대표 5명을 초대하기로 했다. 당시 오키나와대학은 매년 '오키나와전과 기지문제를 생각하는 하계 세미나'를 진행하고 있었고, 이미 100회 이상 열렸던 토요교양강좌에서도 종종 '오키나와전'을 테마로 다루고 있었다. 그런 흐름에서 보자면, 태평양동지회의 사람들을 초대하고 심포지움을 기획한 것은 지극히 자연스러운 일이었다.

동시에 그들의 오키나와 방문은 오키나와전 연구에서 가장 미흡했던 부분을 메운다는 의미에서도 큰 의의가 있었다. 우리들은 오키나와 대학외부의 여러 연구자들의 협력을 얻어 교류 · 환영실행위원회를 조직하고, 다양한 환영 · 간담의 장을 마련하였다. 물론 그들의 주목적은 초혼제(招魂祭)였다. 이 초대를 통해, 그들은 오키나와섬 근처의 아카시마(阿嘉島)에서 배가 고파 밭작물을 훔쳤다는 이유로 5명의 동료가 처형된 장소를 찾아내 초혼제를 거행할 수 있었다. 원래 전몰자의 유골수집이나 위령, 초혼의 행사는 전쟁을 일으킨 당사자인 국가가 책임지고 실시해야 할 사항이다. 그러나 국가가 스스로의 책임을 다하지 않는 상황에서 그것을 원하는 민중이 있다면 어떻게 할 것인가. 국경을 초월하여 민중의 입장에서 그러한 희망에 응할 필요가 있지 않는가 하는 것이 우리들의 생각이었다.

1986년 11월 18일에 오키나와를 방문하여 11월 23일에 오키나와를 떠날 때까지, 오키나와 언론들은 그들의 행동을 그야말로 밀착 취재했다. 언론은 사실의 보도보다 드라마틱한 혹은 감정적 측면에 집중하여 보도하는 경향이 있었다. 하지만 오키나와 민중들은 연일 계속되는 언론 보도를 보면서 한반도에서의 강제연행이나 소위 일본군 위안부의 문제를 자신들의 오키나와전 체험의 일부로써, 다시 한 번 피부로 느끼게 되었음에 틀림없다. 특히 오키나와현교직원조합의 사람들은 자주교재(自主教材) 작성을 위해 초혼제를 비롯한 그들의 일정을 밀착 취재하였다.

이런 경위로 해서 우리들은 다음해인 1987년 4월, 태평양동지회 회원들의 고향에 건립된 위령비의 제막식에 초대받게 되었다. 하지만 이때는 40년 전의 전쟁에 대해 서로 이야기할 수는 있어도, 오키나와나 한국의 현 상황에 대해 서로 이야기하는 것은 곤란했다. 한국은 바야흐로 6월 민중항쟁 전야였다.

그로부터 8년이 지난 1995년 가을, 3명의 미군병사에 의한 소녀 폭행 사건을 직접적 계기로 오키나와에서는 미군기지의 정리 · 축소 · 철거, 미일지위협정의 재검토를 요구하는 대규모의 민중운동이 폭발했다. 그때 나는 다음과 같은 글을 쓴 바 있다.

> 우리들은 주권국가의 평등성 회복이라든가 대국 일본의 위신을 위해 지위협정을 문제 삼는 것이 아니라, 어디까지나 보다 보편적인 인권의 확립이라는 관점에서 이 문제를 다루지 않으면 안 된다. 거기에서부터 미일지위협정의 재검토가 한국 민중의 인권상황을 개선하는데 도움이 되리라는 전망도 나올 것이다. 불행한 역사를 떠맡아 온 한 · 일 인민이 직면한 인권상황을 개선하기 위해 공동 투쟁할 가능성두 보일 것이다.

당시 우리들은 한국이 군사독재정권의 시대를 극복하고 민주화의 길을 걷고 있다는 점을 어렴풋이 알고 있었다. 미일지위협정의 재검토가, 한미지위협정(SOFA)의 변경으로 바로 이어진다는 것도 인식하고 있었다. 그러나 예를 들면, 이미 주한미군범죄근절운동본부가 만들어져 활동을 시작했다는 것은 모르고 있었다. 국가보안법이라는 법률까지 존재하는 상황에서 한국의 민중들과 공동투쟁이나 연대를 추구하는 것은 그들에게 폐를 끼칠지 모른다는 걱정도 가지고 있었다.

그 때, 한국 각지에서 미군기지 반대운동을 벌여오던 43명의 활동가들이 우리 앞에 나타났다. 1997년 2월 21일, 미군용지 강제 사용의 시비를 가리는 공개심리 일정에 맞추어서 오키나와를 방문한 것이었다. 이것을 하나의 계기로 하여, 풀뿌리 수준에서 한국과 오키나와 민중들 사이에는 다채로운 교류가 순식간에 확산되었다. 우리들도 '미군기지에 반대하는 운동을 통해 오키나와와 한국 민중의 연대를 목표로 하는 모임'을 만들어 그 대열에 동참하였다.

그로부터 10년. 한국의 민중운동은 크게 전진하고 있는 것처럼 보였고, 오키나와의 운동은 정체 기미를 보였다. 그렇다고는 해도, 미군기지의 정리·통합·축소를 명분으로 한 헤노코(辺野古)의 신기지건설은 비폭력실력저지투쟁을 포함한 민중들의 다양한 투쟁에 의해 10년 넘게 저지되어 왔다.

그리고 지금, 한국도 오키나와도 세계적인 미군 재편에 직면하고 있다. 미군 재편은 동맹국을 미국의 세계전략에 보다 강하게 결부시키려는 의도에서 추진되고 있다. 많은 사람들이 헤노코와 평택이 서로 연결되어 있다는 것을 확실하게 의식하기 시작했다. 그런 시대상황을 배경으로 이책의 한글판을 발행하게 되었다.

오키나와의 현대사(전후사)는 오키나와전으로부터 27년 동안의 미군

지배의 시대와 1972년 5월에 오키나와가 일본에 반환된 이후의 두 시기로 구분할 수 있다. 그러나 오키나와는 이 두 시대를 걸쳐서 미일동맹의 근간으로서 자리매김 되어 왔다. 따라서 오키나와의 현대사는 미일동맹과 오키나와 민중의 투쟁의 역사였다. 이 책은 오키나와가 일본으로 반환된 1972년 이후의 시기에 특히 많은 분량을 할애하여 오키나와의 현대사를 기술한 것이다.

일본에서는 미군 재편의 파트너로서 '전후 체제(regime)로부터 탈각'한 '아름다운 나라' 만들기를 부르짖는 아베(安部) 정권이 등장했다. 2007년 3월 아베 수상은 소위 일본군 위안부 문제에 대해 일본군의 직접적 관여를 부인하는 발언을 했다. 같은 시기, 문부과학성은 교과서 검정에서 오키나와전쟁 중에 '집단자결'에 대한 일본군의 직접적 관여를 교과서 기술에서 삭제하도록 지시했다. 이것은 표리일체의 문제이며, 그들의 역사인식을 상징적으로 표현하고 있다.

우리들이 동아시아의 평화로운 미래상을 구상할 때, 일본과 한국 민중의 상호이해와 연대는 필수적이다. 그 때, 일본 속에 있으면서도 독자적인 역사적 체험을 가지고 있는 오키나와가 어떤 촉매로서 중요한 역할을 떠맡을 수 있지 않을까라고 생각한다. 한국의 독자들이 오키나와의 현대사를 깊이 있게 이해하는 데 이 책이 도움이 되었으면 하는 바람이다.

마시막으로 이 책을 한국의 독자들에게 소개하기 위해 번역의 수고를 마다하지 않은 정영신, 미야우치 아키오 두 분에게 감사드린다.

아라사키 모리테루(新崎盛暉)

머리말

　전후 일본의 정치는 미국의 세계전략에 종속적인 모습으로 전개되어 왔으며 근래에는 그것을 적극적으로 보완하는 형태로 전개되고 있다. 미국의 세계전략에 대한 종속이나 적극적인 보완 형태를 미일안보체제 또는 미일동맹이라고 한다. 바꿔 말하면, 전후 일본은 미국의 세계전략에 확고히 연계됨으로써 세계와 연결되어 온 것이다. 오키나와는 그러한 미일동맹의 군사적 근간으로 자리매김 되어 왔다. 따라서 오키나와 현대사는 미일동맹의 변화 과정에 따라 여섯 시기로 구분하여 고찰할 수 있다.

제1기는 대일평화조약과 구 안보조약이 한 묶음으로 성립된 1952년 4월 이전의 시기, 이른바 전사(前史)의 단계이다.

제2기는 1952년 4월에 2개 조약이 성립된 때부터 1960년 안보개정까지의 시기이다.

제3기는 1960년 안보개정에서부터 1972년 오키나와 반환까지의 시기이다.

제4기는 오키나와 반환에서부터 1978년 '미일방위협력을 위한 지침', 이른바 가이드라인의 책정이나 '배려 예산'의 초창기 무렵까지다.

제5기는 1970년대 말부터 1995년 여름까지의 시기이다.

제6기는 '미일안보 재정의'라는 위로부터의 안보 재검토와 오키나와가 제기한 아래로부터의 안보 재검토 요구가 격돌하는 1995년 가을 이후의 시기이다. 그리고 2005년 이른바 미군 재편협의를 통해 미일안보체제는 새로운 시기를 맞이하고 있다. 미일동맹의 완성기라고 할 수 있을 것이다.

여기서 말하는 제1기부터 제3기까지의 시기는 오키나와가 미군지배 하에 놓였던 시기이며, 제4기 이후의 시기는 오키나와가 일본으로 복귀하여 47도도부현 중의 하나가 된 시기이다.

오키나와 전후사(현대사)는 오키나와가 미군지배 하에 있던 시기와 오키나와가 일본으로 복귀한 이후의 두 시기로 크게 나눌 수 있다. 두 시기를 통틀어 오키나와가 미일동맹의 군사적 근간을 담당해 왔다는 의미에서, 두 시기는 연속성을 가지며, 또한 일본 전후사(현대사)와 불가분의 관계에 있다. 그렇지만 이 두 시기는, 예를 들면 '전후 60년'이라는 말로 한데 묶을 수 없는 시대적 특징을 가지고 있다.

오키나와전으로부터 1972년의 오키나와 반환에 이르는 미군지배 시대의 오키나와의 역사적 흐름, 특히 군정(軍政)과 대치한 민중들의 투쟁의 역사에 관해서는 나카노 요시오(中野好夫)와 함께 이와나미신서(岩波新書)로 펴냈던 『오키나와 전후사』(1976년)에서 구체적으로 밝힌 바 있다. 그렇기 때문에 본서에서는 우선 제1장에서 미군지배 시대의 오키나와 전후사를 요약하고 제2장 이하에서는 일본이 된 이후, 즉 오키나와 반환 이후의 오키나와의 역사적 흐름을 구체적으로 정리하고자 한다.

차례

3장 불 태워진 '히노마루'

4장 걸프전쟁에서 안보 재정의로

5장 정치를 민중의 손에

6장 민중운동의 정체와 재생

일러두기

1. 이 책에서 일본어 지명과 인명은 될 수 있는 한 원음에 가깝게 표기하는 것을 원칙으로 하였다. 하지만 '도쿄'처럼 외래어로 정착된 경우에는 이 원칙에서 제외하였다.

2. 일본어 원저에는 각주가 전혀 없으나 한국어판에서는 한국 독자들의 이해를 돕기 위해 역자주를 넣었다.

3. 번역은 최대한 의역하는 것을 원칙으로 삼았지만, 그 이상의 첨어이 필요할 경우에는 [ ] 기호로 표기하여 저자의 원래 표현과 구분하였다. 저자의 첨언은 ( ) 기호로 표기되어 있다.

4. 본문 속의 사진은 류큐신보사, 나하시역사박물관, 나고해상헬기기지반대협으로부터 제공받은 것이다.

1장

미군 지배 하의 오키나와

오키나와 본섬으로 상륙하는 미군(1945년 4월)

주민이 휘말려든 오키나와전[1]

잘 알려진 것처럼, 오키나와는 아시아 · 태평양전쟁 말기에 일본에서는 유일하게 수십 만 민중의 일상생활 터전에서 대규모의 지상전이 벌어진 지역이다. 밀고 들어 온 미군은 지상전투부대만 해도 18만여 명이었고 후방 지원부대까지 합치면 54만 명에 달했다고 한다. 이에 반해, 일본군은 10만 명에 불과했다. 게다가 그 중의 약 3분의 1은 오키나와 현지에서 징집한 보조병력이었다.

1945년 4월 1일, 미군은 요미탄(讀谷)에서 차탄(北谷)에 이르는 오키나와섬의 서해안으로 상륙하여 오키나와섬을 남북으로 분단한 뒤, 두 코스로 나누어서 북상과 남하를 개시하였다. 일본군 주력부대는 기노완(宜野灣)의 가카즈(嘉數)고지에서 우라소에(浦添)의 마에다(前田)고지를 중심으로 한 중남부의 구릉지대에 지하 진지망을 구축하고 미군을 기다리고 있었다. 가카즈 고지에서 슈리(首里)에 이르는 약 10킬로가 오키나와전의 주요 전쟁터였다. 여기에서는 문자 그대로의 사투(死闘)가 되풀이되어, 미군은 이 10킬로를 돌파하는데 약 50일을 소요했다. 그러나 일본군은 이곳에서 병력의 약 70%를 잃었고 5월 말에는 슈리성의 지하에 구축한 사령부도 위태로웠다. 이 시점에서 오키나와전의 승패는 이미 결정되었던 것이다.

하지만 일본군은 사령부를 포기하고 패잔병을 끌어 모아 남쪽으로 달

---

1 오키나와전(沖縄戰): 오키나와전은 제2차 세계대전의 말기에 류큐열도(琉球列島)를 무대로 하여 일본군과 미군 사이에 벌어졌던 전쟁이다. 이오지마(硫黃島)에서의 전투를 제외하면, 일본 영토 내에서 벌어졌던 유일한 대규모의 지상전이었다. 오키나와전은 1945년 3월 23일 미군의 대량 포격에 의해 개시되었다. 미군은 3월 26일 게라마(慶良間) 열도에 상륙했고, 4월 1일에는 오키나와섬에도 상륙을 개시했다. 2달여에 걸친 사투 끝에 6월 19일 일본군의 조직적인 저항이 종료했지만, 6월 23일에 일본군 사령관인 우시지마(牛島滿)가 자결하면서 계속적인 항전을 명령하여, 미군의 오키나와 작전 종료선언이 발표되는 7월 2일까지 산발전인 전투가 계속되었다. 미군과 일본군의 공식적인 항복조인일은 9월 7일이었다.

아났다. 그것은 오키나와전이, 될 수 있는 한 '본토결전'까지의 시간을 번다는 목적뿐만 아니라 잘 하면 '국체호지'[2], 즉 천황제 유지를 조건으로 한 화평교섭의 길을 찾을 수도 있다는 [천황과 일본군 대본영의 전략에서 나온] '사석(捨石)작전'이었기 때문이다.

남부의 '가마'[3]에는 이미 많은 수의 주민들이 피난해 있었다. 거기에 일본군이 밀려들어 왔다. 피난민 가운데 일본군에 의해 가마에서 쫓겨나거나 저항하다가 간첩으로 몰려 살해당한 이도 있었다.

오키나와전에서 본토 출신의 군인 약 6만 5000명과 오키나와에서 모은 약 3만 명의 징집병, 그리고 일반 민간인 약 9만 4000명이 희생되었다. 그 외에도 한반도에서 군부(軍夫)나 일본군 '위안부'로 강제 연행되었던 약 1만여 명이 희생되었다고 하지만, 그 수는 아직까지도 명확하게 밝혀지지 않고 있다.[4]

---

2 국체호지(國體護持): '국체'란 대대로 내려온 유일혈통인 천황에게만 통치권이 있다고 간주하는 일본의 정치체계를 말한다. 전전의 '대일본제국헌법'은 제1조에서 "대일본제국은 만세일계(萬世一系)의 천황이 통치한다"고 했을 뿐만 아니라 제3조에서 "천황은 신성하여 침범할 수 없다"고 하였다. 또한 제4조에서 "천황은 나라의 원수이며 통치권을 총람한다"고 규정하였다. 패전을 눈앞에 두고 있던 일본의 군부, 내각, 천황 및 그 측근들의 유일한 관심사는 천황제에 기초한 국가체제(=국체)를 패전 이후에도 유지할 수 있느냐(=호지)에 모아져 있었다.

3 가마(ガマ): 자연동굴의 하나. 오키나와섬의 남부해안과 중부의 서해안, 이에지마(伊江島), 미야코지마(宮古島) 등에는 석회암 지대가 넓게 분포하고 있는데, 빗물이나 지하수가 석회암을 침식하면서 자연적으로 형성된 종유동굴(鐘乳洞窟)을 '가마'라고 한다. '가마'는 고대부터 오키나와 주민들에게 주거지나 묘지, 식량저장고 등으로 이용되어 왔다. 오키나와전 당시에 주민들은 '가마'나 거북의 등 모양으로 생긴 카메코우묘(龜甲墓)를 피난처로 많이 이용하였고, 이 때문에 오키나와전과 관련된 수기나 증언에서는 당시에 겪었던 참혹한 경험의 공간적 배경으로 '가마'가 자주 등장한다.

4 오키나와전 당시에 일본군 위안소는 부대의 이동에 따라 함께 이동했기 때문에 정확한 실태파악은 힘들다. 일본군 위안부의 대부분은 한반도에서 강제적으로 끌려온 여성들이었다. 우라사키 시게코(浦崎成子)의 2000년도 연구결과에 따르면, 130여 곳의 위안소 가운데 조선인 여성이 있었다고 확인된 곳은 41개소다. 하지만 이들의 대부분은 전장에서 희생된 것으로 알려져 있다. 생존자 중 한 사람인 배봉기 할머니는 1944년 늦가을부터 오키나와전이 끝날 때까지 오키나와의 도카시키(渡嘉敷)에서 일본군 '위안부' 생활을 강요당한 후, 1975년부터 일본군 '위안부'들이 겪었던 오키나와에서의 생활상을 생생하게 증언한 바 있다. 배봉기 할머니의 생애와 그 증언 내용에

이와 같이 오키나와전에서는 군인보다 훨씬 많은 수의 민간인이 희생되었지만 결국 본토결전은 일어나지 않았고, 히로시마와 나가사키 원폭 투하와 소련의 참전에 의해 일본은 포츠담선언을 수락하고 연합국에 항복하였다.

평화헌법과 미군의 오키나와 지배

일본이 포츠담선언을 수락하여 연합군의 점령 하에 들어간 후에도 오키나와에서는 미군의 단독점령이 계속되고 있었다. 그것은 제2차 세계대전 후의 세계전략에 있어서 군사적 요충지로서 오키나와를 확보하려는 미 군부의 욕구가 표현된 것이었다.[5]

한편, 일본 정부는 일본의 민주화를 요구한 포츠담선언의 수락 의사를 밝힌 후에도 여전히 '국체호지'에 집착하고 있었다. 헌법개정, 즉 신헌법 제정에 관해서도 대일본제국헌법의 본질을 바꾸지 않고 약간의 문구수정을 하면 충분할 것으로 생각했다. 전후 일본의 재출발에 즈음하여, 몇 개의 단체나 정당, 정당, 개인 등이 나라의 기본법인 신헌법은 이러해야 한다는 시안(試案)을 발표하였는데, GHQ(연합군최고사령관총사령부)는 이들 안과 비교해서 일본 정부의 개정 요강이 가장 반동적이라고 간주하였다.[6]

대해서는 한국정신대연구소와 이안후(慰安婦)자료관에서 펴낸 『배봉기의 역사이야기』(2006)를 참조.

5 미 군부는 오키나와를 '태평양의 요석(keystone)'이라고 불렀는데, 이 말은 오키나와의 중요성에 대한 미 군부의 인식을 잘 표현하고 있다.

6 일본 정부가 마쯔모토 조지(松本烝治) 국무상을 중심으로 한 헌법문제조사위원회의 '헌법개정요강'을 GHQ에 제출한 것은 1946년 2월 8일이었다. 마쯔모토 갑안(松本 甲案)으로 불리는 이 안은, 제1조에서 "천황은 지극히 존엄한 존재로, 이는 침해할 수 없는 것이다"라고 하였고 제5조에서 "천황은 군을 통수한다"고 규정하였다. 즉, 마쯔모토의 안은 구헌법의 군국주의적 천황제의 요소를 버리지 못하고 있었던 것이다. 2월 1일에 이 안이 언론에 공개되자, 맥아더의 지시를 받은 GHQ의 민정국(GS, Government Section)은 독자적인 헌법 초안을 만들어 일본 정부에 제시하게 된다.

그래서 연합군 최고사령관 맥아더(Douglas MacArthur) 원수는 GHQ 참모에게 일본국헌법의 초안을 준비하라고 지시하였다. 이때 맥아더가 제시한 '개헌 3원칙'은 "1. 천황이 국가의 정점에 위치할 것, 2. 일체의 군비와 전쟁의 포기, 3. 봉건제도 철폐"라는 세 가지였다. 맥아더는 이 초안에 따라 일본 정부에게 개정안을 작성하도록 요구하였다.

일본 정부는 GHQ 초안의 수용에 난색을 표시하며 저항했지만, 결국에는 이를 대부분 받아들이지 않을 수 없었다. 그 첫 번째 이유는 GHQ 초안을 일본 정부가 받아들이지 않을 경우, GHQ가 초안의 내용을 직접 일본 국민에게 공표할 용의가 있다고 했기 때문이다. 일본 국민들이 제기된 여러 시안이나 사안을 참고하면서 초안을 정리해 온 GHQ는 이 안이 일본 국민의 지지를 받을 수 있다고 자신하고 있었다.

두 번째 이유는 GHQ가 일본 정부에게 연합국의 주요국으로 구성된 극동위원회[7]가 활동을 시작하면 천황의 지위가 위태로워질 것이라는 점을 암시하였기 때문이다. 맥아더나 미국의 지일파(知日派)들은 점령정책의 원활한 수행과 친미국가 일본의 형성에 있어서 천황제의 이용가치가 크다고 보고 있었다. 그러나 연합국 중에는 필리핀, 호주, 뉴질랜드처럼 천황제의 존속 자체를 군사적 위협이라고 보는 나라들도 있었다.

그래서 일본 정부는 GHQ 초안을 기본적으로 받아들이고, 주권재민 ·

---

7 극동위원회(Far Eastern Commission): 대일점령통치의 최고 기관으로서 미 · 영 · 중 · 소를 비롯한 11개국으로 구성되었으며(이후 13개국), 1945년 12월 워싱턴에 설치되었다. 원칙상 연합국측의 대일점령 기본 방침은 대일전쟁에 참가한 연합국들로 구성된 극동위원회에서 결정하고 이것이 미국 정부를 거쳐 GHQ에 전해지면, GHQ는 미 · 영 · 중 · 소로 구성된 대일이사회(Allied Council for Japan)의 자문을 거쳐 일본 정부에 명령을 하달하게 된다. 하지만 실제에 있어서는 극동위원회와 대일이사회는 실권을 행사하지 못했고, GHQ와 맥아더는 대일점령정책의 실행에서 상당한 자율성을 누렸다. 그럼에도 불구하고 GHQ와 맥아더는 연합국을 비롯한 국제여론의 동향을 무시할 수 없었고, 극동위원회가 열리면 당연히 거론될 천황의 전쟁책임 문제를 회피할 명분도 없었다. 극동위원회의 첫 번째 공식회의는 1946년 2월 26일로 예정되어 있었다.

상징천황제[8]·전쟁포기[9]를 규정한 헌법초안을 매듭짓기에 이르렀다.

전쟁포기 규정은 태평양 지역에서 미국과 패권을 다투던 일본제국주의의 날카로운 이빨을 뽑아버리고 동아시아 지배전략의 파트너로서 친미적 중국을 상정하고 있던, 전후 초기 미국의 세계전략에서 비롯된 것이었다. 하지만 동시에, 천황제 존속을 군사적 위협으로 보는 나라들의 불안감을 제거하기 위한 목적에서 만들어진 것이기도 했다. 그런 의미에서 천황제 유지와 일본의 비무장화는 밀접한 관계에 있었다.

또한 일본의 비무장화는 오키나와의 분리·군사지배, 미군에 의한 전략거점화와 불가분의 관계에 있었다. 맥아더는 1947년 6월말, 도쿄를 방문한 미국인 기자단과의 간담회에서 오키나와를 미군이 지배하고 미 공군의 요새화로 만들면 비무장국가 일본이 군사적 진공지대가 되는 일은 없을 것이라는 생각을 명확하게 밝혔다. 이 맥아더의 발언에 아부라도 하려는 듯, 그 해 9월에 GHQ에 전해진 것이 이른바 '오키나와에 관한 천

---

8 상징천황제: 전후 일본의 천황제를 전전과 대비하여 상징천황제라고 부른다. 메이지 헌법이 천황을 최고 권력을 지닌 '통치권자'로 규정하고 있었던데 반해, 새로운 일본국헌법은 천황의 지위와 관련하여 제1조에서 "천황은 일본국의 상징이자 일본 국민의 통합의 상징이며, 그 지위는 주권을 가진 일본 국민의 총의에 기초한다"고 규정하였다. 또한 제4조 1항에서 천황은 "국정에 관한 권능을 갖지 않는다"고 하였다. 종래에 부여되었던 통치권을 부정한 것이다. 이처럼 천황의 지위를 '상징적'인 측면에서만 규정하고 있는 신헌법은, 한편으로 천황도 헌법을 존중하고 헌법에 의해서만 행위할 수 있다는 점을 규정함으로써 구헌법과 큰 차이를 보이고 있다. 하지만 다른 한편으로 여전히 천황 및 황실과 관련된 8개 조항이 제1장을 구성하고 있다는 점에서 전후 일본의 정치체제에서도 천황의 의미가 매우 크다는 점을 보여주고 있다.

9 일본 헌법의 전쟁포기 규정은 크게 전문과 제9조로 구성되어 있다.
전문에서는 "일본 국민은 … 성부의 행위로 인하여 다시 전쟁의 참화가 일어나는 일이 없기를 결의하며 … 일본 국민은 항구적인 평화를 염원하고 … 평화를 사랑하는 모든 국민의 공정과 신의를 신뢰하여 우리의 안전과 생존을 유지하기로 결의한다"는 평화주의 이념을 제시하고 있다.
제9조는 다음과 같다. 1. 일본 국민은 정의와 질서를 기조로 하는 국제평화를 성실히 희구하며 국권의 발동인 전쟁과 무력에 의한 위협 또는 무력의 행사는 국제분쟁을 해결하는 수단으로서는, 영구히 이를 포기한다. 2. 전항의 목적을 달성하기 위해 육해공군과 그 외 전력은, 이를 보유하지 않는다. 국가의 교전권은, 이를 인정하지 않는다.

황 메시지'이다. 천황은 측근인 데라사키 히데나리(寺崎英成)를 통해 "미국이 [오키나와의] 주권을 일본에 남겨 두고 조차(租借)하는 형식으로 25년 내지 50년, 혹은 그 이상 오키나와를 지배하는 것은 미국의 이익이 될 뿐만 아니라 일본의 이익도 된다"는 메시지를 GHQ에 전달했던 것이다.

오키나와를 장기적으로 보유하려는 미 군부의 방침을 미 국가안전보장회의(NSC)가 추인한 것은 1949년 초의 일이다. 이미 중국 대륙의 내전은 인민해방군의 압도적인 우위 아래 전개되고 있었으며, 미소 대립도 심각해질 조짐을 보이고 있었다. 미국 정부는 1949년 7월 1일부터 시작되는 1950회계연도 예산에서 처음으로 본격적인 오키나와기지건설 예산을 책정하였다. 1949년 7월 4일 미국의 독립기념일을 즈음하여, 맥아더는 "일본은 공산주의 진출 저지의 방벽"이라는 성명을 발표하였다. 중화인민공화국 성립(1949년 10월), 한국전쟁 발발(1950년 6월)이라는 세계정세의 진전 속에서 비무장국가 일본을 '반공 방벽'으로 전환시키는 정책도 급속히 구체화되어 갔다.

우선, 첫 번째 정책은 1950년 8월의 경찰예비대령 공포에 의해 시작되었다. 한국전쟁은 일본의 재군비에 부정적이었던 맥아더 등에게도 미국의 전략을 보완할 현지 지상병력의 필요성을 인식시켰다고 할 수 있다.[10] 경

---

10 비군사화 정책과 재군비 논쟁: 1945년 9월 22일에 발표된 '항복 후 미국의 초기 대일방침(SWNCC 150/4A)'은 '비군사화'와 '민주화'라는 두 가지 기본방침에 따라 점령개혁이 실시될 것임을 밝히고 있었다. 비군사화는 일본의 전쟁수행능력을 상실케 함으로써 일본이 두 번 다시 미국과 세계의 평화와 안전에 위협이 되지 않도록 하는 데 그 목적이 있었으며, 일본군의 완전한 무장해제, 군사시설 및 장비의 파괴, 일본군 조직의 폐지, 준군사조직의 해산 및 금지, 전범재판의 개시, 군국주의적 교직원의 추방, 수신(修身)이나 일본역사 수업의 금지, 국가신도(神道)의 폐지 등을 그 내용으로 하고 있었다. 하지만 1947년 이후 냉전의 격화를 계기로 하여 언제, 어떤 수준에서, 어떤 방식으로 일본에서 전력을 육성·배치할 것인지에 대한 논쟁이 벌어지게 된다. 이것이 이른바 재군비 논쟁이다. 1947년 10월 케난(George F. Kennan)의 문제제기를 시작으로 하여, 1948년부터 미 군부를 중심으로 일본의 재무장에 대한 본격적인 검토를 하였고, 미국은 1948년 10월의 국가안전보장회의 문서 '미국의 대일정책에 대한 권고(NSC13/2)'를 통해 공식입장을 마련하였다. 더 나아가 1949

찰예비대는 2년 후에 보안대로 바뀌었고, 그 2년 뒤에는 자위대로 되었다.

두 번째 정책은 미군의 항구적인 일본 주둔이었다. 한국전쟁은 미국의 전략상 공격기지, 후방지원기지로서 일본의 중요성을 인식케 하였다. 한편 한국전쟁은 '조선특수'[11]라는 말로 상징되는 것처럼 일본 경제에 큰 이익을 가져다주었다. 이처럼 미국의 군사적 이익과 미국의 전쟁에 협력함으로써 얻게 되는 일본의 경제적 이익 사이의 상호이용 관계를 토대로 하여, 미일동맹이 발족하게 되었다.

대일평화조약과 일본복귀운동

초기의 대일점령정책에서 오키나와의 분리·군사지배는 일본의 비무장화와 연결되어 있었다. 하지만 일본의 재군비가 시작되고 미군이 일본의 전 국토를 군사기지화 할 수 있게 된 단계에서도, 오키나와에 대한 미

10월 미 국무부는 일본의 자위력을 적당한 시기에 발전시켜야 한다는 군부의 의견에 동의하는 결정(NSC49/1)을 내린다. 그런데 일본점령의 최고 책임자였던 맥아더는 경제부흥을 우선한다는 정책은 받아들였지만, 일본의 재군비에 대해서는 일본헌법 제9조와 오키나와의 공군요새화를 명분삼아 부정적인 태도를 보였고, 이미 NSC13/2의 제5항에 명기되어 있던 일본의 경찰력 강화 방침에 대해서도 한국전쟁 발발시까지 아무런 조치를 취하지 않고 있었던 것이다. 결국 한국전쟁을 계기로 하여 미 국무부와 국방부는 일본의 재군비에 대해 완전한 의견일치를 보았고, 일본에서 재군비 정책이 비로소 현실화될 수 있었다.

11 조선특수 또는 한국전쟁특수: 한국전쟁이 일본에 미친 영향 가운데 결정적으로 중요한 것은 특수 수요에 의해 전례없는 경제호황이 일어났다는 점이다. 비군사화와 민주화를 목표로 하고 있던 미국의 대일점령정책은 1949년을 전후로 하여 일본을 반공의 보루로 재건하고 일본경제를 부흥시키는 '역코스(Reverse Course)'로 나아갔다. 경제적으로는 닷지(J. Dodge)의 지도하에 '닷지 라인'이 실행되어, 패전 후에 극심했던 인플레이션을 억제하기 위해 극단적인 재정긴축정책이 실시되었다. 그런데 '경제안정 9원칙'을 비롯한 안정 기조의 정책은 인플레이션을 진전시켰지만 자금부족과 도산, 실업의 문제를 유발하고 있었다. 한국전쟁의 발발에 따른 미군특수와 수출 신장에 의해 이러한 경향은 반전되었고, 특히 섬유와 금속산업은 황금알을 낳는 거위와 같아서 '糸 경기', '金 경기'라는 말이 유행하였다. 당시 일본은행 총재였던 이치마다 히사토(一萬田尚登)는 한국전쟁에 의해 "우리 재계는 구원받은 것이다"라고 회상할 정도였다. 1950~53년의 기간에 미국이 일본에서 소비한 금액은 약 30억 달러에 달했다고 한다. 이 때문에 찰머스 존슨(Chalmers Johnson)은 한국전쟁이 일본에 대해 마샬플랜(Marshall Plan)에 필적하는 효과를 지녔다고 지적한 바 있다.

일본복귀기성회가 벌인 즉시복귀 청원서. 유권자의 72.1%가 서명했다(1951년 8월 28일).
사진 제공: 나하시역사박물관

국의 군사지배는 해소되지 않고 오히려 강화되었다. 후에 프라이스 권고
가 강조했듯이(37쪽 참조), [반미정권이나 미국에 비협조적인 정권으로]
정권교체를 상정할 수 있는 일본 및 다른 아시아 주권국가와의 조약에
근거한 기지들에 비해서, 미국의 배타적 지배 아래 놓인 오키나와기지의
안정도가 훨씬 높다고 판단했기 때문이다.

이리하여 1951년 9월 8일에 샌프란시스코에서 대일평화조약과 함께
미일안보조약이 체결되었고, 이들 두 조약은 이듬해인 1952년 4월 28일
동시에 효력을 발생하였다.

대일평화조약 제3조는 다음과 같이 오키나와의 지위를 규정하고 있다.

"일본국은 '오키나와나 오가사와라(小笠原)'[12]를 합중국을 유일한 시정권

---

12 대일평화조약 제3조에 의해 일본으로부터 분리된 영토는 아마미 제도, 오가사와라 제
도, 오키나와 제도 등이다. 이 중에서 아마미는 1953년 12월 25일, 오가사와라는
1968년 6월 26일, 오키나와는 1972년 5월 15일에 각각 일본에 반환되었다. 304쪽
남서 제도 전도를 참조.

자로 하는 신탁통지제도 하에 두기로 한, 국제연합에 대한 미합중국의 어떠한 제안에도 동의한다. 이러한 제안이 행해지고 또한 가결될 때까지, 합중국은 영해를 포함한 이들 제도(諸島)의 영역 및 주민에 대하여 행정, 입법 및 사법상 권력의 전부 및 일부를 행사할 권리를 가진다."

대일강화 움직임이 명확해지자 오키나와에서는 일본복귀를 요구하는 움직임이 활발해졌다. 아마미(奄美), 오키나와, 미야코(宮古), 야에야마(八重山) 등의 섬에서 압도적 다수의 유권자들은 서명이나 의회 결의 등을 통해, 아마미 제도를 포함한 류큐제도를 미군정의 지배하에 내버려 둔 채 독립하려는 일본의 강화방침에 항의하면서, '평화헌법 아래로의 복귀'를 요구하였다. 하지만 류큐제도의 지위 결정에 관한 류큐 주민들의 명확한 의사표시에 대해 미일 양 정부는 아무런 배려도 보이지 않았다.

미군정 하의 오키나와

앞에서 서술한 것처럼, 미국은 대일강화의 구체화에 앞서서 오키나와의 배타적 지배와 군사기지화 방침을 확정하였으며, 현지 미군도 이를 위한 체제 정비를 진행하고 있었다. 오키나와 점령과 동시에 설립된 미군정부는 1950년에 미 민정부(民政府)로 개칭되었지만 군정부와 민정부 간에는 사실상 아무런 차이점이 없었다.[13] 초대 민정 장관은 미 극동군사

13 미 군정부와 미 민정부: 1945년 4월 1일, 오키나와섬에 상륙한 미군은 니미츠(C. W. Nimitz) 원수의 이름으로 이른바 '니미츠포고'를 선포하여 "일본제국정부의 모든 행정권을 정지"시켰다. 또한 남서 제도와 그 주변지역을 미군의 점령지역으로 선포하고, 오키나와의 주민들을 모두 미군이 설치한 수용소에 강제 수용하였다. 미군은 점령과 동시에 통치기구로서 미 군정부(류큐열도미국군정부, United States Military Government of the Ryukyu Islands)를 설치하였다. 당초에는 오키나와 공격을 책임졌던 니미츠 원수 지휘 하의 미 해군이 관할했지만, 1946년 7월 1일부터 미 육군의 관할로 이관되었다. 미 민정부(류큐열도미국민정부, United States Civil Administration of the Ryukyu Islands, 약칭 USCAR)는 오키나와의 장기적인 통치를 위해 1950년 12월 15일에 설치된, 미 군정부의 후속 통치기관이다. 통치의 책임자인 민정장관은 도쿄의 미극동군사령관과 겸임이었기 때문에, 실질적으로

령관 맥아더 원수였으며 민정 부장관은 미 류큐군 사령관 비틀러(Robert S. Beightler) 소장이었다. 후에 미 극동군이 태평양군으로 통합되자 미 대통령 행정명령에 의해 류큐군 사령관은 고등판무관[14]이 되었다.

당초 미군은 아마미, 오키나와, 미야코, 야에야마의 4군도(群島)에 각각 주민측 정부로서 군도 정부를 설치하였지만, 1952년 4월에는 이를 해체하고 미 민정부 아래 전 류큐를 통일한 류큐 정부를 설치하였다. 류큐 정부는 3권 분립의 형태를 취하고 있었지만 그 권한은 극히 한정되어 있었다.

류큐 정부의 행정주석은 미 민정부 부장관(후에 고등판무관)에 의해 임명되기 때문에 직·간접적으로 미군측 지시에 따르지 않을 수 없었다.

류큐입법원은 주민의 직접선거로 선출되는 의원으로 구성되었지만, 미군측 명령인 포고나 포령에 저촉되지 않은 범위 내에서의 입법 활동만 인정되었다. 예를 들면, 기지건설이 본격화되는 가운데 빈발하는 노동쟁의에 대처하기 위해 류큐입법원 '노동기준법', '노동조합법', '노동관계조정법' 등 노동3법의 제정을 시도하였지만, 미 민정부의 방해로 난항을 겪었다. 겨우 제정에 이르게 되자, 미 민정부는 노동3법의 공포 직전인 1953년 8월에 포령116호 '류큐인 피고용자에 대한 노동기준 및 노동관계법'을 공포하여, 기지관련 사무소에 고용된 노동자에게는 입법원

는 민정부(副)장관에게 통치권한이 위임되어 있었다. '전시점령' 하에서 오키나와에 설치되었던 4개의 군도 정부와 대일평화조약 발효 이후에 설치된 류큐 정부의 실질적인 상부 기구로서의 지위를 가지고 있었다.

14 고등판무관(高等弁務官, High Commissioner): 1957년 6월 5일부터 아이젠하워(Dwight Eisenhower) 미 대통령의 행정명령에 따라 기존의 민정부 장관과 부장관의 직제가 폐지되고, 미 국무부의 조언과 미 국방부의 지명으로 임명되는 고등판무관이 민정부의 점령통치를 총괄하였다. 고등판무관은 오키나와 통치의 최고책임자였을 뿐만 아니라, 하와이의 미태평양군 류큐대표와 재류큐 미육군사령관의 직위도 겸임하여 '세 개의 모자를 쓴 군인'으로 불렸다. 행정주석이나 류큐상소재판소 재판관의 임명권 및 류큐정부 전 직원의 파면권을 가지고 있었을 뿐 아니라 입법원이 제정하는 입법의 거부권도 가지고 있었기 때문에, 행정·입법·사법의 모든 영역에 걸쳐서 전권을 행사하였다.

이 제정한 노동법을 적용하지 않고 포령116호를 적용하기로 하였다. 나아가 미 민정부는 1955년 3월에 포령145호 '노동조합 인가수속'을 공포하여(1962년 폐지), 미 민정부의 허가 없이는 어떤 노동조합도 결성하지 못 하게 하는 등 노동운동에 대한 간섭을 강화하였다. 전후 일본의 노동조합법이 GHQ의 민주화 지시에 의해 제정된 것과는 큰 대조를 보인다.[15] '전후민주의'도 일본과 오키나와 사이에는 질적 차이가 있었던 것이다.

사법기관으로 상소재판소, 순회재판소, 치안재판소 등의 민간재판소가 설치되었지만, 다룰 수 있는 범위는 류큐 주민 사이에 일어난 사건으로 한정되어 있었다. 외국인과 관련한 사건은 미 민정부재판소가 담당했다. 류큐 주민간의 사건이라도 법령해석상 미군 지배에 큰 영향이 있다고 간주되면, 류큐 정부재판소에서 미 민정부재판소로 사건을 이송할 수 있었다. 미군 범죄 등은 군법회의에서 다루어졌다. 또한 류큐 경찰은 외국인 범죄에 관해 현행범의 체포권한을 인정받고 있었지만, 체포한 용의자를 즉각 미군측에 인도하지 않으면 안 되었다.

---

15 GHQ의 노동정책: '초기대일방침(SWNCC 150/4A)'에서 밝힌 것처럼, 대일점령 초기에 미국은 민주주의적인 노동조직의 형성과 자유로운 발달을 장려한다는 입장을 가지고 있었다. 노동자들이 일본군국주의에 의해 가장 큰 피해를 입었기 때문에 군국주의의 부활에 가장 강력한 방어세력이 될 수 있다고 판단했기 때문이다. 1945년 12월에 제정되어 46년 3월에 시행된 '노동조합법'은 노동자들의 조직결성권, 단체교섭권 및 파업권을 인정하였다. 미 점령군의 적극적인 지원 아래, 48년 6월에는 667만 7427명(3만 3926개 노조)이 노조로 조직되는 등 노동운동은 급속히 성장하였다. 그러나 노동운동과 GHQ의 밀월관계는 '요시다 내각 타도'나 '인민정권수립' 등을 목표로 한 1947년 2월의 '2·1총파업'에 대해 맥아더가 파업중지 명령을 내린 이후에 급속히 냉각되었다. 총파업 금지조처가 내려졌고 노동운동에 있어서 좌익의 영향력은 급속히 약화되었다. 1948년에는 노동조합법이 개정되어 공무원과 공공기업 노동자들의 단체행동권이 박탈되었다. 일본 정부는 1948년 7월의 맥아더 서한에 근거하여 국가·지방 공공단체 고용자의 파업을 금지하는 '정령201호'를 선포하고 국가공무원법을 개정하여 단체교섭권과 단체행동권을 박탈하였다. 1950년에는 이른바 레드퍼지(Red Purge)로 공산당원뿐만 아니라 많은 노조활동가들이 해고되었다. 그럼에도 불구하고 본토의 노동운동은 오키나와와 비교해서 비교적 나은 조건을 누리고 있었고, 특히 대일평화조약의 발효 이후에는 일반적인 민주주의의 제도 하에서 노동운동을 할 수 있었다.

1955년 무렵에 발급된 일본 여행증명서와 도항증명서, 검역증명서, 신분증명서
사진 출처: 오키나와평화기념자료관

　　그렇다면 '류큐 주민'의 법적지위는 어떠했을까.

　　대일평화조약 제3조(26~27쪽 참조)는 류큐 제도가 일본의 영토이며 류큐 주민의 국적이 일본이라는 점을 부정하지 않았지만, 류큐 주민들은 미군의 엄격한 관리 하에 있었다. 류큐 제도 출입 시에는 미 민정부가 발행하는 도항증명서를 교부받지 않으면 안 되었다. 미 민정부는 종종 이유를 밝히지 않은 채, 도항증명서 발급을 정지하였다. 도항증명서 발급 정지는 미 민정부의 가장 효과적인 정치활동·언론활동 규제 수단이었다. 도쿄의 대학에 진학한 학생이 여름방학에 귀향했다가 도쿄로 돌아가려고 했지만, 도항증명서가 나오지 않아 퇴학당한 사례도 있었다. 자기가 태어난 오키나와의 여러 섬에서 살고 있는 한, 류큐 주민들의 일본 국민으로서의 모든 권리는 부정되었다. 하지만 일본에 가기만 하면, 일본 국민으로서의 모든 권리가 회복되어 선거권도 부여되었다. 그런 의미에서는, '류큐 주민'은 '일본 국민'이었다.

또한 류큐 통화의 경우 1948년부터 1958년까지는 B엔이라 불리는 군표가, 1958년부터 1972년까지는 미국 달러가 사용되었다.

1953년 8월에 방일한 덜레스(John Foster Dulles) 미 국무장관은 12월 25일자로 아마미 제도를 일본에 반환한다고 선언하였다. 아마미 제도의 반환은 일본에게 30만 명 이상의 규모를 가진 지상군의 재건을 요구하는 대가임과 동시에 전략적 가치가 낮고 복귀요구가 강한 아마미 제도의 반환을 대가로 오키나와기지의 무기한 보유 의사를 명확히 한 것이었다. 이어서 1953년 11월에 미 대통령 특사로 아시아 여러 나라를 친선 방문한 닉슨(Richard Milhous Nixon) 부통령은 서울을 거쳐 도쿄를 방문한 자리에서 "일본의 방위력은 강화되어야 한다"고 말하였다. 나아가, 도쿄에서 마닐라로 향하는 도중에 오키나와에 들려 기지를 시찰한 후 "공산주의의 위협이 있는 한, 미국은 오키나와를 보유할 것"이라고 말하였다. 이듬해인 1954년 아이젠하워(Dwight David Eisenhower) 미국 대통령은 연두교서에서 "오키나와에 있는 우리의 기지를 무기한으로 보유할 것"이라고 밝혔다.

아마미 제도의 반환과 동시에 오키나와에서는 "복귀운동은 국제공산주의 운동을 이롭게 한다"는 미 민정부의 노골적인 반공정책이 강화되어 정치적 탄압이 거세지고 있었다.

원폭투하와 관련된 전시회를 무허가로 개최하거나 등화관제(방공연습) 중에 기숙사에서 램프를 점등했다는 등의 이유로 류큐대학 학생 4명이 근신처분을 받은 일이 있었는데, 그 부당성을 호소했다는 이유로 학생들에게 퇴학처분이 내려진 '제1차 류큐대학사건'이 이 시기에 있었다. 또한 미 민정부의 퇴도(退島)명령을 거부한 아마미 출신 인민당 간부의 은닉방조 및 교사 등의 혐의로 인민당의 세나가 카메지로(瀬長亀次郎) 서기장과 마타요시 이치로(又吉一郎) 도미구스쿠(豊中城) 촌장의 투옥을 시작으로, 많은 인민당원이 체포된 인민당사건(1954년 10월)도 이 시기의 사건이다. 미군의 흉악범죄도 빈발했다. 오키나와 전체에 충격을 준, '유미코짱 사건'이라 불리는 6살 유아 성폭행살해사건이 발생한 것이 1955년 9월의 일이었다.[16]

폭력적인 토지접수

이러한 상황 속에서 "총검과 불도저"에 의한 미군용지의 강제접수가 진행되었다.

전후 오키나와는 우선, 군용지[17]의 존재라는 현실로부터 출발한다. 오키나와전 말기가 되자 전장을 피해 다니거나 '가마'에 숨어 있던 사람들이 속속 미군의 수용소[18]로 이송되었다. 전쟁이 끝나자 미군은 군용지로 필요 없는 곳부터 순차적으로 [개방하여], 사람들이 원래의 거주지로 돌

---

16 유미코짱(由実子ちゃん) 사건: 1955년 9월 4일 이시카와시(石川市)에 사는 6살의 여자 아이인 유미코(由実子)의 시체가 카데나정(嘉手納町) 내에서 발견되었다(범행은 9월 3일). 체포된 미군 병사는 재판에 넘겨져 같은 해 12월에 사형선고를 받았지만, 그 후에 45년 중노동형으로 감형되어 미국으로 귀환하였다. 이 사건은 어린이를 대상으로 한 성폭행 및 살인이었다는 점에서 전 오키나와인들에게 큰 충격을 주었고 미군의 폭력적 토지접수에 반대하여 '섬 전체 투쟁'이 폭발하는 하나의 계기가 되었다. 이후 미군이 저지른 범죄사건의 대표적인 사례로 거론되었으며, 40년이 지난 후인 1995년의 소녀성폭행 사건 때에도 이 사건이 환기된 바 있다.

17 군용지(軍用地): 군사적 용도로 사용되는 토지를 말한다. 국유지, 공유지, 민유지 등의 토지를 국가가 구매하거나 임대하여 미군이나 자위대에게 시설·구역의 용도로 제공할 경우에 군용지가 된다. 군용지의 지주를 군용지주(軍用地主), 미군에게 제공되는 군용지를 '미군용지'라고 한다. 오키나와의 경우에 군용지의 대부분이 '미군용지'이고, 특히 1972년의 일본 복귀 이전에는 '미군용지' 밖에 존재하지 않았기 때문에, 이 책에서는 두 용어를 함께 사용하고 있다.

18 미군 수용소: 미군은 포로로 붙잡힌 사람들을 전투 참가자와 민간인으로 구분하여, 각각 포로수용소와 민간인수용소에 수용하였다. 민간인수용소는 치넨, 마에하라, 코자, 이시카와, 칸나, 기노자, 고치야, 오우라사키, 세다케, 타이라, 헨토나, 헨자, 아구니, 이헤야, 케라마, 쿠메지마 섬 등 16곳에 설치되었다. 미군은 수용소 내의 현지인들을 촌장이나 민간경찰(civilian police)로 임명하고 식량이나 의복을 지급하였다. 옛 거주지로의 이동은 1945년 10월말부터 허락되지만, 실제로는 미군이 주민들의 생활안정보다 기지전선에 열중하면서, 주민들의 복귀는 강화조약이 발효되는 52년까지 이어졌다.

미군수용소에서 작업명령을 기다리는 주민들
사진 제공: 나하시역사박물관

아갈 수 있도록 허락하였다. 그러나 미군이 군용지로 필요하다고 판단한 토지에 대해서는 주민들의 귀환을 허락하지 않았다.

게다가 미군은 헤이그 육전법규(陸戰法規)[19]에 근거하여, 일본이 독립할 때까지는 전쟁상태가 지속된다고 주장하면서 토지 사용료조차 지불하지 않았다. 곧 이어, 미군은 군사적으로 점령한 지역에서 항구적인 군사기지 건설을 시작하였다. 그리고 대일평화조약이 발효된 후인 1952년 11월, 겨우 군용지임대차계약을 위한 포령91호 '계약권(Authority to Contract)'을 공포하였다. 그러나 포령91호는 20년이라는 긴 계약기간을

---

19 헤이그 육전법규(Hague regulation land warfare): 정식 명칭은 '육전의 법규·관례에 관한 조약'으로, 1899년 네덜란드의 헤이그에서 열린 제1회 헤이그 평화회의에서 체결되었고, 1907년에 열린 제2회 평화회의에서 개정되었다. 9개의 조항으로 구성되어 있으며, 56개의 부속 조항을 가지고 있다. 육상전투(陸戰)에서 전쟁개시, 정전, 점령 등에 관한 제한 규약을 담고 있으며, 민간인의 자산과 생명에 대한 해적행위의 금지 등을 규정하고 있다.

책정하고 있었으며, 한 평의 연간 임대료가 "코카콜라 한 병 값도 안 된다"고 불평이 나올 정도로 사용료를 낮게 책정하고 있었기 때문에, 군용지주들이 이를 받아들이지 않았다. 90% 이상의 군용지주가 계약을 거부하는 사태에 직면하자, 미 민정부는 1953년 12월에 포고26호를 공포하여 "[45년부터] 장기간에 걸친 사용 사실에 의해 [군용지주들이 토지 임대에 동의한다는] '묵계(黙契)'가 성립되었다"고 간주하기로 하였다.

이 시기에 일본, 미국, 필리핀, 대만, 홍콩 등의 거대 토건업자가 기지 건설을 하청받았다. 그 중 절반에 이르는 약 20개 회사는 가시마(鹿島)건설, 시미즈(清水)건설 등 본토업자였다. 1950년대에 걸쳐 오키나와는 기지 건설뿐만 아니라 일본의 달러 획득 시장으로서도 일본의 전후 부흥에 큰 의미를 지니고 있었던 것이다.

반대로, 오키나와에서는 미군에 의한 광대한 군용지의 수용이 군용지주의 생활뿐만 아니라 마을 개발이나 도시 개발에도 큰 영향을 미치고 있었다. 광대한 카데나(嘉手納)기지에 의해 마을이 분단된 차탄촌(北谷村)에서 카데나촌이 분리되었고 나카구스쿠촌(中城村)에서 기타나카구스쿠촌(北中城村)이 분리되지 않을 수 없었다.

일본군이 건설한 비행장 등도 미군용지에 흡수되었다. 일본군의 기타(北)비행장은 요미탄비행장이 되고 나카(中)비행장은 약40배로 확장되어 카데나비행장이 되었다.[20]

---

20 1945년까지 일본군이 오키나와 제도에 건설한 비행장은 총 16개에 달하는데, 그 중에서 14개는 제2차 세계대전의 막바지인 43-45년에 건설되었다. 1945년 당시 미군의 오키나와 공격작전인 아이스버그(Iceberg) 작전에 따르면, 가능한 빨리 요미탄비행장과 카데나비행장의 건설공사를 시작하라는 명령이 공병대의 특수임무로 하달되어 있었다. 이에 따라 미군은 오키나와 상륙 당일인 4월 1일부터 비행장 공사에 착수하였고, 3일 후부터는 비행기의 이착륙이 가능하였다. 또한 6월경에는 카데나 비행장을 B29 등 대형폭격기의 주력기지로 사용할 수 있게 되었다. 두 비행장이 일본군에 의해 이미 건설되었다가 전후에 미군에 의해 확장된 대표적인 비행장이라면, 후텐마(普天間)비행장은 미군에 의해 신설된 대표적인 비행장이다.

이에지마 주민들의 진정규정 투쟁(1955년 5월)
사진 출처: 오키나와현 교육위원회

　나아가 미군은 구체적인 기지건설과정에서 새로이 필요하게 된 토지를 접수하기 위해 1953년 4월 3일, 포령109호 '토지수용령(The Land Acquisition Procedure)'을 공포하고 당일부터 시행하였다. 이에 근거하여, 1953년 4월에 마와시촌(真和志村)의 아자(安謝)와 메칼(銘苅), 1953년 12월에 오로쿠촌(小禄村) 구시(具志), 1955년 3월에 이에촌(伊江村) 마자(真謝), 1955년 7월에 기노완촌(宜野湾村) 이사하마(伊佐浜) 등지에 무장군인을 출동시켜 농민들의 완강한 저항을 억누르고, "총검과 불도저"를 앞세워 토지접수를 실시하였다. 폭력적인 토지 탈취에 대해 각지의 농민들은 목숨을 건 저항을 벌였다. 특히 이에지마(伊江島) 농민들의 독창적인 투쟁은 오키나와 민중들에게 많은 동정과 공감을 불러 일으켰다. 이들은 비폭력주의로 일관하는 '진정규정(陳情規定)'[21] 방식의 투쟁을 결정한 뒤, 오키나와 전체를 '거지행각'으로 돌아다니면서 미군의 폭력적

21 진정규정: 행정기관에 출두하여 실정을 진술하고 선처를 호소하는 행위를 말한다. 폭력적인 토지접수에 저항하기 위해 평화적으로 진행된 투쟁방식의 하나였다.

이에지마 주민들의 거지행각
투쟁(1955년 7월)
사진 제공: 나하시역사박물관

인 토지 탈취가 부당하다는 점을 널리 호소하였다.

이러한 상황 속에서 1954년 3월, 미 민정부는 군용지료의 일괄지불(一
括払い, Lump-Sum Payment)이라는 미 육군성의 방침을 발표하였다.
일괄지불이라는 것은 토지의 1년 차지료를 지가의 6%로 결정하고 이것
의 16.6년치분, 즉 지가상당액을 한 번에 지불함으로써 한정부토지보유
권(限定付土地保有権)이라는 일종의 영구차지권을 설정하려는 것으로
서, 미군에 의한 실질적인 토지매수정책이었다. 이에 대해 류큐입법원은
전원 일치로 '군용지처리에 관한 청원'을 가결하였다. 이 청원을 통해 '일
괄지불 반대', '적정보상', '손해배상', '신규접수반대'라는 4개의 요구가
명확해졌다.[22] 이것은 후에 "토지를 지키는 4원칙"이라 불리면서 오키나

---

22 1954년 4월 30일에 내려진 '군용지 처리에 관한 입법원 청원결의'의 구체적인 내용
은 다음과 같다. "1. 미합중국 정부에 의한 토지의 매상 또는 영구사용, 지료의 일괄
지불은 절대로 실시하지 않을 것. 2. 현재 사용 중인 토지에 대해서 적정하고 완전
한 보상이 이루어질 것. 사용료의 결정은 주민의 합리적 산정에 따른 요구액에 기초
해야 하며 또한 평가 및 지불은 1년마다 이루어져야 한다. 3. 미합중국 군대가 가한

와측의 통일된 요구가 되었다.

동시에 행정부, 입법원, 시정촌장회(市町村長会)와 군용지주 단체인 토지련[23]이 4자협의회(4자협)를 결성하여 대미협상을 벌이기로 하였다. 1955년 6월 4자협 방미 대표단의 요청에 따라, 같은 해 10월에 미 하원 군사위원회는 프라이스(Melvin Price)를 위원장으로 하는 특별분과위원회를 오키나와로 파견하였다. 조사단이 의회에 제출한 미 하원 군사특별분과위 보고서가 이른바 프라이스 권고(Price Report)이다.

섬 전체 투쟁의 폭발

1956년 6월에 발표된 프라이스 권고는 오키나와기지가 ① 제약이 없는 핵기지로서, ② 아시아 각지의 지역적 분쟁에 대처하는 미 전략의 거점으로서, ③ 일본이나 필리핀의 친미정권이 무너질 경우의 보루로서 매우 중요하다는 점을 강조하였으며, 군용지정책을 포함한 당시까지의 미군지배의 방식을 기본적으로는 정당하다고 보았다.

프라이스 권고의 골자가 전해진 1956년 6월 9일 이후, 오키나와에는 새로운 민중운동의 거대한 조류가 넘실거리기 시작하였다. 토지련은 총회를 열고, 주민 의사를 짓밟은 시정권자의 대행기관이 되지 않기 위해 '행정 및 입법원의 전부를 책임지는 위치에 있는 사람들과 말단 공무원으로서 시정촌장 및 의원, 관계자로서 군용토지연합회 임원'은 총사임하

일체의 손해에 대해 주민이 요구하는 적정 배상액을 신속히 지불할 것. 4. 현재 미합중국 군대가 점유한 토지로서 불필요한 토지는 시급히 해방하고 또한 새로운 토지의 수용은 절대로 피할 것." 입법원은 1955년 5월 19일과 56년 5월 29일에도 비슷한 내용의 입법원요망 결의를 하였다.

23 토지련(土地連): 정식 명칭은 '시정촌 군용토지위원회 연합회'이며, 현재의 명칭은 '오키나와현 군용지 등 지주연합회'이다. 복귀 이전에는 반기지 투쟁의 중심 단체 중의 하나였지만, 오키나와의 일본 복귀 이후에는 군용지주들의 이익단체로 변모하여 친기지파의 대표적인 단체가 되었다.

1956년 6월 9일에 발표된 프라이스 권고의 표지.

것을 결정하였다.[24]

지역 신문들은, 프라이스 권고의 전문이 오키나와에 전해진 6월 20일에 오키나와 전체 64시정촌 중 56시정촌에서 일제히 시정촌 주민대회가 개최되었고 이 주민대회에 16만에서 40만 명 정도의 민중(전 인구의 20-50%)이 참여했다고 보도하였다. 이어서 6월 25일에는 제2회 주민대회가 나하(那覇)와 고자(コザ, 현 오키나와시)에서 열려 각각 약 10만 명과 약 5만 명의 민중이 참여하였다. 오키나와 민중의 궐기는 미일 양 정부는 물론 전 세계에 전해졌다. 그것은 과거 10년간의 미군지배에 대한 '섬 전체'의 총반격이었다.

하지만 폭발적으로 고조된 '섬 전체 투쟁'도 장기적인 주민투쟁조직을 구상하는 단계에서 균열이 생기기 시작했다. 현존 체제로부터 정치적 · 사회적 지위나 경제적 특권을 부여받았던 사람들은, 일시적인 흥분 상태

---

24 이때 결성된 조직이 '오키나와의 토지를 지키는 협의회(沖縄土地を守る協議会)'이다. 1956년 7월에 결성된 이 조직에는 각 정당 등 21개 단체가 참여하였다.

(위) 나하고등학교에서 열린 현민총궐기대회에 참여한 류큐대학생들(1956년 6월 23일).
(아래) 지나하고등학교에서 열린 현민총궐기대회(같은 날).
사진 제공: 류큐신보사

에서 깨어나게 되자, 현존 체제를 전부 부정하게 되면 스스로가 누려온 특권들을 잃게 되리라는 사실을 깨달았던 것이다. 미군측도 일부 보수정치가나 현지 경제인과 제휴하면서, 기지주변지역에 오프−리미트라는 경제봉쇄를 실시하는 등 민중 내부의 모순에 쐐기를 박기 시작했다.[25]

이러한 상황을 타개하고 다시 한 번 정치적 고양을 가져온 것은, 인민당사건으로 투옥되었다가 출옥한지 얼마 되지 않은 세나가 카메지로가 나하시장 선거에 당선된 일이었다. 세나가 카메지로 당선의 최대 요인을 꼽으라면, 초대 행정주석이었던 히가 슈헤이(比嘉秀平)의 급사에 뒤이어 2대 행정주석으로 임명된 전 나하시장 도마 쥬고(當間重剛)의 발언과 그에 대한 민중들의 반발이었다. 그는 프라이스 권고가 밝혀진 직후, "소유권이 부정되지 않고 적정보상이 인정된다면, 반드시 일괄지불에 반대하는 것은 아니다"라고 하였다.

세나가의 당선 이후, 그의 시장 취임 저지와 불신임을 위한 여러 가지 획책이 있었지만 모두 실패로 끝났다. 결국, 미군은 포령으로 세나가를 추방함과 동시에 그의 피선거권도 박탈하였다. 하지만 다음 시장에는 세나가가 강력히 추천한 가네시 사이치(兼次佐一)가 당선되었다.

그러나 이 과정에서 혁신세력 내에서는 분열과 주도권 싸움이 진행되었다. 마치 이러한 정황을 꿰뚫어 본 것처럼, 미군측은 군용지료를 대폭 인상시키고 일괄지불 방침까지 철회하여 민중과의 타협을 도모하였다. 이리하여 '섬 전체 투쟁'은 일단 종지부를 찍게 되었다. 이런 의미에서 보

---

25 오프−리미트(Off−Limits: 출입금지조치): 미군은 오키나와 측의 저항에 대응하여, 미군기지에 크게 의존하고 있던 중부지역의 시정촌에 미군인이 민간지역, 특히 상업지역에 출입하는 것을 무기한 금지하는 '오프−리미트'를 발동하였다. 주 수입원이었던 미군인과의 경제적인 교류가 단절되었기 때문에, 이것은 사실상 오키나와인들에 대한 경제재제 조치였다고 할 수 있다. 이러한 미군의 조치는 기지를 둘러싼 오키나와인 내부의 이해관계 대립을 조장ㆍ활용한 것이었으며, 이러한 방식은 오키나와의 일본 복귀 이후 일본 정부의 가장 기본적인 오키나와 통치 전략이 되었다.

면, '섬 전체 투쟁'은 경제적 조건의 개선을 요구하는 투쟁으로 끝난 것처럼 보이지만, 투쟁으로 민중들이 얻게 된 자신감은 컸다. 이후 노동조합이나 인권단체, 평화단체 등의 결성이 급속히 진행되었고, 1960년 4월 28일에는 1960년대 오키나와 민중운동의 모체가 된 오키나와현조국복귀협의회(이하, 복귀협)가 결성되었다.

또한 이 투쟁으로 오키나와 문제의 존재가 일본 본토에도 알려지게 되었고, 이후 일본 정치에서 피할 수 없는 쟁점이 되었다.

스나가와(砂川)와 오키나와의 차이

'섬 전체 투쟁'이 일본 본토에서 커다란 반향을 일으킨 것은 이 시기에 본토에서도 미군기지의 확장문제나 미군범죄[26]를 둘러싼 재판권 문제[27]

---

26 1950년대 주일 미군의 범죄: 일본본토에서 기지와 관련된 범죄로 가장 유명했던 것은 1957년 1월 30일에 일어난 '지라드 사건'이다. 이 사건은 도쿄 북쪽의 군마현(群馬県)에 있던 아이마가하라 미군 훈련장에 들어와 탄피를 줍고 있던 사카이(坂井なか, 당시 46세)라는 여성 농민을 지라드(William S. Girard, 당시 21세) 미 육군 3등 특기병이 탄피를 던져 유인한 후, 총에 설치된 수류탄 발사기로 살해한 사건이었다. 이 지라드의 행위에 대해 미일 양 정부는 미군이 1차 재판권을 갖게 되는 지위협정상의 공무집행 중의 행위인지를 놓고 대립하였다. 미군은 공무집행증명서를 발행하여 1차적 재판권을 주장했지만, 결국 여론에 밀려 1차 재판권을 유보하고 이를 일본 측에 넘겨주었다. 1957년 11월 19일 마에하시(前橋) 지방법원은 지라드에 대해 징역3년, 집행유예 4년이라는 가벼운 판결을 내렸지만 검찰은 항소하지 않았고, 12월 6일 지라드는 미국으로 귀국하였다. 미군기지 주변에서 미군에 의한 범죄는 심각한 수준이었는데, 1958년까지 신고된 미군범죄 건수만 해도 9,998건에 이른다고 한다.

27 지위협정상의 형사재판권: 미일지위협정 제17조 3항에서는(한국의 경우 한미지위협정 제23조 3항) "공무집행중의 작위 또는 부작위에 의한 범죄"일 경우에 "합중국군 당국이 … 재판권을 행사할 제1차적 권리를 가진다"고 규정하였다. 그런데 이 규정과 관련하여 '누가 공무집행중 범죄임을 판별할 것인가'의 문제와 '그것이 공무상 반드시 필요한 행위였는가'의 문제가 쟁점이 된다. 범죄가 발생할 때마다, '공무'인지의 여부에 대해 폭넓게 또는 자의적으로 해석하려는 미국과 이를 엄격하게 해석하려는 접수국(일본, 한국)간에 갈등의 소지가 있는 부분이다. 위 지라드 사건의 경우, 일본 재판부는 공무에 종사하는 시간 중 그 장소에서 발생한 사실은 인정되지만, 공무수행과는 직접적 관계가 없으므로 공무집행 중 범해진 범죄가 아니라고 판시하였다. 한편, 제1차적 재판권을 결정하기 위한 증거로 사용될 수 있는 '공무증명서' 발급에 대해, 미일지위협정 합의의사록(제16조 3항에 대해)에서는 "그 지휘관 및 그 지휘관을 대리한 자"로 발급 권한을 한정하고, 반증이 없어야 하며 일본 형사소송법 제318조를 방해하지 말아

등이 부각되어 있었기 때문이다.

그 중에서도 1955년에 도쿄도 스나가와정(砂川町, 현 타치카와시)에서 일어난 미군 타치카와(立川)기지 확장문제와 이에 반대한 스나가와투쟁은 전후 일본에서 반미반기지투쟁의 상징적인 위치를 차지하고 있다. 1950년대 중반, 일본에서는 전후 내셔널리즘으로서 일종의 반미감정[28]이 확산되고 있었다. 그것이 오키나와의 섬 전체 투쟁에 대한 강한 동정과 폭넓은 공감을 불러일으켰다. 하지만 섬 전체 투쟁에 공명했던 민중들의 대부분은 미일안보조약 하의 일본과 대일평화조약 제3조 하의 오키나와와의 차이를 인식하지 못하고 있었다.

예를 들어, 미일안보조약은 일본의 전 국토에 군사기지를 둘 수 있는 [전토 기지화] 권리를 미국에게 부여하고 있었다.[29] 하지만 일본 정부는

야 한다는 전제를 달고 있다. 한미지위협정의 경우에는 장성급의 주무당국으로 지정되어 있을 뿐 별다른 조건이 없는 상태이며, "합의 수정되지 않는 한 공무증명서는 결정적"이라고 규정하고 있다.

28 1950년대 일본의 반미감정: 역사적으로 보면, 일본인의 대미인식은 매우 복합적이며 모순적이다. 제2차세계대전 시기에는 '귀축영미(鬼畜英米)'라 하여 미국인과 영국인을 짐승과 다를 바 없다고 보면서 혐오하는 분위기가 강했었다. 하지만 패전 직후에 이루어진 미군인들과의 직접적인 만남과 점령당국의 '민주화 정책'은 그러한 이미지를 일시에 소멸시키는 효과를 가져오기도 했다. 그러다가 '전토 기지화'라는 말에서 표현되는 것처럼 무리한 기지 확장(1957년에 457개 시설, 1,005.4km2) 및 그 주변에서 벌어진 각종 범죄와 사건·사고는 갈수록 일본인들의 반미감정을 자극하였다. 미군범죄에 대한 반발에서 나온 반미의식은 패전국민으로서의 자괴감, 전쟁은 지긋지긋하다는 피전(避戰)의식, 민주주의의 전파자에 대한 고마움, 압도적인 물자 원조와 미국식 대중문화에 대한 동경, 안보를 미국에 의존할 수밖에 없다는 현실감각 등이 어우러진 복합적인 것이었다.

29 전토 기지화의 법적 근거: 1952년 4월 28일에 발효된 '일본과 미합중국 간의 안전보장조약'은, 그 전문에서 "일본은 방위를 위한 잠정적인 조치로서 일본에 대한 무력공격을 저지하기 위해 일본 국내 및 그 부근에서 미합중국이 그 군대를 유지하는 것을 희망한다"고 하였다. 나아가 미일안보조약 제1조는 "평화조약 및 이 조약의 효력 발생과 동시에 미합중국의 육군, 공군 및 해군을 일본 국내 및 그 부근에 배치하는 권리를, 일본은 허용하고 미합중국은 이를 수락한다"고 하면서 주일 미군의 배치를 제도적으로 보장하였다. 또한 제3조에서는 "미합중국의 군대에 대한 일본 국내 및 그 부근에서의 배치를 규율하는 조건은 양 정부간의 행정협정으로 결정한다"고 하여 행정협정(SOFA) 체결을 통한 기지의 안정적인 사용을 보장하였다.

헌법을 정점으로 하는 법체계의 제약 하에서만 군용지를 제공할 수 있었다. 일본국 헌법은 전쟁포기를 규정하고 있었기 때문에, 전후의 토지수용법은 군사적 목적에 의한 토지의 강제수용을 인정하지 않았다. 그래서 일본 정부는 안보조약 발효와 동시에, 이른바 '미군용지특조법'을 제정하였다.[30] 미군에게 토지를 제공하기 위한 특별 토지수용법이다. 하지만 이 특별조치법도 강제수용의 수속은 토지수용법에 준거하게 되어 있었다.

또한 주일 미군의 시설이나 기밀을 보호하기 위해서 안보조약에 근거한 형사특별법도 제정되었다.[31] 그런데 스나가와투쟁 당시에, 토지접수를 위한 강제측량에 반대하는 시위대가 기지 안으로 4m를 침입한 혐의로 기소된 적이 있었다. 하지만 도쿄 지방법원은 "안보조약에 근거한 미군 주둔은 위헌이며, 형사특별법도 무효, 따라서 사건도 무죄"라는 취지의 판결을 내렸다. 유명한 '다테 판결'이다.[32]

---

30 미군용지특조법: 정식 명칭은 '일본국과 미합중국 사이의 안전보장조약 제3조에 근거한 행정협정의 실시에 따른 토지 등의 사용 등에 관한 특별조치법'이며, 1952년 5월 15일부터 실시되었다. 약칭으로 '미군용지특조법' 또는 '주류군용지특조법'이라고 한다. '미군용지특조법'은 제1조에서 그 '목적'을 "미일안보조약 제3조에 근거하여 미군용(米軍用)으로 사용하기 위해 토지 등을 사용 또는 수용한다"고 하였고, 제4조에서는 그 수용의 절차에 대해 "조달 국장은 토지 등을 사용하고 수용하려 할 때, 사용인정 신청서 또는 수용인정 신청서를 내각총리대신에게 제출하고, 그 인정을 받는다"라고 정하였다.

31 형사특별법: 정식 명칭은 '일본국과 미합중국 사이의 안전보장조약 제3조에 근거한 행정협정의 실시에 따른 형사특별법'이며, 1952년 5월 7일부터 법률 제138호로 실시되었다. 형사특별법 제2조는 "정당한 이유가 없이, 합중국군대가 사용하는 시설 또는 구역에 들어가는 것을 금한 장소에 들어가거나 또는 요구를 받고 그 장소에서 퇴거하지 않는 자는 1년 이하의 징역 또는 2000엔 이하의 벌금 또는 과태료에 처한다"고 정하였다.

32 다테(伊達) 판결: 다테 아키오(伊達秋雄) 도쿄지방법원 판사가 1959년 3월 30일에 시위대의 형사특별법 적용 여부에 대해 판결하는 과정에서 미일안보조약의 위헌성을 거론한 것으로, 판결문의 내용은 다음과 같다.
"…이러한 것을 실질적으로 고찰할 때, 우리나라가 외부에서의 무력공격에 대한 자위에 사용할 목적으로 합중국군대의 주류를 허용하고 있는 것은, 지휘권의 유무, 합중국군대의 출동 의무의 유무에 관계없이, 일본국헌법 제9조 제2항 전단에 의해 금지되어 있는 육해공군 기타의 전력의 보유에 해당하는 것이라고 하지 않을 수 없고, 결국 우리나라 내에 주류하는 합중국군대는 헌법상 그 존재를 허락해서는 안 된다고 결국 10년 이상의 분규 끝에 미군은 타치카와기지의 확장계획을 단념하였다. 법치국가에서는 [미일안보조약상의 기지제공 조항처럼] 정부 간의 조약상 어떤 약속이 있더라도 [국민의 반대 여론이나 다른 법·제도들과의 충돌 때문에] 반드시 자유롭게 기지를 건설할 수 있다고 장담할수는 없었던 것이다.

그런데 오키나와에서는 포령이라 부르는 군 명령에 의해 문자 그대로 "총검과 불도저"에 의한 토지강탈이 진행되었다. 오키나와가 일본으로부터 분리되어 미군 지배하에 놓이지 않았더라면, 현재와 같은 오키나와 미군기지의 건설은 불가능했을 것이다. 기지 건설뿐만 아니라 기지 사용에 대해서도 마찬가지이다.

섬 전체 투쟁에 대한 동정과 공감이 전후 일본의 내셔널리즘을 증폭시

말 할 수밖에 없는 것이다. … 전기와 같이 합중국군대의 주류가 헌법 제9조 제2항 전단에 의해 그 존재를 허락해서는 안 된다고 말 할 수밖에 없는 이상, 합중국군대의 시설 또는 구역 내의 평온에 관한 법익이 일반국민의 동종 법익과 동상의 형사상, 민사상의 보호를 받는 것은 각별히, 특히 후자 이상의 두터운 보호를 받을 합리적인 이유는 하등 존재하지 않기 때문에, 국민에 대해 경범죄법의 규정보다도 특히 무거운 형벌을 부여하고 있는 형사특별법 제2조의 규정은, 전에 지적한 것 같이 어떤 사람도 적정한 수속에 따르지 않고서는 형벌을 부과하지 못 한다는 헌법 제31조에 위반하여, 무효라고 하지 않을 수 없다."
이 판결에 따라 피고소인 7명 전원에 대해 무죄가 선고되었다. 이에 검찰측은 즉시 대법원에 상고하였다. 1959년 12월 16일에 내려진 대법원 판결은 다음과 같다.
"한편으로 헌법 제9조는 일본이 주권국으로서 가지는 고유한 자위권을 부정하고 있지 않고, 동 조가 금지하는 전력이란 일본국이 지휘·관리할 수 있는 전력이기 때문에, 외국군대는 전력이라고 할 수 없다. 따라서 미군의 주류는 헌법 및 전문의 취지에 어긋나지 않는다. 그러나 다른 한편으로 미일안전보장조약과 같이 고도의 정치성을 가진 조약에 대해서는, 일견해서 지극히 명백하게 위헌무효라고 인정을 받지 않는 한, 그 내용에 대해 헌법위반인가 아닌가의 법적 판단을 내릴 수는 없다"
대법원은 전후 일본 정부의 공식적인 입장을 되풀이하면서 원판결을 파기하고 원심에 환송했다. 이리하여 1963년 12월 7일, 피고인들에게 유죄가 확정되어 벌금 2000엔이 부과되었다. 이 판결은 안보체제와 헌법체제, 즉 미군에게 기지를 제공함으로써 미국에게 안보를 의탁하는 '기지국가'의 현실과 패전 이후에 일본이 추구해 온 평화주의라는 이념 사이의 모순을 단적으로 보여준 것이라고 할 수 있다. 현재, 미군 다치카와기지는 폐쇄되어 도쿄도(東京都)의 방재기지, 육상 자위대 다치카와 주둔지로 사용되고 있다. 또한 반환지 중의 일부는 1983년부터 쇼와(昭和)기념공원으로 조성되고 있으며, 2005년에는 쇼와천황기념관이 개관하였다.

키기는 했지만, 대일평화조약 제3조 하의 오키나와와 미일안보조약 하의 일본과의 차이점에 관한 인식이 빠져 있었기 때문에, 오키나와의 현실을 타개할 방향성을 찾지 못했다. 그것은 오히려 미일 양 정부에 의해 안보조약 개정으로 교묘하게 이용되어 간다.

안보개정과 오키나와로의 기지부담 증가

1957년 6월에 진행된 기시(岸信介) 수상과 아이젠하워 미 대통령간의 회담에서 미국은 일본에 있는 모든 지상전투부대를 철수시키겠다고 약속했다. 그것은 도쿄에 있던 미 극동군사령부를 폐지하고 극동 전역의 미군을 하와이에 있는 미 태평양군에 통합시키는 군사전략 재편성의 일환이었지만, 이를 이용해 일본 국민의 반미감정을 진정시키려는 것이기도 했다.

그러면 일본에서 철수한 지상 전투부대, 특히 해병대 등은 어디로 갔을까. '일본이 아닌 오키나와'로 이주했던 것이다. 1952년의 안보조약 성립부터 1960년에 이 조약이 개정(현행 안보조약의 성립)될 때까지, 일본 본토의 미군기지는 4분의 1로 감소되었다. 하지만 같은 시기에 오키나와의 미군기지는 약 2배로 늘어났다. 캠프 슈와브, 캠프 한센, 북부훈련장 등 오키나와섬 북부의 해병대기지는 대부분 1950년대 후반에서 1960년대 초반에 걸쳐 만들어졌다. 이른바 기지 부담 증가의 제1단계이다. 그 결과, 1960년대에는 오키나와와 일본 본토에 거의 같은 규모의 미군기지가 존재하게 되었다. 일본 전체 면적의 0.6%에 불과한 오키나와에 99.4%에 해당하는 본토에 같은 규모의 기지가 있었기 때문에, 기지 밀도로 따질 경우 오키나와의 기지 밀도는 본토의 100배나 되는 셈이었다.

그런데 60년 안보개정의 대의명분은 안보조약을 될 수 있으면 상호방위조약에 가깝게 함으로써 조약상의 평등성을 확보한다는데 있었다. 따라서 조약개정 협상의 초기에는 미일 양쪽 모두 미국의 시정권 하에 있던 오키나와를 미일 공동방위지역에 포함시키고 싶어 했다. 공동방위지역에 포함시키면 미국의 시정권에 흠집을 내어 오키나와 반환을 앞당길 수 있다는 궤변도 사용되었다.

그러나 오키나와는 이미 미국-필리핀, 미국-대만, 미국-한국 등의 상호방위조약의 공동방위지역으로 되어 있었기 때문에, 오키나와를 미일안보조약의 공동방위지역에 포함시킬 경우에 이들 상호방위조약과 미일안보조약이 연결되어 미국의 전쟁에 연루될 위험성이 커진다는 이유로, 당시 사회당뿐만 아니라 자민당 일부에서도 강하게 반대했었다. 이러한 논의의 결과, 결국 오키나와는 공동방위지역에 포함되지 않았다. 새로운 미일안보조약 제5조는 공동방위지역을 "일본의 시정 하에 있는 영역"이라고 규정했다. 그 대신 제6조에서 주일 미군이 "일본의 평화와 안전"을 위해서뿐만 아니라, "극동에서의 국제평화 및 안전유지에 기여하기 위해" 일본 기지를 사용할 수 있다고 하였다.[33]

하지만 미군이 마음대로 기지를 사용해서는 곤란하기 때문에, 장비의 중요한 변경(예를 들어, 핵무기 반입)이나 일본으로부터의 직접적인 전투행동 등은 사전협의 대상으로 한다는 교환공문이 교환되었다.[34] 현재

---

33 신 안보조약 제5조는 "각 체약국은 일본의 시정 하에 있는 영역에서의 어느 한쪽에 대한 무력공격이 자국의 평화 및 안전을 위태롭게 한다는 것을 인정하고 자국 헌법상의 규정 및 절차에 따라 공통의 위협에 대처할 수 있도록 행동할 것을 선언한다"고 하였으며, 제6조는 "일본의 안전에 기여하고 또한 극동에서의 국제평화 및 안전유지에 기여하기 위해 미합중국에게는 자국의 육군, 공군 및 해군이 일본에서의 시설 및 구역을 사용하는 것이 허용된다"고 하였다. 구·신 안보조약을 비교해 보면, 안보개정에도 불구하고 미군의 일본주둔을 통해 일본의 안보문제를 해결한다는 기본구도가 바뀌지 않았음을 알 수 있다.

34 '제6조의 실시에 관한 교환공문'은 "미합중국 군대의 일본 배치에 있어서 중요한 변경, 동 군대의 장비에서의 중요한 변경 및 일본에서 행해지는 전투작전행동(앞에서 기술한 조약 제5조의 규정에 기초하여 행해진 것은 제외)을 위한 기지로서 일본국 내의 시설 및 구역의 사용은 일본 정부와 사전협의의 주제로 한다"고 규정하였다. 여기에서 "장비의 변경이란 핵탄두 및 중장거리 미사일의 반입 그리고 그것의 기지 건설을 의미하는 것이며, 전투작전행동이란 주일 기지에서 직접 전투행동을 수행하기 위해 출동하는 경우를 의미하는 것이다."

의 미일안보조약이나 이 조약에 근거하여 주일 미군의 지위에 관해 규정한 미일지위협정은 이 때 성립된 이후 한 글자도 변경되지 않았다.

베트남전쟁과 오키나와

1965년 2월 미국은 남베트남의 내전에 전면 개입하였다. 미국은 남베트남을 동남아시아에 있어서 공산주의 봉쇄의 거점으로 간주하였고, 과거 이 지역을 지배했던 프랑스를 대신하여 일찍부터 남베트남 반공군사정권을 지원하였다. 하지만 민족독립, 평화중립, 민주확립을 내건 남베트남 민족해방전선(Vietnamese National Liberation Front) 세력이 급속히 확대되었기 때문에, 드디어 전면개입을 결의하게 된 것이었다.

1965년 2월 7일, 미군은 남베트남 민족해방전선 배후에 북베트남(베트남 민주공화국)이 있다고 주장하면서 북베트남 폭격을 단행하였다. 동시에 한국전쟁 이후 처음으로 대량의 지상전투부대를 남베트남에 투입하였다.

오키나와는 베트남전쟁의 전선(前線)기지가 되었다. 북폭이 시작됨과 동시에, 오키나와의 주요 도로들은 군수물자나 군인을 가득 싣고 항구로 향하는 군용 트럭이나 전차들로 넘쳐났다. 공군기지에서는 수송기나 전투폭격기가 베트남을 향해 출격하기 시작했다.

요코스카(橫須賀), 이와쿠니(岩国), 사세보(佐世保) 등에 주둔하고 있던 주일 미군도 베트남으로 출동하였다. 하지만 출동한 주일 미군이 오키나와를 경유함으로써, 이러한 일련의 행위는 사전협의의 대상이 되지 않았다. 오키나와로의 이동은 전투작전행동이 아니고, 오키나와에서 베트남으로의 출격은 오키나와가 미일안보조약의 적용 지역 [즉, 신 안보조약 제5조에서 규정한 "일본의 시정 하에 있는 영역"]이 아니기 때문에 사전협의의 대상이 아니라고 해석되었기 때문이다. 1960년의 안보조약 개정 이후, 미일안보조약의 적용 지역 밖에 놓여 있던 오키나와가 짊어져 온 역할 중의 하나는 바로 주일 미군의 자유로운 군사 활동을 보장하는데 있었다. 즉, 오키나와는 미일안보체제를 밖으로부터 지탱하는 역할을 담당해 온 셈이다.

하지만 베트남 내전에의 전면 개입은 미국에게 큰 좌절감을 안겨 주었다. 미국은 절정기에는 한국전쟁 당시를 능가하는 약 55만 명의 군인을 투입하고 무차별 폭격은 물론 게릴라의 수송로를 밝혀낸다는 명분하에 고엽제를 대량 살포하는 화학작전까지 전개했지만, 군사적 승리의 전망은 보이지 않았다.

국제정치 무대에서도 과거 이 지역을 지배했던 프랑스의 드골 대통령이 북폭을 비난하는 등 미국의 고립화는 더욱 심화되었다. 그뿐만 아니라 미국민들에게도 전쟁의 정당성을 납득시키지 못해서, 전쟁에 징발되는 젊은 이들을 중심으로 한 베트남 반전운동이 크게 고조되었다. 반전운동은 미국사회나 군대에서 낮은 지위에 놓여 있던 흑인해방운동과도 연결되어 있었다. 베트남 반전운동은 유럽이나 일본을 비롯한 전 세계로 확산되었다.

베트남정책의 파탄은 경제면에서도 심각한 영향을 미쳤다. 제2차 세계대전 이후, 세계 부의 대부분을 독점하고 있던 미국은 전 세계를 군사기지망으로 둘러싸고 반공정권을 경제적으로 지원하면서 세계에 군림해왔다. 하지만 1950년대 말에는 이러한 정책에도 쇠퇴 조짐이 보이기 시작했다. 국제수지가 갈수록 악화되고 달러 위기도 우려되는 상황이었다. 베트남전쟁의 장기화는 이러한 상황에 박차를 가하였다. 사회적인 황폐화도 진행되어 갔다. 미국사회가 범죄나 마약에 침식되기 시작한 계기 중의 하나는 대의명분이 없는 베트남전쟁이었다.

1973년 3월, 결국 미군은 남베트남에서 철수하였고 1975년 4월에는 남북베트남이 통일되었다. 미국측에서 본 베트남전쟁은 5만 명의 전사자를 내고 100만 이상의 베트남 민중을 살해하였으며 베트남의 전 국토를 황폐화시켰을 뿐인 전쟁이었다. 당시 미 국방장관이었던 맥나마라

(Robert Strange McNamara)는 20년이나 지난 뒤에야, 베트남전쟁이 잘못된 것이었다는 점을 인정하였다. 하지만 미국 정부도 전쟁을 지원한 일본 정부도 공식적으로는 그들의 잘못을 인정하지 않고 있다.

'반전복귀'로의 전환

미국의 베트남 정책이 파탄나게 되자, 당연히 미국의 오키나와 지배도 흔들리기 시작했다. 반면, 오키나와 대중운동은 베트남전쟁을 계기로 크게 발전하고 있었다.

그때까지의 오키나와 대중운동은 일차적으로는 일본 복귀를 지향하고 있었다. 일본 복귀를 지향한 배경에는, 일본에도 미군기지가 있지만 오키나와에서는 민중의 여러 권리가 모두 군사에 종속되어 있기 때문에, 일본 본토에 비해 정치적·사회적·경제적 발전 수준이 크게 뒤쳐져 있다는 인식이 깔려 있었다. 그러한 상태를 '본토수준'으로 시정한 다음, 일본 전체의 기지철수를 위해 노력하자는 것이 그때까지 대중운동의 최대 공약수적 사고방식이었다. 하지만 베트남전쟁을 계기로, 현실적으로 전쟁에 사용되고 있는 기지의 존재를 묵인하는 것 자체가 베트남 민중에게 가해자적 역할을 하는 것은 아닌가 하는 의식이 싹텄고, 이러한 사고는 급속히 확산되어 갔다. 복귀운동 슬로건도 '평화헌법 아래로의 복귀'에서 '반전복귀'로 바뀌어 갔다.

이러한 상황에서 오키나와 보수 세력은 대중운동의 중심적 존재였던 교직원들의 정치활동 제한, 쟁의행위 금지, 근무평정 실시 등을 담은 교공2법[35]의 입법화를 시도하였다. 일본에서는 이미 십 수년 전에 같은 법

---

35 교공2법(敎公二法): 지방교육구공무원법과 교육공무원특례법을 말한다. 일본본토와 달리 오키나와에서는 교육위원회가 공선제로 운영되고 있었기 때문에, 교육이 정치나 일반행정으로부터 비교적 자유로웠고 교직원들도 복귀운동을 비롯한 주요 정치운동에서 중요한 역할을 담당하고 있었다. 교공2법은 이러한 교직원들의 활동을 제

률이 제정되어 있었다.[36]

하지만 의회 내 다수파가 경찰력을 총동원하여 원외의 대중운동을 억압하면서 강제적으로 통과시키려고 했던 교공2법도 원외 대중운동의 압력에 의해 사실상 폐안되고 말았다. 1967년 2월의 일이었다. 1950년대에 '총검과 불도저'로 농민들의 땅을 빼앗았던 미군으로서도 [미군 헌병대와 같은] 자신의 폭력장치의 발동을 망설이지 않을 수 없는 상황이 만들어지고 있었다. 미국에 의한 오키나와의 배타적 지배는 파탄나기 시작했던 것이다.

부각되는 오키나와 반환

한편, 일본은 1960년대를 지나면서 경제대국으로의 길을 걷고 있었다. 따라서 1960년대 말에는 일본과 미국 사이의 상대적인 힘 관계의 변화를 배경으로, 미일간의 정치적 · 군사적 · 경제적 역할분담을 조정할 필요성이 제기되었다. 예를 들어, 국제여론이 좋지 않은 미국의 베트남 정책을 일본이 적극적으로 지지하여 미국의 국제적 고립화를 막기 위해 노력할 것, 자위대를 강화하여 미국의 군사적 부담을 경감할 것, 동남아

한하기 위한 것이었으며, 이미 1958년과 63년에 행정부로부터 입법원으로 법안이 송부된 바 있지만 오키나와교직원회를 비롯한 여론의 비판에 밀려 폐안되었었다.

36 일본본토에서 공무원과 공공기업 노조원들의 단체행동권이 박탈된 것은 1948년 노동조합법 개정 이후부터였다.(29쪽 옮긴이 주 참조) 근무평정의 문제는 1958년에 경직법반대 · 근평투쟁을 통해서 크게 이슈화되었으며, 1960년의 안보투쟁으로 연결되었다. 1958년 10월에 발의된 경직법(경찰관직무집행법)의 개정안은 경찰의 직무상 질의, 소지품 검사, 토지 및 건물 등에 대한 진입과 수색에 있어서 경찰의 권한을 크게 강화하는 것이었다. 근무평정제(勤務評定制)는 직원의 근무성적을 평가하고 기록하는 제도로서, 1956년 10월에 교육위원회가 공선제에서 임명제로 전환된 후, 문부성이 교원의 근무성적도 일반 공무원과 동일하게 평가하도록 도도부현 교육위원회에 지도한 것에서 비롯되었다. 1958년부터 일교조(일본교직원노동조합)가 '교육의 반동화'라며 강력반발하면서 1950년대 말 일본사회의 가장 큰 사회적 이슈 중의 하나가 되었다. 사회당과 일교조 등의 노동조합, 시민단체들이 강력한 저지투쟁에 나서서 경직법 개정안은 폐지되었고, 근무평정제는 교장의 평가를 배제하고 교직원 본인이 자기기술 방식으로 직접 근무내역과 평가서를 작성하는 방식으로 절충되었다.

시아의 군사정권에 대한 경제지원을 대신할 것 등이 [미국을 대신할 일본의 새로운 역할로서] 필요하다는 것이었다.

그러나 이것은 어느 것이나 국민 대부분의 반발을 살 우려가 있는 정책들이었다. 그렇지 않아도 1960년에 개정된 안보조약의 유효기한이 10년이었기 때문에, 1970년에는 이 기한이 종료될 것이었다. 10년간의 유효기간 이후에는 미일 중 어느 한 쪽이 조약의 종료를 통고하면, 1년 후에는 조약이 종료된다고 정해져 있었다.

1970년에는 60년 안보조약개정 때와 마찬가지로 안보의 근본적인 재검토나 폐기를 요구하는 목소리가 높아질 것으로 예상되었다. 이러한 상황 속에서, 미일안보체제에서 일본의 역할을 실질적으로 강화하려면 어떻게 하는 것이 좋을까. 그래서 부각된 것이 오키나와 반환이었다.

교공2법의 제정이 저지된 1967년 봄, 일본 정부는 갑자기 "오키나와 반환이라는 국민적 소망", "조국복귀라는 민족적 비원(悲願)"의 실현이야말로 일본 외교의 긴급한 과제라고 강조하기 시작하였다. 오키나와 반환은 아무도 반대할 수 없는 테마였다. 오키나와에서는 1951년 이래 복귀운동의 큰 흐름이 있었고, 1960년대에 들어서면서 본토에서도 오키나와 문제에 관한 인식이 점점 깊어졌으며 오키나와 반환운동이 크게 성장하고 있었다. 일본 정부로서도 경제대국에서 정치대국으로 발돋움하려 할 때, 자국 영토의 일부가 동맹국에 의해 지배당하고 있다는 것은 불명예스러운 일이었다.[37]

---

37 오키나와 미군기지기 미일안보체제외 물리저 기반으로 작동하고 있었기 때문에 오키나와문제의 해결이 안보체제의 변동을 가져오리라는 점은 명확한 것이었다. 미일 양 정부의 입장에서 볼 때, 안보체제의 물리적 기반인 기지문제에 손대지 않고, 오키나와 문제를 오키나와의 귀속 문제(=주권 문제)로 한정시키는데 있어서 아주 유용하게 활용할 수 있는 자원이 바로 일본의 전후 내셔널리즘이었다. 즉, 경제강국이라는 자신들의 이상(理想)에서 결여된 부분 또는 오점을 메우려는 전후 내셔널리즘의 일환으로 오키나와반환이 추진된 것이다. 1960년대 후반, 일본 본토에서 오키나와문제에 대한 관심이 폭발적으로 늘어난 배경에는 이와 같은 일종의 '환상'이 작동하고 있었다.

오키나와를 방문한 사토 수상의 성명 발표(1965년 8월 19일)
사진 제공: 나하시역사박물관

　1965년 8월 전후 일본의 수상으로서는 처음으로 오키나와를 방문한 사토 에이사쿠(佐藤栄作) 수상이 "오키나와의 조국복귀가 실현되지 않는 한, 일본의 전후는 끝나지 않는다"고 한 것은 그런 의미에서였다.

　이리하여 미일동맹의 재편성, 일본과 미국의 역할분담 재조정을 둘러싼 협상이 '오키나와 반환협상'이라는 이름 하에 진행되었다. 일본 정부는 [국민 여론의 반발을 피하기 위해] 안보논의를 전면에 내세우는 것을 가능한 한 피하면서, 미국을 대신하여 동남아시아 군사정권에 대한 경제원조를 늘리는 한편, 자위대를 증강하고 미국의 베트남 정책을 지지하는 정책으로 나아갔다. 일본 정부는 이 모두를 미국이 보유하고 있는 오키나와의 반환을 용이하게 하기 위한 조건 만들기라고 하였다.

B52 철거투쟁

　미국의 오키나와 단독지배가 파탄나기 시작하고 오키나와 반환협상이 정치 일정에 오를 무렵, 베트남의 전황은 더욱 더 긴박해져 갔다. 이

미 1965년에 괌을 근거지로 하고 있던 B52가 태풍 피난을 구실로 카데나기지로 이동한 후에 오키나와에서 베트남 폭격을 위해 출동하기도 하였지만, 1968년 2월 5일부터 B52는 아예 카데나에 상주하면서 베트남으로 출격하였다. 이러한 상황 변화에 대응하여 오키나와에서는 B52 철거투쟁이 크게 고조되었다. B52 철거투쟁은 기지의 움직임에 직접적인 공격의 화살을 돌린 최초의 대중적 투쟁이었다. 이러한 사회적 분위기 속에서 기지노동자 조합인 전군노(全軍労, 107~109쪽 참조)가 10할 연휴투쟁[38]이라는 명목으로 24시간 전면 파업을 실시하여 미군에게 큰 충격을 주었다. 10할 연휴투쟁은 포령116호에 의해 쟁의행위를 금지당한 기지노동자의 최초의 파업이었다.

한편 B52를 카데나에 상주시키기 직전, 미국은 류큐 정부의 주석 선거를 실시하겠다고 발표하였다. 오키나와 반환도 염두에 둔 정책이었지만, B52의 카데나 상주화에 반발하는 민중들의 움직임을 차단하려는 시도이기도 했다. 처음이자 마지막으로 실시된 1968년 11월의 주석 선거에서는 오키나와 교직원회 회장으로서 일본복귀운동의 선두에 서 왔던 야라 초뵤(屋良朝苗)가 당선되었다.

그 직후, B52가 카데나기지에서 이륙하다가 추락한 뒤 불타는 사고가 일어났다. 주석 선거의 그늘에 가려져 있던 B52 철거의 목소리가 다시 고조되어 '생명을 지키는 현민공투(命お守る縣民共闘)'가 결성되었다. 현민공투는 B52가 상주한 지 1년째가 되는 1969년 2월 4일에 'B52 철거·원자력 잠수함 기항 저지'를 내건 총파업을 실시하기 위해 전력을 기울였다.

---

38 10할(割) 연휴투쟁(年休鬪爭): 미군정의 포령116호에 의해 기지노동자들의 쟁의행위가 금지된 상태였기 때문에, 1968년 4월 24일에 진행된 전군노의 파업은 노동자들이 연차 유급휴가를 일제히 내는 형식으로 진행되었다. 즉, 노동자들은 동시 휴가를 내는 방식으로 기지 업무를 마비시킴으로써 파업을 실질적으로 성사시켰던 것이다. 이 투쟁으로 고무된 기지노동자들은 이후에는 포령을 무시하고 공공연하게 파업을 진행함으로써 실천 속에서 포령을 무력화시켰다.

카데나기지로 이주한 B52기가 베트남으로 출격하고 있다.
사진 출처: 오키나와현조국복귀투쟁사 편찬위원회.

　　미군기지의 안정적인 운용을 전제로 오키나와 반환협상을 진행해 왔던 미일 양 정부에게도 이는 중대한 사태였다. 일본 정부는 미 군부가 기지 유지에 불안함을 느끼게 되면 복귀가 늦어질지 모른다고 야라 주석을 설득하는 등, 여러 가지 공작을 펼쳤다. 총평,[39] 동맹[40] 등 경제투쟁 지

39 총평(일본노동조합총평의회): 일본 패전 직후의 초기 노동운동에서 공산당 계열의 노조들이 중심적인 역할을 하고 있었는데, 공산당의 주도권에 불만을 품은 조합이나 조합원들은 '민주화동맹'을 결성하고 새로운 전국적 조직의 건설을 시도했다. 이것이 1950년 7월 11일에 결성된 총평이다. 총평은 결성 초기에는 반공적인 자세를 견지했고, 미국정부나 GHQ 그리고 미국노동총연맹(AFL) 등의 전폭적인 지원을 받았다. 그리하여 발족 1년 후인 1951년에는 조직노동자 570만명 중 290만명을 포괄하기에 이르렀다. 그러나 1951년 3월의 제2회 대회부터 '민주화동맹 좌파'가 주도권을 장악하여 안보정책에 있어서는 '전면강화, 중립견지, 군사기지 반대, 재군비 반대' 등 사회당과 동일한 평화4원칙을 운동방침으로 결정하였다. 이를 근거로, 총평은 이후에 사회당의 조직적인 지지기반이 된다. 경제적인 측면에서는 1955년 이래 노동조합의 임금인상 요구를 전국적인 공동투쟁의 형태로 벌이는 춘투(春鬪)를 정례화함으로써, 경제투쟁 중심의 노사협조주의를 정착시켜 '55년 체제'의 성립과 안정화에 기여하였다. 1989년 11월 21일에 '동맹'과 통합하여 일본노동조합총연합회(연합)를 결성함으로써, '55년 체제'를 이끌어 온 사회당의 붕괴를 예고하면서 역사의 뒤안길로 사라졌다.

40 동맹(전일본노동총동맹): 총평 계열의 노동운동에 비판적이었던 우익계의 민간산업별 단일조합을 중심으로 1954년에 전일본노동조합회의(전노회의)가 결성되었고, 1964년에는 전일본노동총동맹조합회의(동맹회의)와 일본노동조합총동맹(총동맹) 등과 통합하여 동맹이 설립된다. 총평과 더불어 일본 노동운동을 양분한 우익계 조직이다.

상주의적인 경향을 띠고 있던 일본 노동운동의 주류도 오키나와의 2·4 총파업이 베트남 반전운동과 결합하게 되면, 당시에 두각을 나타내고 있던 반전파 노동운동을 고무하여 그 영향력이 강해질지 모른다고 두려워하고 있었다. 이에 따라 혼네와 타테마에[41]가 분리되면서, 본격적인 2·4 총파업 지원 태세를 마련하지 못하였다. 결국 2·4총파업을 향한 태세는 야라 주석의 중지 요청을 계기로 무너져 버렸다.

이 시기에 오키나와와 본토에서, 오키나와 반환은 당연한 일이지만 이를 이용한 안보강화는 반대한다는 '70년 안보·오키나와 투쟁'이 크게 고조되면서 1950년대의 '섬 전체 투쟁'과는 다른 공통인식도 싹트기 시작하였다. 그렇지만 전체적으로 보면, 여전히 오키나와 문제의 해결을 통해 일본의 [미일안보체제에 입각한 안보]노선을 바꾸기에는 역부족이었다.

오키나와 반환이란 무엇이었는가

2·4총파업을 겨우 모면한 뒤의 어수선한 정치적 상황 속에서 미국을 방문한 사토 수상은 1969년 11월에 닉슨 대통령과 정상회담을 열고, 오키나와를 1972년 중에 일본에 반환하겠다는 합의를 받아냈다. 하지만 그것은 어디까지나 미일군사동맹 재편·강화의 일환에 불과하였다.

오키나와를 '본토수준(本土並み)'으로 '핵 없이'[42] 반환할 것이라고 강

---

41 혼네(本音)와 타테마에(建て前): 대인관계나 집단생활 속에서 나타나는 일본인의 행위 성향을 지적할 때, 혼네와 타테마에를 구분하는 경우가 있다. 혼네는 보통 속 마음 또는 진심을 말하며, 타테마에는 자신의 체면이나 듣는 이의 입장을 고려하면서 겉으로 드러내는 표현이나 행동을 말한다. 이 경우, 본토의 조직들이 공개적으로는 오키나와측과 같은 목소리를 내고 있었지만, 총파업의 준비를 위한 실제적인 행동을 취하지 않았다는 의미이다.

42 '핵 없이(核抜き)': 오키나와에 배치되어 있던 핵무기를 제거한 상태로 오키나와를 일본에 반환한다는 원칙. B52 철거투쟁과 함께 당시 오키나와에서는 다양한 내용의 반전·반기지투쟁이 벌어지고 있었는데, 대표적인 것이 핵병기와 화학무기의 배

조하였지만, 사토 수상과 닉슨 대통령의 미일공동성명에는 한국의 안전은 일본의 안전과 한 몸이며 대만해협의 안전도 마찬가지라는 내용이 들어가 있었다. 사토 수상 스스로, 이것은 한반도나 대만해협 유사시에 미군에 의한 일본으로부터의 전투작전행동을 사실상 용인하는 것이라고 말하였다.[43] 또 핵무기에 관해서 미 대통령이 "일본 국민의 핵에 대한 특수한 감정을 깊이 이해하며, 사전협의 제도에 관한 미국 정부의 입장을 손상시키지 않고, 일본 정부의 정책을 존중할 것이다"라고 약속함으로써, '핵 없이'가 보증되었다고 설명되었다. 그렇지만 강조한 부분의 불필요한 문구가 삽입됨으로써, 핵 반입에 관한 밀약이 존재하는 것이 아닌가 하는 의혹을 남겼다. 그리고 그 후에 와카이즈미 케이(若泉敬)와 같은 관계자의 증언이나(64쪽 참조) 국제정치학자들의 연구에 의해 밀약의 존

치에 반대하는 투쟁이었다. 오키나와에는 1953년에 어니스트(Honest John) 지대지 전술미사일이 배치되었고 1957년부터는 핵무기의 탑재가 가능한 나이키(Nike Hercules) 지대공 미사일기지가 오키나와섬의 8개 장소에 건설되었다. 1961년에 중거리 탄도미사일인 매스(Mace B) 미사일이 배치되면서 오키나와의 핵기지화가 완성되었다. 1964년부터는 미국의 원자력 잠수함이 오키나와에 기항하기 시작하였다. 또한 1969년 7월에는 미국의 신문이 치바나(知花) 탄약고지구에 저장되어 있던 독가스 누출사고를 보도하였다. 미군이 국제협정을 위반하면서 오키나와에 저장하고 있던 사린(sarin), 머스타드(mustard), VX가스 등의 화학무기 13,243톤의 존재가 드러난 것이다. 이 같은 대량살상무기의 배치에 대해 오키나와의 반전운동은 1960년대 초부터 지속적으로 항의운동을 전개해 왔으며 대중적인 지지를 넓혀 오고 있었다. 이 때문에 오키나와 반환협상의 자리에 선 미일 양국도 '핵 없이'라는 문구를 명시적으로 내세울 수밖에 없었다.

43 한국 · 대만 조항: 오키나와 반환협상의 과정에서 일본 안보정책에서 중요한 두 가지 원칙이 결정되어 간다. 첫째는 '비핵3원칙'이며(65쪽 옮긴이 주 참조), 둘째는 미일 안보체제 하에서 일본의 동아시아 정책으로서 '한국 · 대만 조항'이었다. '한국 · 대만 조항'과 관련하여, 사토-닉슨 공동성명에 "총리대신은 한반도의 평화유지를 위한 UN의 노력을 높이 평가하고, 한국의 안전은 일본 자신의 안전에 있어서 긴요하다고 진술하고", "대만지역의 평화와 안전의 유지도 일본 자신의 안전에 있어서 매우 중요한 요소라고 말했다"는 내용이 포함되어 있었다. 그런데 이전까지는 일본이 동아시아 안보와 관련하여 특별한 발언을 하지 않았기 때문에, '한국 · 대만 조항'의 삽입은 매우 이례적인 것으로 받아들여졌고 오키나와 반환에 대한 일종의 대가였다는 추측을 불러 일으켰다. 즉, 미일 양국은 오키나와를 일본에 반환하는 대신에 주일 미군의 활동 범위를 한반도와 대만을 포함한 동북아시아 지역으로 확대시키려 했던 것이다.

오키나와반환 밀약을 보도한 2006년 2월 9일자 류큐신보.

재는 거의 확실한 것으로 이해되고 있다.[44]

　나아가 오키나와 반환협정에서 미국이 '자발적 지불'을 약속했던 군용지의 원상회복·보상을 일본이 대신한다는 밀약의 존재[45] 등도 밝혀졌다.

　또한 오키나와가 "일본국 시정 하의 영역"이 되었다는 이유로 자위대가 배치되었다. 주오키나와 미군기지를 자위대가 방위하고, 미군은 외부

---

44 오키나와 반환협상과 관련된 밀약의 존재는, 오키나와 연구자들의 꾸준한 활동으로 기밀 해제된 미국의 공문서가 2000년, 2002년, 2007년 등 여러 차례에 걸쳐 발견되면서, 반론의 여지가 없는 것으로 인정되고 있다. 대미 교섭을 담당했던 요시노(吉野文六) 전 외무성 미국 국장도 2006년에 밀약의 존재를 사실상 긍정한 바 있다. 하지만 아직까지도 일본 정부는 밀약의 존재를 공식적으로 인정하지 않고 있다.

45 1971년 6월 17일에 조인된 오키나와 반환협정 제4조는 미군점령기(1945-1972)에 미국이 오키나와에서 행한 통치행위로 인해 제기되는 일본 국민의 청구권(1항) 및 민사·형사 소송권(4항)을 전면 포기한다고 규정하였다. 제4조 2항에서 청구권 포기에 "미국 법령 또는 이 제도들의 현지 법령에 의해 특히 인정을 받는" 청구권은 제외하였다. 또한 3항에서는 "미국정부가 오키나와의 토지 원상회복비 400만 달러를 자발적으로 지불한다"고 하여 보상제도의 미비로 인해 손실 보상에서 균형을 잃었던 부분에 대한 자발적 지불을 약속하였다. 하지만 실제로는 일본 정부가 미국을 대신하여 지불했음이 마이니치(毎日新聞)신문 정치부의 니시야마(西山太吉) 기자에 의해 폭로되었었다.

공격에 전념한다는 역할분담을 근거로 하여 공동작전태세가 확립된 것이다. 중국은 사토–닉슨 공동성명을 "일본군국주의의 부활"이라며 격렬하게 비판하였다. 오키나와에서는 자위대 배치의 강행이 오키나와전 시기의 일본군의 실태를 다시금 상기시키는 계기가 되었다.

1960년대 안보개정이 오키나와의 분리와 미군 지배를 전제로 한 미일안보체제의 강화였던 반면, 1972년 오키나와 반환은 오키나와의 일본으로의 통합을 전제로 한 미일안보체제의 강화였다. 그리고 이 안보 강화는 안보조약의 문구는 하나도 바꾸지 않은 채, 국회에서의 심의를 거치지도 않고 미일수뇌의 공동성명이라는 형식으로 진행되었다.

사토–닉슨 공동성명으로부터 1주일 후, 2천 수백 명에 달하는 기지노동자의 대량해고가 발표되었다. 미국의 달러 방위책의 일환으로 진행된 해외기지의 재편·합리화 정책이었다. 당시 2만 명을 넘어섰던 기지노동자는 70년대 중반 무렵에는 약 7000명으로 감소하였다. 미국이 오키나와의 시정권을 유지한 상태였다면 이러한 대량해고는 불가능했을 것이다. 즉, 실업대책의 책임을 일본 정부에 전가할 수 있는 조건이 마련됨으로써 비로소 대량해고가 가능하게 된 것이다. 이러한 점을 살펴보아도, 이미 미국은 오키나와를 배타적으로 지배할 능력을 상실하고 있었다.

기지를 유지·강화하면서 노동자만을 대량 해고하는 정책에 대해 전군노는 "해고를 하려면, 기지를 반환하라"는 표어를 내걸고 격렬한 투쟁에 나섰지만, 대량해고라는 상황을 타개할 수 없었다. 이러한 상황 속에서 오키나와 반환협정 심의에 오키나와 대표도 참여한다는 형식을 갖추기 위해 국정참여선거가 실시되었고, 1970년 11월에 오키나와에서 중의원 의원 5명과 참의원 의원 2명이 선출되었다.

한편 미군범죄나 사건·사고의 빈발, 그에 대한 불공평한 처리, 독가스 병기 철거의 지체 등 미군지배에 대한 불평·불만이 누적되는 가운데, 오키나와 주민들의 이러한 불만은 다수의 미군차량과 기지의 일부를 불 태워버린 고자 폭동[46]으로 폭발하였다.

이리하여 1971년 7월 닉슨 미 대통령의 중국방문 발표 및 8월의 달러방위 비상사태선언(변동환율제로의 이행)이라는 2중의 닉슨 쇼크로 상징되는 전후세계의 정치적·경제적 지각변동과 더불어, 오키나와는 1972년 5월 15일을 맞이하여 일본이 되었다.

---

46 고지(コザ) 폭동: 1970년 12월 19일 신야에 기지 도시였던 고자시(현 오키나와시)에서 미병(U.S. serviceman)에 의해 일어난 교통사고를 처리하는 과정에서, 미헌병들과 지역 주민들간에 다툼이 일어났다. 항의하는 주민들을 진압하기 위해 헌병들이 위협 발포를 하였고, 이것은 성난 군중들의 분노를 한꺼번에 폭발시켰다. 군중은 삽시간에 수천 명으로 불어났고, 성난 군중들은 주 도로에 주차해 있던 70여대의 미군차량을 불태웠다. 당시 미군이 일으킨 사건·사고에서 가해자인 미군이 무죄로 방면되는 경우가 대부분이었는데, 이러한 불평등한 관계가 장기간 지속된 것이 고자 폭동의 원인이 되었다.

2장

일본이 된 오키나와

복귀의 날, 거리에 내걸린 히노마루와 오키나와현 표지
(1945년 5월 15일), 류큐신보사 제공

고뇌에 찬 복귀[1]

1972년 5월 15일, 오키나와는 일본으로 복귀하였다. 이날, 일본 정부 주최의 복귀기념식이 도쿄의 일본무도관(武道館)과 오키나와의 나하(那覇)시민회관에서 열렸다. 도쿄의 기념식에서 사토 에이사쿠 수상은 "전쟁으로 상실했던 영토를 평화로운 가운데 외교교섭으로 회복한 것은 역사상 유례없는 일이며, 이를 가능케 한 미일우호의 유대가 견고함을 통감한다"고 말하였다. 이후 기념식은 수상이 선창한 '천황폐하 만세' 삼창으로 끝났다. 오키나와에서 선출된 중의원과 참의원 의원 7명(58쪽 참조)은 모두 이 기념식에 출석하지 않았다.

사회당과 공산당 양당은 총평, 중립노련(中立勞聯)[2] 등과 함께 메이지(明治)공원에서 '핵도 기지도 없는 오키나와의 전면반환, 베트남 출격반대' 등을 내걸고 통일중앙집회를 연 후에 도쿄 시내를 행진하였다.

오키나와 나하의 기념식장에서 야라 초뵤(屋良朝苗) 오키나와현지사는 "이루 말할 수 없이 감격적이며 감개무량하다"고 밝히면서도, "복귀 내용을 보면 반드시 우리들의 간절한 소망이 받아들여졌다고만 말할 수는 없다"고 하였다. 또한 그는 미군기지 문제 등을 지적한 다음, "오키나

---

1 (오키나와)반환과 (일본)복귀: 미일관계 내에서 1972년을 전후로 한 오키나와의 지위 변동을 설명하는 말로, 이 책에서는 '복귀'와 '반환'이 함께 사용되고 있다. '복귀'는 주로 오키나와 민중의 입장에서 오키나와의 지위 변화를 바라본 것이며, '반환'은 주로 일본 정부와 미국정부의 입장에서 바라본 것이다. 그래서 '복귀'는 '오키나와의 일본 복귀', '조국복귀', '평화헌법 아래로의 복귀', '반전 복귀'와 같은 문맥으로 사용되는 반면, 공식적인 문서나 외교 관계의 맥락에서는 '반환'이라는 말이 사용되고 있다. 즉, '복귀'는 주체적인 요구와 관련되는 반면, '반환'은 객관적인 과정의 전개와 관련된다. 하지만 이 같은 구분이 항상 엄밀하게 이루어지고 있는 것은 아니다.

2 중립노련(중립노동조합연락회의): 1956년에 일본 노동운동을 양분하고 있던 총평과 전노회의(동맹의 전신) 중 어느 쪽의 입장도 지지하지 않고 정치적 중립을 표방하는 단체들이 모여 설립한 단체이다. 이후 새로운 산별노조연합을 목표로 결성된 신산별(신전국산업별노동조합연합)까지 포함하여, 1980년대까지 전국적인 수준에서의 노동운동을 주도한 4대 단체 중 하나가 되었다.

와가 그 역사상 늘 수단으로 이용되어 온 것을 극복하고 … 희망을 가질 수 있는 새로운 현 만들기에 전력을 다할 결의"라고 밝혔다.

나하시민회관에 인접한 요기(与儀)공원에서는 복귀협(오키나와현조국복귀협의회)이 주최한 '오키나와처분[3] 항의, 사토 내각 타도, 5·15 현민 총궐기대회'가 열렸다. 미야코나 야에야마에서도 이와 비슷한 집회가 열렸다.

1972년 오키나와 반환은 '핵 없이, 본토수준'의 반환이라고 이야기되었다. 당시 사토 수상의 밀사로 활약했던 와카이즈미 게이(若泉敬) 전 교토산업대학 교수는 사망 2년 전에『다른 대안이 없었음을 믿고 싶다(他策ナカリシキ信ゼムト欲ス』(1994. 文藝春秋)라는 저서를 간행하였다. 그는 이 저서에서, 미국은 핵 반입에 관해 사전협의를 할 때 일본이 항상 '예스'라고 대답할 것이라는 보증을 얻고 싶어 했고, 그래서 키신저 미 대통령 특별보좌관과 협의하여 핵 반입에 관한 비밀합의의사록을 작성하고 사토 수상과 닉슨 대통령이 이에 서명했다고 증언하고 있다.

핵문제와 관련하여, 1971년 이른바 오키나와 국회에서 문제가 된 것 중에 이에지마에서 벌어진 핵 모의폭탄투하 훈련이 있다. 당시 일본 정부는 그 사실을 부정하면서, 만약 그러한 일이 있었다고 하더라도 복귀

---

3 오키나와처분: 중화제국과 일본 막부체제의 지배를 동시에 받고 있던 류큐왕국을 근대국가 일본의 한 지방으로 편입시킨 '류큐처분'에 빗대어, 미일 양국이 동맹관계를 발전시켜 오는 과정에서 오키나와를 도구로 활용했던 것을 '오키나와처분'이라고 한다. 1980년대 이후, 오키나와의 현지 지식인들은 오키나와의 근현대사를 재고하면서 '국체호지'를 위한 사석작전으로서 진행되었던 오키나와전, 천황메시지를 비롯하여 오키나와를 미군지배 하에 내버려 두고 맺었던 대일강화조약 체결의 과정, 오키나와를 '일본국의 시정권 하에 있는 영역'에서 제외시켰던 안보조약 개정의 과정, 오키나와반환을 통한 미군의 재편·합리화 과정 등 오키나와가 일방적으로 희생당하면서 도구화된 사례들 속에서 구조적인 연속성을 지적하기 시작하였다. 즉, '오키나와에 대한 구조적 차별'을 상징하는 개념으로 '오키나와처분'이라는 말을 사용하고 있는 것이다. '류큐처분'이 오키나와의 지위를 결정했던 일회적인 사건이라면, '오키나와처분' 또는 '오키나와처분들'은 반복적이며 구조적으로 재생산되는 '오키나와 차별'을 표현하고 있다.('류큐처분'에 대해서는 127페이지의 옮긴이 주를 참조)

후에는 비핵3원칙⁴을 견지하는 입장에서 그러한 훈련은 삼가도록 미국 측에 권고하겠다고 했었다. 그런데 1974년 8월에 열린 국회에서 같은 문제가 논의되자, 일본 정부는 7월에 미국 측이 핵 모의폭탄투하 훈련을 한 사실을 인정한 후 "국민감정에서 보면 탐탁지 않겠지만 모든 사태에 대응하기 위한 훈련으로서, [핵 모의폭탄투하 훈련을 실시하는 것도] 당연하다"면서 이를 용인하였다.

다음으로 '본토수준'에 관해서인데, 일본 정부는 본토수준이라는 것을 미일안보조약이나 지위협정이 특별한 예외적 조건 없이 오키나와에도 적용되는 것이라고 설명하였다. 그렇다면 미일안보조약 하에서 [일본 본토라면] 건설이 불가능했을 오키나와 미군기지를 [복귀와 더불어 본토와 동일하게 적용되는] 미일안보조약 하에서 어떻게 유지하려 했을까. 이를 보다 집약적으로 보여준 것이 후술할 '5·15합의 메모'와 공용지법이었다.

오키나와에서는 이 '본토수준'이라는 말을 미군기지의 규모를 적어도 본토수준으로 줄이는 것이라고 이해하거나 또는 그렇게 하기 위한 근거로 삼자는 경향이 강했지만, 일본 정부의 본심은 [오키나와에] 자위대를 '본토수준'으로 배치하는 데에 있었다. 물론 일본 정부도 오키나와에

---

4 비핵3원칙: 1967년 12월 제57회 국회에서 사회당의 나리타 도모미(成田知己) 의원의 오가사와라(小笠原) 반환방식에 대한 질문에 대답하는 가운데, 사토 수상은 "본토에서는, 우리들은 핵의 3원칙, 핵을 제조하지 않으며 핵을 보유하지 않으며 반입을 허용하지 않는다"면서 비핵3원칙과 관련하여 처음으로 입장을 밝혔다. 하지만 야당이 이에 적극 동조하자, 자민당은 오히려 소극적인 자세로 돌변하여 국회결의는 이루어지지 않았다. 그런데 당시 일본에서는 국내외적인 정치정세의 변화와 사건사고를 매개로 한 여야 간의 대립으로, 1971년 6월 17일에 조인된 오키나와 반환협정이 비준되지 않고 있었다. 자민당은 여야간의 교착상태를 돌파할 수단으로 비핵3원칙을 이용해 공명당과 민사당 등의 야당을 포섭하고 '비핵무기 및 오키나와 미군기지 축소에 관한 결의안'을 통과시켰고, 11월 24일에는 오키나와 반환협정이 중의원 본회의를 통과하였다. 즉, 일본의 '국시'라고까지 이야기되는 비핵3원칙은 오키나와 반환으로 인한 국내정치적 곤란을 회피하기 위한 수단으로 형성된 측면이 있었던 것이다. 이를 증명하듯, 주일 미군의 핵반입 금지는 제대로 지켜지지 않았으며, 비핵3원칙은 '2½원칙'이라는 비판을 받게 된다. 이후, 비핵3원칙은 혁신 지자체를 중심으로 한 '비핵화선언'운동과 시민운동가들의 핵반입 감시운동 속에서 '실천을 통해' 실현된다.

기지가 너무나 과밀한 상태이며 그것이 오키나와 사회의 정상적인 발전을 저해하고 있기 때문에 기지의 정리·축소가 필요하다는 점을 인정하고 있었지만, 미군기지의 기능을 유지하면서 정리·축소를 추진하는 것은 지극히 어려운 일이었다. 복귀 시점에 오키나와에는 2만 7850헥타르의 미군기지(전용시설)가 존재했다. 이는 오키나와현 면적의 12%를 웃돌며, 오키나와 섬 면적의 22%를 넘는 것이었다.

반환으로 오키나와에 집중된 미군기지

여기서 일본 본토에 있는 미군기지(전용시설)와 대비하여, 오키나와에 있는 미군기지 면적의 추이를 간단하게 정리해 보자.

대일평화조약과 구 안보조약이 성립된 1952년경, 일본(본토)에는 약 13만 헥타르의 미군기지가 있었다. 이 기지들은 1960년 안보개정까지 4분의 1로 감소되어 약 3만 헥타르가 되었다. 한편 오키나와에서는 같은 시기에 미군기지가 약 2배로 늘어났다. 해병대가 본토에서 이주해왔기 때문이다.

이미 45쪽에서 언급한 것처럼, 1960년대 일본 본토와 오키나와의 미군기지는 면적상으로 거의 같은 규모였다. 그런데 오키나와를 1972년에 반환한다는 합의가 이루어진 1969년 무렵부터, 본토의 미군기지는 더욱더 급속하게 감소하기 시작했다. 예를 들어, 1968년 3월 말 당시 약 3만 헥타르였던 미군기지는 오키나와가 일본에 복귀한 시점에는 1만 9585헥타르가 되었다. 그리고 1974년 12월까지 일본 본토 미군기지는 9,702헥타르(오키나와는 2만 6569헥타르)로 축소되어, 오키나와와 일본 본토의 기지 비율은 거의 3대 1이 되었다. 요컨대, 일본 전체 미군기지(전용시설)의 약 4분의 3이 국토면적의 0.6%인 오키나와에 집중해 있는 상황이 발생했던 것이다.

바꿔 말하자면, 72년 오키나와 반환 전후의 몇 년 동안에 일본 본토의 미군기지는 약 3분의 1로 감소했지만, 오키나와 미군기지는 몇 %밖에 줄어들지 않았다. 즉, 구 안보조약의 개정 과정에서와 마찬가지로 오키나와 반환에 즈음해서도 오키나와에 기지를 집중시키는 형식으로 일본 전체 미군기지의 정리·통합이 이루어진 것이다. 예를 들어, 나하공항에서 이주하는 미 해군 대잠초계기 P3의 이주지에 대해 일본 정부가 "본토가 아니라 오키나와의 어딘가로 [이주시켜 달라]"라고 요청했던 사실이 복귀한 지 24년이나 지난 뒤에 미국 정부공문서에서 밝혀졌다(1996년 8월 21일, 시사통신·워싱턴 발).

1972년 1월, 미국의 새크라멘토(Sacramento)에서 열린 사토 수상과 닉슨 대통령 회담에 동석했던 후쿠다 다케오(福田赳夫) 외무대신[5](후의 수상)은 "P3가 이와쿠니기지(야마구치현)나 미사와(三沢)기지(아오모리현)으로 이전되면 정치문제를 일으킨다"고 하면서 "일본 본토가 아니라 오키나와의 다른 기지로 이전하도록 로저스 국무장관에게 요청하였다"고 하였다.

여기서 한 가지, 기지 비율에 대해 언급하고자 한다. 오키나와로의 기지의 집중·과밀 상태를 표시할 때, 복귀 후 10년 동안은 신문 등의 보도기관이나 대중운동단체에서도 "오키나와에는 일본 전체 미군기지의 약 53%가 집중해 있다"고 하였다. 이는 미군 전용시설과 일시사용시설을 합쳐 계산한 숫자이다. 예를 들어 1974년 말, 오키나와에는 2만 6569헥타르의

---

5 일본의 각료는 총리와 각 성(省)과 청(廳)의 수장을 통칭해서 국무대신(國務大臣)이라고 한다. 성이 청보다 상위기관이기 때문에 성의 수장을 '대신'이나 '상'으로 부르고 청의 수장을 '장관'으로 구분하여 부른다. 예를 들면, 외무성의 수장은 외무대신이나 외무상으로 부르고, 방위청의 수장은 방위청장관으로 부르는 식이다. 그런데 행정조직의 개편에 따라, 같은 부서의 수장에 대한 과거의 명칭과 오늘날의 명칭이 달라질 수 있음에 유의해야 한다. 예를 들면, 2007년에 방위청이 방위성으로 격상되었기 때문에 지금은 그 수장을 방위청장관이 아니라 방위대신 또는 방위상으로 불러야 한다.

전용시설과 500헥타르의 일시사용시설, 합쳐서 2만 7069헥타르의 미군기지가 있었다. 같은 시기, 일본 본토에는 9702헥타르의 전용시설과 1만 4243헥타르의 일시사용시설, 합쳐서 2만 3945헥타르의 미군기지가 있었다. 따라서 미군기지의 약 53%가 오키나와에 집중해 있다는 것이다.

그런데 1982년 9월부터 방위시설청이나 보수 오키나와 현정(縣政)은 오키나와 미군기지의 규모가 일본 전체의 44%라고 말하기 시작했다. 물론 오키나와 미군기지가 반환된 것은 아니었다. 1982년 9월부터 홋카이도(北海道)의 치토세(千歲)공항 등 3개 시설이 미군의 일시사용시설이 됨으로써 본토 미군기지의 면적이 늘어났기 때문에, 오키나와 군사기지의 비율이 줄어든 셈이었다. 더 나아가 1984년 10월 이후에는 약 30%라는 숫자가 제시되었다. 이는 1년에 단 며칠 동안만 미군과 공동 사용하는 자위대 훈련장 등의 일시사용시설을 계산에 포함시킨 숫자의 트릭이었다.

그래서 보도기관이나 대중운동단체는 미군기지의 실태를 보다 정확하게 표시하기 위해 전용시설의 숫자를 사용하게 되었고, 1995년 무렵부터 거론된 오키나와기지의 정리·축소 논의에서는 정부 측도 75%라는 숫자를 사용하게 되었다.

미군 우선을 인정하는 '5·15합의 메모'

오키나와가 일본에 복귀한 1972년부터 1973년에 걸쳐서, 1972년 2월 27일 미중공동성명(상해 코뮈니케), 9월 29일 일중공동성명(일중국교회복), 1973년 1월 28일 베트남 평화협정 발효(베트남전쟁 정전)로 아시아 정세는 크게 전환되고 있었다. 그러나 오키나와에서는 베트남에서 철수해 온 해병대의 즉응전투태세를 유지하기 위한 재편성이 진행되어, 해병대는 그 주요 기지인 캠프 한센, 캠프 슈와브, 북부훈련장 등에서 이전보다 더욱 격렬하게 각종 훈련을 실시하고 있었다.

1973년부터 시작된 '현도104호선 넘어 실탄포격훈련'은 1997년까지 계속되었다
사진 제공: 류큐신보사

이러한 상황 속에서 미 해병대는 1973년 4월 24일, 복귀 후 처음으로 오키나와의 현도(県道) 104호선을 봉쇄하고 현도 너머로 실탄포격훈련을 실시하였다.[6] 본토에서는 전례가 없던, 미군에 의한 현도 봉쇄 훈련이

---

6 현도 104호선 넘어 실탄포격훈련: 캠프 한센에서 포좌와 착탄지 사이를 지나는 현도 104호선을 봉쇄하고 실탄으로 진행하는 포격훈련을 말한다. 현도 104호선은 온나촌(恩納村) 安富租에서 킨정(金武町) 金武까지를 잇는 약 8.1km 길이의 도로이며, 그 중에서 약 3.7km가 미군기지 제공시설 내에 위치하고 있다. 특히 155mm유탄포를 사용하는 포격연습은 포의 최대사정거리가 30km로, 캠프 한센의 규모(동서 약 13km, 남북 약 4.2km)를 훨씬 능가하고 있어서 그 위험성이 자주 지적되어 왔다. 훈련 시에 착탄지에서 생기는 폭발음이나 진동뿐만 아니라, 포탄 파편의 낙하사건이 자주 발생하여 부근 주민들은 늘 사고 발생 위험에 노출되어 있었다. 나아가 실탄연습으로 인해 착탄지 주변의 자연이 크게 파괴되었고 연안해역 적토오염의 원인이 되기도 했다. 현지 주민들과 오키나와현의 지속적인 문제제기에 따라, 1995년 10월 5일 현도 104호선 넘어 실탄포격훈련 이전 등에 관해 기술적, 전문적 검토를 할 목적으로 미일합동위원회 아래 '실탄사격훈련 이전에 관한 특별작업반'이 설치되었다. 1996년 12월의 '오키나와에 관한 특별행동위원회(SACO)' 최종보고에서는 1997년도 중에 훈련을 본토로 이전할 것이 합의되었다. 그리고 1997년 6월에는 본토에서의 훈련계획이 미일합동위원회에서 합의되었기 때문에 오키나와에서의 연습은 사실상 폐지되었다. 캠프 한센의 미군 제3해병사단 제12해병연대가 실시해 온 현도 104호선 넘어 실탄포격훈련은 1973년 3월 30일의 제1회부터 1997년 9월 3일까지, 총 199회에 걸쳐 훈련통보가 있었고 저지단의 착탄지 잠입이나 기후 불량으로 인해 중지한 경우를 제외하면 총 180회 실시되었다.

었기 때문에 오키나와현은 즉시 항의와 중지요청을 하였고 대중단체들도 항의행동을 전개하였다. 그러자 미군은 현도 104호선에 대해 "미군의 활동을 방해하지 않은 범위 내에서 일반주민의 사용을 허락한다"는 합의가 일본 정부와의 사이에서 성립되어 있다고 하면서, 이른바 '5·15합의 메모'의 존재를 밝혔다. 안보조약 제6조에 근거하여, 미군이 사용하는 개개의 시설 및 구역에 관한 협정은 미일지위협정 제2조에 따라 "제25조에서 정하는 합동위원회를 통하여 양 정부가 체결하여야 한다"고 정해져 있었다. 복귀 후에도 미군이 사용하는 88시설[7]에 관해서는 복귀 당시에 미일합동위원회에서 합의사항이 협정되어 있었는데, 이것이 '5·15합의 메모'[8]다. 그러나 정부는 미군기지의 사용실태에 대해서는 미일간의 비밀

7 복귀 후의 미군사용 시설 문제: 오키나와 반환협정 제3조는 미국의 시정권 반환 후 오키나와 미군기지의 법적 근거가 본토와 같이 미일안보조약 제6조에 근거하게 될 것이라는 점을 밝혔지만, 여기에서는 기지의 제공만 규정되어 있을 뿐 제공될 '기지의 범위'에 대해서는 규정하지 않았다. 이에 따라 시정권 반환 후에 미군이 사용하게 될 기지와 반환할 기지 등에 관하여 오키나와 반환협정에 부속된 것으로 '기지에 관한 양해각서(基地に関する了解覺書)'가 체결되었다. 여기에서는 반환되지 않는 기지(A표)가 88곳, 적당한 시기에 반환되는 기지(B표)가 12곳, 즉시 반환되는 기지(C표)가 34곳으로 명시되어 있었다. 그런데 A표는 카데나기지 등 중요한 기지를 망라하고 있었을 뿐만 아니라 기지의 수를 줄이기 위해 종래에 9시설로 되어 있던 카데나탄약고 지구를 하나로 통합하여 1시설로 계산하거나 종래에는 군용지로 취급되지 않았던 아하(安波)훈련장 등 7곳이 새로 포함되어 있었다. B표의 '적당한 시기에 반환되는 기지'는 대부분 자위대기지로 인계되었고, 즉시 반환된다던 C표의 기지 중에는 같은 구역에 있던 나하 공항과 공군·해군 보조시설 등을 다른 시설로 명명하거나 아주 작은 건물 하나를 1시설로 헤아리는 등, 오키나와 반환 과정에서 이루어진 기지의 정리·통합은 기지의 부담을 '본토 수준'으로 경감해 달라는 오키나와 현민들의 요구와는 거리가 먼 것이었다.

8 '5·15합의 메모' 또는 '시설분과위원회각서': 오키나와 반환협정 제3조, 미일안보조약 제6조 및 미일지위협정 제2조에 따라 오키나와에서 미군에게 제공될 기지의 '사용조건'에 대해 밝힌 합의문서이다. 1972년 5월 15일, 미일 양국은 미일합동위원회를 개최하여 오키나와현에 있어서 미군기지의 사용에 대해 합의하였다. 5월 15일에 합의가 이루어졌기 때문에 이것을 보통 '5.15메모' 또는 '5.15합의 메모'라고 부른다. 그런데 미일 양 정부는 이 합의의 구체적인 내용에 대해서는 비밀사항이라 하여 밝히지 않은 채, 시설명이나 면적 등의 일부 사항에 대해서 1972년에 방위시설청 고시 제12호로 공표하였다. 그러다가, 본문에 설명되어 있는 것처럼, 1973년의 현도 104호선 넘어 실탄포격훈련에 대한 항의과정에서 메모의 존재가 처음으로 드러났다. 1977년 7월에는 캠프 슈와브 내의 해리어기(Harrier) 이착륙 훈련에 따른 주민 피해에 대

현도 10호선 넘어 실탄포격훈련을 저지하기 위한 착탄지 잠입투쟁(1975년 2월 18일)

사항이라 하여, 1997년까지 메모의 전모를 밝히려 하지 않았다(197쪽과 217쪽 참조).

'5·15합의 메모'와 같은 종류의 미군기지에 관한 논란도 있었기 때문에, 현도 104호선을 봉쇄한 포격훈련에 대한 항의행동은 봉쇄도로에 차량을 진입시키거나 착탄지에 잠입하여 봉화를 올려서 훈련을 저지하는 방식의 실력저지투쟁으로 발전하였다. 그리하여 경찰이나 미군과의 격렬한 대치 속에서, 1974년 10월 이후에는 훈련이 저지되었다. 이 투쟁은 현장의 지명을 따 기센바루(喜瀬武原)투쟁이라고 하며, 1970년대 반전

해 나고시가 "방위시설청 고시에 의하면 캠프 슈와브에 공역은 설정되어 있지 않다"고 힐의하자, 미군은 '5.15메모' 내에 '사용 조건'으로서 해당 공역의 사용이 인정되고 있다고 밝혔다. 이러한 항의가 계속되자, 1978년에는 방위시설청이 오키나와현 내의 22시설과 본토의 6시설에 대한 사용 조건 등을 공표하였지만, '5.15메모'의 내용은 여전히 밝혀지지 않았다. 이후 오키나와현은 수 차례에 걸쳐 미일 양 정부에 대해 '5.15메모'의 내용을 공개할 것을 요구하였고, 그 결과 1997년 3월 25일에 하시모토 총리와 오타 지사와의 회담 장소에서 '1972년 5월 15일의 합동위원회회합의사록', '1972년 5월 15일의 오키나와 시설·구역에 관한 합동위원회 각서', '시설분과위원회 각서' 등이 공개되는데, 이 중에서 '시설분과위원회 각서'가 소위 '5.15메모'이다. 1997년 7월 25일에는 공표되지 않았던 나머지 문서 10건이 외무성에서 공표되었다.

반기지투쟁의 상징적 위치를 차지하고 있다.

하지만 1976년 7월에는 잠입자가 있는데도 훈련을 강행하여 포탄 파편으로 부상자가 나왔고, 같은 해 9월에 노조원 4명이, 이듬해인 1977년 4월에는 학생 3명이 형특법 위반(미군기지 침입)으로 체포되면서 실력투쟁이 중단되었으며 훈련은 재개되었다. 그 후에도 20년에 걸쳐 훈련할 때마다 항의행동이 반복되었다.

미군 범죄도 복귀 후에 그 빈도나 질에 있어서 큰 변화가 없었다. 복귀 후 첫 살인사건은 1972년 9월에 발생하였다. 베트남에서 돌아 온 해병대원이 기지노동자를 가까운 거리에서 사살한 사건이었다. 미군은 당초에 이 사건을 공무 중에 일어난 사건이라고 주장하였지만, 그 후에 범인을 임의출두시켜 나하지방법원에서 재판을 받게 하였다. 하지만 범행시 심신(心神)상실 상태였다는 이유로 무죄가 선고되었다.

또한 핵 모의폭탄투하가 사회문제화 되었던 1974년 7월 이에지마에서는 풀베기를 하던 청년을 미군이 차로 쫓아가면서 신호용 권총으로 저격하여 부상을 입히는 사건이 일어났다. 이에촌 의회, 오키나와현, 오키나와현 의회 등에서 항의가 이어지자 미 공군 사령관은 공무증명서[9]를 발행하지 않겠다고 오키나와현 지사에게 문서로 회답하였다. 하지만 그 후, 공무 중에 일어난 사건이므로 제1차 재판권이 미군 측에 있다는 견해를 표명하였다. 이 때문에 제1차 재판권을 둘러싼 미일의 견해가 대립하여 미일합동위원회에서 심의되었지만, 최종적으로 일본 측이 재판권을 포기하면서 일본 정부가 오키나와 현민대회에서 규탄 당하는 것으로 문제가 발전하였다.

---

9 미일지위협정에서는 미군이 일으킨 사건·사고에 대해 공무 중에 일어난 것일 경우에 형사재판권을 미군 측이 행사하도록 규정하고 있다. 41쪽 지라드 사건에 관한 옮긴이 주를 참조.

혼란을 초래한 일본 정부의 군용지정책

다음으로 미군용지 문제에 관해 살펴보고자 한다.

미군지배 시대에 미군용지는 류큐 정부가 개개의 군용지주와 임대차계약을 맺고 미군에게 빌려주는(轉貸) 형식으로 확보되었다. 당연히 최종적인 재정부담은 미군 측의 몫이었다. 하지만 복귀로 인해 안보조약이나 미일지위협정에서 말하는 '시설 및 구역'(미군용지)의 제공은 일본 정부의 의무가 되었다. 일본 정부는 3만 명에 가까운 군용지주와 토지 임대차계약을 맺어야만 했다. 그러나 대부분의 오키나와 군용지가 사실상 강제로 접수된 토지였기 때문에, 미군용지 제공을 위한 토지 임대차계약을 거부하는 군용지주가 상당히 나올 것이라고 쉽게 예측할 수 있었다. 72년 반환정책에 대한 반발이 이러한 경향에 박차를 가했다.

그래서 일본 정부는 복귀와 동시에 군용지료를 평균 6배, 협력사례금으로 쥐어준 돈을 포함하면 6.5배로 인상시켰다. 이미 달러 위기에 허덕이던 미국으로서는 흉내 낼 수 없는 방법이었다. 하룻밤 사이에 군용지 사용료를 6.5배로 인상시킨 난폭한 정책은 복귀 후 오키나와의 국지적인 인플레이션을 가속시켜 경제적 혼란의 한 원인을 제공했는데, 그것은 정부의 정책 자체로 보아도 큰 모순을 내포하는 것이었다.

예를 들어, 정부는 오키나와 농업의 기간작물로서 사탕수수를 중요시하여 이를 수매하고 있었다. 복귀 다음해인 1973년의 사탕수수 생산액(농림성 매수액)은 약 138억 엔, 수확면적은 2만 3360헥타르였다. 이에 비해 군용지료는 약 182억 엔이었다. 미군용지 중 군용지료를 지불할 필요가 있는 민·공유지는 약 1만 8670헥타르였기 때문에, 1헥타르 당 군용지료는 97만 엔, 사탕수수는 59만 엔이 된다.

단순히 비교하면, 군용지료는 사탕수수 가격의 1.6배 이상이 된다. 이렇게 되면 농업노동은 마이너스 가치일 수밖에 없다. 즉, 군용지는 군용지인

상태 그대로 두는 쪽이 '벌이'가 좋고 농지로 경작하면 오히려 손해가 되는 것이다. 물론 단순비교로 모든 것을 잘라 말할 수는 없지만, 방위시설청의 군용지료 산정과 농림성의 사탕수수 수매가격 산정 사이에는 명확히 현저한 모순이 있었다. 그리고 이러한 모순은 해마다 확대되어 갔다.

일본 정부의 군용지정책은 복귀 후의 오키나와 사회에 큰 혼란을 가져왔으며 의도적으로 모순을 확대시키는 것이었지만, 이 정책을 통해 정부는 몇 년 지나지 않아서 1950년대 섬 전체 투쟁의 견인차였던 토지련을 기지유지정책의 지주(支柱)로 변질시키는데 성공하였다. 또한 '방위시설 주변의 생활환경 정비 등에 관한 법률'(1974년 6월)에 근거하여 지급되는 '기지주변 정비비'라 총칭되는 보조금이나 교부금[10] 등도 서서히 기지를 안고 있는 시정촌을 친-기지의 입장으로 견인하고 있었다.[11] 그럼에

---

10 미군기지 관련 보조금과 교부금: 일본 정부는 일찍부터 기지(특히 미군기지) 주변 지역의 주민들이 입게 되는 피해를 보상하기 위해 여러 법률을 제정·실행해 왔다. 최초의 조치는 1953년 8월에 제정된 '일본국에 주둔하는 미합중국 군대 등의 행위에 의한 특별손실의 보상에 관한 법률'이었다. 하지만 특정 업종을 영위하는 사람만을 대상으로 하고 있어서 매우 제한적이었기 때문에 소음방지, 방재공사, 도로정비, 비행장주변의 주택 이전 등은 행정 조치로 보완해 오다가 1966년 7월에 '방위시설주변의 정비 등에 관한 법률'로 이를 법제화하였다. 그러다가 1974년 6월에 비행장 주변의 항공기 소음대책으로서 주택방음공사, 녹지대 정비 등 공공시설 정비에 충당할 교부금 등의 제도를 신설한 '방위시설 주변의 생활환경 정비 등에 관한 법률'을 제정하였다. 이 법률에 따라 총리가 지정하는 '특정 방위시설 소재 시정촌'으로 지정된 시정촌에는 교통, 통신, 스포츠, 환경·위생, 교육·문화, 의료, 사회복지, 산업진흥시설 등의 공공시설을 정비하는데 사용할 수 있는 교부금이 지급되고 있다. 이 이외에 '조성교부금'과 '조정교부금'이 존재한다. 1952년에 법률 제119호로 제정된 '지방세법의 임시 특례에 관한 법률'은 미군이 소유한 고정자산에 대한 고정자산세나 도시계획세, 주민세나 전기·가스요금 등에 대해 비과세 조치할 것을 규정하였다. 이 때문에 발생하는 시정촌의 고정자산세 손실분을 보전하기 위해 1957년에 법률 제104호로 제정된 '국유제공 시설 등 소재 시정촌 조성교부금에 관한 법률'에 따라 '조성교부금'이 지급된다. 또한 미군에게 제공되는 여러 가지 공공서비스의 비과세 손실을 보전하기 위한 보조금으로, 1970년부터 자치성 고시 제224호에 따라 '시설 등 소재 시정촌 조정교부금'이 지급되고 있다. 2003년에 오키나와현의 시정촌이 기지 관계 수입으로 벌어들인 돈은 '기지주변 정비비' 89.3억엔, 조성교부금 24.5억엔, 조정교부금 40억엔 등 총 267.7억엔에 달하며, 이것은 세입총액의 4.7%에 해당한다.

11 국가로부터 지급되는 이러한 보조금, 교부금들은 이중적인 성격을 지니고 있다. 한편으로 기지의 존재로 인해 발생하는 손해·손실을 보충해 준다는 의미에서 주민들의

도 불구하고 복귀 시점에서 약 3천명의 군용지주가 계약거부의 뜻을 표명하였다. 반전지주의 탄생이다.

반전지주와 공용지법

이런 사태를 미리 예상하고 있던 일본 정부는 1971년 12월 말, 이른바 공용지법('오키나와에 있어서의 공용지 등의 잠정사용에 관한 법률')을 제정하였다. 이 법률에 따르면, 미군지배 하에서 공용지(사실상은 군용지)로 사용해온 토지는 소유자의 의사에 상관없이 복귀 후 5년 동안 공용지(군용지)로 사용할 수 있었다. 미군지배 시대의 포령·포고에 필적하는 악법이었다(예를 들어 포고 26호, 34쪽 참조).

오키나와에서는 복귀협을 비롯한 민간의 여러 단체에서부터 류큐 정부에 이르기까지 모두가 이 법률제정에 반대하였지만, 국회는 대혼란 속에서 1971년 12월 30일 이 법률을 포함한 복귀관련 4법[12]을 가결·성립시켰다.

이렇게 복귀 후 5년 동안 일본 정부(나하방위시설국)는 공용지법에 따라 토지를 강제사용하면서, 다른 한편으로는 반전지주들에게 군용지 사용을 위한 계약을 강요하기 위해 계약지주와 미계약지주 간의 대립을 선동하는 등 온갖 수단을 사용하였다. 이 같은 나하방위시설국의 분열공작

당연한 권리가 보장되었다고 할 수 있지만, 다른 한편으로 지역진흥비나 군용지료 등과 함께 일본 정부로부터 지급되는 막대한 자금들은 기지에 대한 불만을 잠재우고 기지가 소재한 시정촌에서 '친-기지, 친-개발, 친-본토'의 입장을 가진 토착세력를 육성하는 '정치자금'으로서의 성격도 동시에 지니고 있는 것이다. 이를 보다 노골적으로 보여주고 있는 것이 2007년 4월 13일에 중의원을 통과한 미군 재편법안이다. 이 법안은 방위상이 미군 재편 관련 지자체를 '재편 관련 특정 시정촌'으로 지정하여 교부금을 지급하도록 규정하고 있는데, 미군 재편에 대한 협력 정도에 따라 교부금을 차등 지급하겠다고 밝힘으로써 해당 지자체 등으로부터 큰 반발을 사고 있다.

12 복귀관련 4법: 오키나와에 있어서의 공용지 등의 잠정사용에 관한 법률(공용지법), 오키나와의 복귀에 따른 특별조치에 관한 법률(법률 제129호), 오키나와의 복귀에 따른 관계법령의 개폐에 관한 법률(법률 제130호), 오키나와진흥개발특별조치법(법률 제131호) 등의 4개 법률을 말한다.

이 있었음에도 불구하고, 시한입법인 공용지법의 기한이 끝나는 1977년 5월 14일 무렵에도 여전히 396명의 계약거부지주가 남아 있었다.

이 지주들은 1971년 12월 9일, 공용지법이 성립하기 20일 정도 전에 '반전지주회'(권리와 재산을 지키는 군용지주회)를 결성하였다. 그러나 계약거부지주 모두가 반전지주회에 참여한 것은 아니었고, 약 30%정도의 계약거부지주는 조직에 참여하지 않았다. 반전지주회의 존재조차 알지 못하는 사람들도 있었다. 사회적인 여러 운동에 적극적으로 참여하는 것을 좋아하지 않은 사람들도 있었다. 반전지주들의 직업, 나이, 이데올로기 등은 제각기 달랐지만, 자신의 땅을 더 이상 군용지로 제공하기 싫다는 마음만은 공통적이었다.

반전지주회의 결성을 지원하고 이를 재정적으로도 뒷받침했던 것은 복귀협이었다. 하지만 복귀협은 스스로 벌여왔던 '평화헌법 아래로의 복귀' 혹은 '반전복귀'와 미일군사동맹의 재편 · 강화정책의 일환으로 이루어진 복귀라는 현실과의 격차에 당황하고 있었다. 복귀협을 존속시킬 것인지 아닌지, 혹은 존속시킨다면 그 과제는 무엇이 될 것인지 등에 관해 통일된 견해를 정리하지 못한 채, 복귀협은 복귀 후 만 5년이 지난 1977년 5월 15일에 해산하였다. 복귀협은 복귀운동을 이론적으로 총괄하지 못했지만, 72년 오키나와 반환정책의 실태가 밝혀짐에 따라 반전반기지투쟁의 입장으로 크게 기울었고, 그 연장선상에서 공용지법에 반대하여 반전지주회를 지원해 왔다.

1976년 2월 16일 사회대중(사대)당, 사회당, 공산당, 공명당 등의 4당을 포함한 18개 단체에 의해 복귀협의 후계조직이라 할 수 있는 '위헌공투'(공용지법 위헌소송지원 현민공투회의)가 결성되었다. 권력의 직접공격을 받고 있던 반전지주들 내부에 당파를 넘어선 다양한 사람들이 존재하고 있었다는 점도 폭넓은 조직의 성립을 가능케 한 요인이었을지 모른다. 그리고 3월 8일에 공용지법 위헌소송이 제기되었다. 공용지법이 재산권을 보장한 헌법 제29조, 법아래 평등을 명시한 헌법 제14조, 하나의 지방공공단체에 적용되는 특별법은 주민투표를 필요로 한다고 정한 헌법 제96조 등을 위반했다는 이유에서였다.

미군지배 시대에 대중운동의 조직적 기반이었던 복귀협이 그 역사적 역할을 마친 뒤, 미일안보체제 하의 새로운 과제에 맞설 수 있는 조직으로서 위헌공투가 남겨졌다고 해도 과언이 아닐 것이다.

자위대 배치에 대한 저항

오키나와 반환에 따른 군사상의 큰 변화 중 하나는 자위대의 오키나와 배치였다. 자위대 배치는 사토-닉슨 공동성명(1969년 11월) 가운데 "복귀 후 오키나와의 국지방위 책무는 일본 자체의 방위를 위한 노력의 일환"이라는 문구에 따른 것이며, 오키나와 반환협정이 조인된 1971년 6월 구보 다쿠야(久保卓也) 방위청 방위국장과 주일 미대사관 수석군사대표 가치스 해군 중장 사이에서 교환된 '일본국에 의한 오키나와 방위책무 인수에 관한 결정'에 따라 구체화되었다.

이 결정에 따라 복귀 후 약 6개월 사이에 3200명이(실제로는 주민감정에 대한 배려로 2개월 정도 후에 300명 정도 인원수를 줄였다), 최종적으로는 6400명의 자위대가 오키나와에 배치되었다.

일본 정부의 입장에서는 오키나와가 일본이 된 이상 '본토수준'으로 자위대를 배치하는 것이 당연한 일이었다. 여론조사에 나타난 숫자로 보면 대부분의 일본 국민들도 그렇게 생각하고 있었다. 복귀 1년 전인 1971년 8월 하순에 아사히신문(朝日新聞)이 본토와 오키나와에서 실시한 오키나와 반환에 관한 여론조사 결과에 따르면, 오키나와에 자위대가 배치되는 것에 찬성하는 사람은 본토에서 54%, 오키나와에서는 22%였고 반대

최초로 배치된 자위대의 기념식(1972년 5월)
사진 제공: 류큐신보사

하는 사람은 본토에서 25%, 오키나와에서는 58%였었다.

　그러나 일본 정부는 오키나와에 배치되는 자위대 사령관에 오키나와 출신자를 지명하는 등 주민감정에 대해 임시변통의 배려를 보이기도 했지만, 자위대 배치 방침을 바꾸려 하지는 않았다. 그렇기 때문에 민중들의 의사에 반하는 자위대의 오키나와 배치는 자위대(일본군)의 '오키나와 진주(進駐)' 혹은 '오키나와 파병'이라 불리기도 했다. 1972년 4월 복귀협은 항의성명에서 '일본군(자위대)의 오키나와 진주'라는 말을 사용하였으며, 이에 호응하여 같은 해 5월 구마모토(熊本) 육상자위대 서부방면 총감부 앞에서 진행된 총평 등의 항의집회는 '오키나와 파병'이라는 말을 사용하였다.

　자위대 배치 반대투쟁의 가장 큰 성과는 오키나와 민중들에게 "일본군이란 무엇인가"라는 물음을 새로이 던진 것이다. 민중이 체험한 오키나와전에 관해서는 1950년에 출판된 『철의 폭풍』(오키나와타임즈사) 이후 많은 출판물이 나왔다. 그 속에는 일본군에 의한 오키나와 주민 살해나 집단'자결'[13]에 대해 많은 사실들이 기록되어 있었다. 그러나 이러한 출판물에서 일본군을 규탄하는 어조는 전혀 찾아 볼 수 없었고, 대부분의 출판물에서 집단'자결'은 극한상황 속에서 일어난 비극으로 그려져 있었다.

오키나와전에 있어서 일본군의 행태를 '천황의 군대'의 본질과 관련시켜 추궁하려는 시도는 1970년대에 들어선 다음, 즉 일본 정부가 자위대의 오키나와 배치를 강제적으로 추진하기 시작했을 무렵에 이루어졌다. 보다 직접적으로는 오키교조(沖教組, 오키나와현 교직원조합)가 『이것이 일본군이다』라는 팸플릿을 정리했던 무렵부터이다. 자위대 배치 반대투쟁은 '이민족 지배'와의 투쟁 속에서 간과되어 온, 오키나와전의 본질을 재인식하는 새로운 관점을 부여했다고도 할 수 있다.[14]

그런데 자위대 배치 반대투쟁은 복귀협 등의 대중운동단체만이 담당

---

13 집단'자결'(集團自決): 오키나와전 당시에 가마에서 일반주민과 병사들이 집단적으로 '자결'한 사건을 말한다. 집단'자결'은 게라마 제도, 도카시키섬, 자마미섬, 게루마섬, 이에섬, 구메섬, 오키나와섬의 요미탄촌과 남부의 동굴 및 참호, 문중묘 등 오키나와 전역에서 벌어졌다. 그런데 이 죽음의 성격을 둘러싸고 여러 가지 대립적인 의견이 제시되었다. 일본의 침략전쟁과 군국주의를 미화하는 사람들은 이 죽음이 최후까지 미군에 저항하다가 '황은에 보답하기 위해' '자발적으로' 옥쇄(玉碎)한 것이며, 따라서 이들을 천황을 위해 죽은 '영령(英靈)'으로 모셔야 한다고 주장한다. 반면 군국주의와 천황제에 비판적인 사람들은 황민화 교육에 의한 구조적인 '강제성'을 강조하면서, 죽은 이들을 전쟁 '피해자'로 바라본다. 집단'자결'의 대표적인 사례인 치비치리가마의 집단'자결'에 대해서는 138쪽 옮긴이 주를 참조.

14 오키나와 복귀 이전까지 오키나와의 대중운동은 우선적으로 미국의 지배에 대한 저항과 일본으로의 복귀를 지향하고 있었다. 그런데 이런 구도 하에서는 복귀해야 할 일본의 역사와 현실에 대해 본격적인 비판을 제기하기 힘든 것도 사실이었다. 왜냐하면 돌아가야 할 곳에 근본적인 문제가 있다면 복귀 자체가 정당성을 가질 수 없기 때문이다. 물론 여기에서 고려해야 할 점이 있다. 첫 번째는 반복귀론이나 오키나와독립론처럼 '조국복귀'의 정당성에 의문을 제기하려는 움직임이 존재했다는 점이다. 하지만 이런 조류들은 오키나와 대중운동의 주류를 형성하지는 못했다. 둘째는 미군지배 시대에도 오키나와측에서 일본 정부에 대한 비판을 수행하고 있었다는 점인데, 그러한 비판은 주로 미군지배 하에 오키나와를 내버려두었다는 점과 미군지배에 동조하는 일본 정부의 모습에 대한 비판이었다. 그런 의미에서 보자면, 일본 정부에 대한 비판은 미군지배에 대한 비판에 종속되는 것이었다. 따라서 자위대배치에 대한 반대투쟁은 일본의 역사와 구조에 대한 본격적인 비판의 시작이라는 점에서 큰 의의를 가지는 것이었다.

했던 것은 아니었다. 1972년 12월 5일 나하시는 "자위대 시설 내에는 주민기본대장에 근거한 시장의 권한이 미치지 않는다"는 의문을 근거로 하여, 시설 내에 거주하는 자위대 대원의 주민등록을 보류하여 전국적으로 큰 뉴스가 되었다.[15] 하지만 다음 해 2월 12일에 일본 정부가 자위대시설 내에도 지자체의 행정권이 미친다는 점을 인정했기 때문에 나하시도 업무를 재개하였다. 이것도 주민의 반자위대감정을 반영한 행정적 대응 중 하나였다고 할 수 있다. 또한 오키나와현은 1979년까지 전국 47도도부현 중에서 국가의 기관위임사무라 할 수 있는 자위관 모집 업무를 유일하게 거부한 현이었다.

표류하는 '히노마루(日の丸)'[16]

자위대 배치 반대투쟁과 오키나와전 사이의 관계와 관련하여 '히노마루'의 위상에 대해 언급하고자 한다.

잘 알려져 있듯이, '히노마루'는 '평화헌법 아래로의 복귀'를 요구하는

---

15 오키나와의 일본 복귀 이전에 미군기지는 류큐정부의 행정권이 미치지 않는 치외법권적 구역이었다. "그렇다면 복귀 이후에 미군기지의 일부를 이어받게 된 자위대기지에 과연 자치단체의 행정적 권한이 미치는 것인가"라는 의문이 제기되었다. 나하시는 이 같은 의문을 받아들여 그러한 지역에 거주하는 자위대원의 경우, 나하 시민으로서의 주민등록을 보류 하지 않을 수 없다는 방침을 결정했던 것이다.

16 히노마루(日の丸): 일본의 국기(國旗). 태양을 기호화한 것으로 한국에서는 보통 일장기(日章旗)라고 불린다. 히노마루의 문양은 태양신앙에서 비롯된 것인데, 일본의 황조신(皇祖神)으로 숭상받는 아마테라스오미카미(天照大神)는 태양의 신이다. 일본의 태양신앙은 고대국가·황실과 밀접한 관련이 있었다. 중세 시기에는 여러 가지 색의 조합이 사용되었는데, 현재와 같은 흰 바탕에 붉은 색의 동그라미 모양은 에도 시대에 막부(幕府)의 관선(官船)을 표시하기 위해 사용되던 것이 정착된 것이라 한다. 메이지 정부는 근대국가 일본을 건설하는 과정에서, 1870년에 태정관포고 제57호 '우선상선(郵船商船) 규칙'을 통해 우편선과 상선에 히노마루를 '국기'로서 계양하도록 규정하고 그 규격을 정하였다. 하지만 이 시기까지만 하더라도 일반 민중들 사이에서는 국기에 대한 관념이 존재하지 않았다. 히노마루를 계양하라는 명령도 주로 군선이나 상선 또는 관청에 대한 것이었고 일반 국민들에 대한 명령은 아니었다. 히노마루가 일본의 정식 국기로 규정된 것은 1999년에 제정된 '국기·국가법'을 통해서였다.

오키나와현조국복귀협의회 결성식에 걸린 히노마루(1960년 4월 28일)

복귀운동의 상징이었다. '이민족 지배' 하에서 저항의 상징으로 정당화되어 온 것이다. 확실히 미군지배 하에서 일본 복귀운동이 시작됐을 때에는 '히노마루'도 자유롭게 내걸지 못하는 상황이었으며, 그러한 의미에서는 저항의 상징일 수 있었다. 하지만 그 상징이라는 것은 '히노마루'가 떠맡아 온 역사적 역할[17]에 대한 비판을 거친 후에 새로운 투쟁의 상징으로

17 히노마루와 기미가요는 본래 황실이나 관(官)에 관련된 상징물로서 일반 민중들의 삶과는 무관했다. 그래서 천황을 핵으로 한 근대국가 일본의 건설을 목표로 했던 메이지정부는 소학교 교육에서부터 국어·수신·창가 등의 과목을 통해 히노마루와 기미가요의 교육을 반복하였다. 학교 교육과 함께, 히노마루와 기미가요가 국민들 사이에서 확산되어 국기·국가로 뿌리내리게 된 계기는 일본이 벌인 제국주의적 침탈과 전쟁이었다. 청일·러일전쟁을 통해 출정 병사를 환송하거나 승전을 축하하는 히노마루의 행렬이 잦아졌고, 중일전쟁과 아시아·태평양전쟁을 거치면서 점령지마다 히노마루를 게양하여 국력을 과시하였고, 이를 통해서 국민들의 애국심을 고취하려 했던 것이다. 또한 이 과정에서 히노마루에는 서구열강에 대항하여 '동양의 떠오르는 태양으로서 일본'이라는 의미가 부여되었다. 전후 일본 정부는 히노마루와 기미가요의 위상을 학교교육의 장에서부터 강화하기 위해 노력했는데, 1958년부터 '학습지도요령'을 통해서 히노마루를 국기로 명기했고 1977년에 개정된 소학교 '학습지도요령'에서는 기미가요를 국가로 명기하였다. 그러나 전후 사회당과 공산당 그리고 일교조(일본교직원조합) 등은 교육 현장에서 히노마루 게양과 기미가요 제창을 실천적으로 무력화시키려는 노력을 계속해 왔다. 그러다가 90년대 중반에 사회당과 일교조가 입장을 전

서 주체적으로 선택한 것이 아니었다. 오히려 그런 비판을 빠뜨린 채, 복귀해야만 하는 전후 일본, 즉 평화헌법을 가진 민주국가 일본의 상징으로 은근슬쩍 탈바꿈한 것이었다.

따라서 도항(渡航)의 제한이 어느 정도 완화된 1960년대 중반부터 오키나와를 방문한 본토의 혁신단체 활동가들은 미군지배에 반대하는 투쟁 가운데 휘날리는 '히노마루'에 위화감을 느꼈고,[18] 역으로 오키나와를 방문한 정부 각료들은 이에 감격해 했다.

그러나 72년 반환정책의 실태가 밝혀짐에 따라 '히노마루'는 대중운동 속에서 자연스럽게 모습을 감추었고, 복귀 후에는 학교 행사 등에서도 거의 볼 수 없게 되었다. 하지만 그렇다고 하여 의식적으로 또는 적극적으로 부정된 것은 아니었다. 예를 들어, 복귀기념사업으로 진행된 오키나와 특별국민체육대회(와카나츠(若夏)국민체육대회, 1973년 5월 3-6일)는 수만 명의 오키나와 민중들이 '기미가요(君が代)'[19]의 합창을 강요

환·완화하고, 일본 정부의 국기·국가 제정방침이 강화되면서 1999년 8월에 '국기·국가법'이 성립되기에 이르렀다. 90년대 이후에 히노마루와 기미가요의 게양·제창율이 높아진 것이 사실이지만, 그것들이 과거 일본의 제국주의적 침략의 상징이었다는 점과 개인의 양심에 반한 강제화·의무화방침을 통해 강요되고 있다는 점에서 교육현장에서의 반발은 아직까지 계속되고 있다.

18 전후 일본 정부는 히노마루와 기미가요의 위상을 학교교육의 장에서부터 강화하기 위해 노력했는데, 1958년부터 '학습지도요령'을 통해서 히노마루를 국기로 명기했고 1977년에 개정된 소학교 '학습지도요령'에서는 기미가요를 국가로 명기하였다. 그러나 전후 사회당과 공산당 그리고 일교조(일본교직원조합) 등은 교육 현장에서 히노마루 게양과 기미가요 제창을 실천적으로 무력화시키려는 노력을 계속해 왔다. 그러다가 90년대 중반에 사회당과 일교조가 입장을 전환·완화하고, 일본 정부의 국기·국가 제정방침이 강화되면서 1999년 8월에 '국기·국가법'이 성립되기에 이르렀다. 90년대 이후에 히노마루와 기미가요의 게양·제창률이 높아진 것이 사실이지만, 그것들이 과거 일본의 제국주의적 침략의 상징이었다는 점과 개인의 양심에 반한 강제화·의무화방침을 통해 강요되고 있다는 점에서 교육현장에서의 반발은 아직까지 계속되고 있다.

19 기미가요(君が代): 일본의 국가(國歌). 가사의 원형은 905년에 만들어진 『고금화가집(古今和歌集)』에 실려 있는 작자불명의 것으로 원래는 장수를 기원하는 내용이라고 하며, 제목은 가사의 첫머리에서 따온 것이라고 한다. 일본이 근대 국가를 건설하는 과정에서 몇 차례의 작곡을 거쳐 1880년 10월에 '천황을 찬미하는 의례의 곡'으로 발표되었다. 처음부터 국가로 지정된 것은 아니었고 주로 육·해군의 천황 의

당하면서 '히노마루' 게양을 입회한, 전후의 첫 계기였다. 하지만 거기에 어색한 분위기가 흘렀음에도 불구하고, 적극적인 비판이나 저항은 없었다. 자위대팀(사가현 대표의 연식야구팀) 출장문제[20]가 큰 정치문제가 되었음에도 불구하고, 복귀 후 십여 년이 지나, 권력이 '히노마루'를 강요하는 상황이 형성된 단계에 가서야 비로소 전전(戰前)·전중(戰中) 시기까지 포함하여 '히노마루'가 떠맡아 온 역사적 역할에 대한 적극적인 비판이 가능했다.

'혁신왕국'

그런데 오키나와의 일본 복귀를 사이에 둔 약 10년 동안, 즉 1968년경부터 1978년경까지, 오키나와는 '혁신왕국'이라 불렸다. 1968년 11월 야라 초뵤가 공선(公選) 주석이 되었을 때가 그 기점이었다고 할 수 있을

례용으로 사용되었다. 그러다가 1893년에 문부성이 소학교의 '축일대제일창가(祝日大祭日唱歌)'로 지정하여 소학교의 기념식에서는 반드시 기미가요를 제창하게 되었다. 하지만 이때에도 국가로 지정된 것은 아니었고, 1937년 국정교과서 『소학수신(小學修身)』에 가서야 기미가요를 국가로 지칭하게 되었다. 국정교과서는 "기미가요는 일본의 국가입니다. 우리나라의 축일과 그 밖의 경사스런 의식에서 국민은 기미가요를 불러서 천황전하의 만세를 경축합니다. 기미가요 노래는 '우리 천황전하가 통치하는 이 대(代)는 천년, 만년 아니 영원히 지속되어 번영하기를'이라는 뜻의 정말로 경사스런 노래입니다"라고 서술하여, 기미가요가 천황제 국가의 상징이라는 점을 분명히 하였다.

20 자위대팀 출장문제: 자위대가 발족할 당시에는 자위대의 설립이 전쟁을 포기하고 전력을 보유하지 않는다는 일본국헌법 제9조에 위반한다는 비판이 강했다. 그러나 20년 가까이 존속해 오면서 그러한 목소리는 점점 작아졌고, 국민체육대회의 운영에 자위대의 협력을 얻거나 자위대의 팀이 국민체육대회에 참가하는 것이 당연하게 여겨지고 있었다. 그런데 1972년을 진후로 지위대의 배치라는 사태에 지면하고 있던 오키나와의 사정은 이와 달랐다. 와카나츠(若夏)국민체육대회에 사가현(佐賀縣)에 주둔하는 자위대의 야구팀이 참가하는 것을 알게 된 오키나와의 노조나 혁신단체는 강하게 반발하였고 사가현의 노조 등도 이에 동조하였다. 그리하여 사가현 지사는 자위대의 팀이 사가현의 대표로서 참가하는 것을 그만 두기로 하였다. 하지만 일본 문교부와 일본체육협회의 압력으로 참가를 인정하지 않을 수 없게 되었다. 이 때문에 오키나와에서는 자위대참가 저지행동이 전개되어 기동대가 출동하는 등의 소동이 일어났다.

것이다.[21]

1972년 5월 15일 야라 초뵤는 [류큐 정부의 공선 주석에서] 그대로 전후의 첫 오키나와현 지사가 되었으며, 다음 달인 6월 25일에 진행된 지사 선거에서 재선되었다. 1976년 6월 임기 만료로 은퇴한 야라 초뵤를 대신하여 오키나와 사회대중당의 리더인 타이라 코우이치(平良幸一)가 지사 자리에 취임하였다. 그 동안 오키나와의 10개 시 중에서 8개 시의 시장은 혁신계열이 차지하였다. 그러나 타이라 지사는 임기 중반에 질병으로 쓰러졌고, 1978년 12월의 지사 선거에서는 1968년 주석공선에서 야라 초뵤에게 패한 니시메 준지(西銘順治)가 당선되어 혁신왕국에 종지부를 찍었다.

혁신 오키나와 현정(県政)과 혁신 시정촌들은 '핵도 기지도 없는 평화롭고 풍요로운 오키나와현'을 목표로 내걸었다. 그리고 자위대 배치에 반대하며, 미군기지 축소 · 철거를 요구하고, 미군범죄나 사고에 항의하고 재발방지를 요구하였다. 그런 점에서는 민중의 요구와 희망을 반영하고 있었다.

---

21 혁신지자체: 비슷한 시기에 일본 본토에서도 혁신 지자체장이 탄생하고 있었다. 사회당은 1967년 4월 15일에 시행된 통일지방선거에서 공산당과 공동추천으로 미노베 류키치를 당선시켜 도쿄도(東京都)에서 최초의 '혁신도정(革新都政)'을 탄생시켰다. 혁신지사로는 이와테(岩手)현의 치다 다타시, 교토부의 니나가와 도라조, 오이타(大分)현의 기노시타 가오루 등이 당선되었다. 4년 후인 1971년 통일지방선거에서는 오사카 부지사로 구로다 표이치가 당선되었고, 1972년에는 오키나와현의 야라 초뵤를 비롯하여 사이타마(埼玉)현의 하타 야와라, 오카야마(岡山)현의 나가노 시로가 당선되었다. 1974년에는 가가와(香川)현의 마에가와 다다오, 시가(佐賀)현의 다케무라 마사요시 등이 당선되었고 1975년에는 카나가와(神奈川)현의 나가스 가즈지, 시마네(島根)현의 쓰네마스 세이지 등이 당선되었다. 이처럼 최전성기였던 1970년대 전반에는 광역지자체에서 당선된 혁신지사가 10명에 육박할 정도였다. 혁신지자체는 국가의 산업 · 개발 우선정책에 대해 생활 · 환경 우선정책, 관료주도에 대해 시민주도라는 새로운 가치관을 제시하였다. 혁신지자체의 시민참여형 행정, 반공해정책, 생활환경의 최저기준으로서 '시빌 미니멈' 등의 정책은 중앙정부를 선도하였다. 1970년대 후반부터 쇠퇴하기는 하지만, 이들 혁신지자체는 일본의 정치의 방향전환에 심대한 영향을 미쳤다.

그러나 한편으로 일본 정부와의 첨예한 대립은 회피하고, 경우에 따라서는 자기의 지지기반인 혁신적 대중단체의 행동을 억제하였다. 후자의 전형적인 사례는 1969년 2월 4일로 예정되어 있던 B52 철거 요구 총파업을 무마시킨 일이다(53쪽 참조, 자세한 내용은 『오키나와 전후사』 참조). 또한 미군기지 철거를 요구하는 입장에서 미군용지로 사용되는 현유지(県有地)에 대한 임대차계약을 하지는 않았지만, 미군용지가 사용되고 있는 사실은 부정할 수 없기 때문에 그 손실보상금은 받아들인다는 각서를 교환하여 미군용지로의 사용 사실을 추인하였다. 모든 혁신 시정촌이 이 각서방식을 따랐다.

1차 진흥계획과 오키나와 해양박람회

'핵도 기지도 없는 평화롭고 풍요로운 오키나와현'을 목표로 하는 혁신현정과 미일군사동맹의 유지 · 강화를 지향하는 미일 양 정부는 불가피하게 대립하지 않을 수 없었다. 하지만 혁신현정의 '풍요로운 오키나와현' 구상(혹은 환상)은 정부의 오키나와 진흥정책과 미묘하게 교착하면서 공명하고 있었다.

복귀에 즈음하여 일본 정부는 1972년부터 1981년까지 10개년의 오키나와진흥개발계획(1차진흥계획)을 세우고, 이 계획에 근거하는 여러 사업의 추진을 위해 오키나와진흥개발특별조치법(沖振法)을 제정하였다. 이 계획은 가혹했던 오키나와전과 장기간에 걸친 본토로부터의 고립의 결과로 초래된 일본 본토와의 사회적 · 경제적 격차를 시급히 시정하고, 오키나와의 자립적 발전을 가능케 할 기초적 조건을 정비할 것을 목표로 제시하였다. 요컨대 1960년대 일본의 고도경제성장정책을 본받아, 거액의 공공투자로 사회자본을 충실히 하면서 이를 계기로 기업유치를 도모한다는 것이었다. 이른바 오키나와국제해양박람회 등의 복귀기념사업은

그 기폭제로서의 위치를 부여받았다.[22]

오키나와진흥개발계획은 오키나와현지사에게 계획 원안의 제출권을 부여하고 있었다. 원안이 그대로 인정된 것은 아니지만, 진흥개발계획에 관한 기본적 발상 자체에 일본 정부와 오키나와현 사이의 큰 모순은 없었다. 오히려 그 계획들은 류큐 정부의 '오키나와 장기 경제개발계획'(1970년 7월)의 연장선상에 있었다. 해양박람회도 1971년 8월에 류큐입법원이 이미 유치 결의를 했었다. 이 계획이나 오키나와진흥개발특별조치법에 근거한 고율의 보조(예를 들어 국도나 오키나와현도의 신설 등은 100%보조) 등에 의한 거액의 공공투자로 도로, 공항, 항만, 상하수도, 댐, 의무교육시설 등이 상당 부분 정비되었다. 그렇지만 광대한 미군기지를 성역으로 손대지 않았고, 엔화의 절상에 이은 변동환율제로의 이행이나 오일쇼크라는 외부환경 변화 등도 있었기 때문에 오키나와진흥개발계획 중에서 목표수치를 달성한 것은 인구 증가뿐이었다.

또한 거액의 공공투자는 오키나와에 축적되지 않고 대기업을 경유하여 그대로 본토로 빠져나갔다. 산사태처럼 쏟아진 공공투자는 오키나와에서는 본토 대기업과 합작하거나 하청받는 형태의 공공투자 의존형 건설업을 비정상적으로 발달시킨 한편, 복귀기념사업에 대한 기대나 정책적 요청에 따라 과잉투자를 강요당한 지역에서는 토착 기업들이 연달아 파산하는 사태도 초래하였다. 본토 자본에 의한 토지의 매점이나 난개발도 폭발적으로 진행되면서, 적토(赤土)오염에 의한 산호의 사멸 등이 화

---

22 오키나와 해양박람회와 관광산업: 오키나와 해양박람회는 오키나와를 '관광의 섬'이라는 이미지로 재탄생시킨 중요한 계기 중의 하나였다. 오키나와의 관광객 수는 복귀전에는 연간 최고 2만 명 정도였는데, 복귀 이후에 2배 정도로 급상승했으며, 1975년 7월-1976년 1월까지 진행된 해양박람회를 계기로 관광객 수는 3배 이상으로 증가하였다. 관광수입도 74년에 575억엔이던 것이 75년에는 1277억엔으로 급증하였고, 이후에도 증가세를 보여 왔다. 하지만 이와 동시에 본토 자본에 의한 리조트의 난개발과 이로 인한 해양 오염도 심각해졌다.

오키나와 해양박람회. 1975년 7월 20일부터 1976년 1년 18일까지 계속되었다
사진 제공: 나하시역사박물관

제가 되기 시작했다.

　복귀 기념사업에는 경제개발의 기폭제로서의 의미뿐만 아니라 정치적 의도도 담겨져 있었다. 그 절정은 천황의 오키나와 방문이었다. 그러나 이미 언급했듯이, 자위대 배치 반대투쟁의 과정에서 '천황의 군대'로서의 본질이 새롭게 재인식되고 있었다. 그것은 전후 오키나와에 있어서 천황제 논의의 시작이기도 했다. 계간『신오키나와 문학』의 '천황제'특집(오키나와타임즈사, 1975년 4월 29일)은 발행 직후 매진될 정도였다. 그래도 정부는 해양박람회를 기회로 황족(皇族)이 자유롭게 오키나와에 갈 수 있는 여건을 조성하려 하였고, 황태자(현 천황)를 해양박람회 명예 총재로 경찰 2400명과 함께(이 이외에도 오키나와현 경찰을 1400명 동원) 오키나와로 보냈다. 그리고 황태자는 히메유리[23] 탑에서 화염병 투척을

---

23 히메유리(ひめゆり): 오키나와전에는 일반 민간인들뿐만 아니라 나이 어린 학생들까지 동원되었는데, 특히 오키나와 현립 제1고등여학교와 현립 사범학교 여자부의 합동 간호부대를 히메유리라고 부른다. 두 학교의 상징인 용녀(龍女, 오토히메(乙

당했다.[24]

새로운 가치관을 제기한 '킨(金武) 만을 지키는 모임'

이야기를 경제개발계획으로 돌려 보면, 풍요로운 오키나와현을 지향하는 구상 속에서 전략산업으로 가장 중요시된 것은 석유산업이었다. 이것은 오키나와섬의 동해안 일대를 매립하여 석유산업을 중심으로 광대한 임해형 공업지대를 만든다는 것이었다. 이러한 구상은 류큐대학 경제연구소의 보고서인 「오키나와 경제개발의 기본과 전망」, 류큐 정부의 「오키나와 장기경제개발계획」, 총리부의 「오키나와 경제진흥의 기본구상(안)」 등에 모두 공통적인 것이었다.

이러한 구상에 앞서 1967년 여름, 말하자면 미일 양 정부가 오키나와 반환협상을 구체화하기 시작했을 무렵, 이를 민감하게 주목하고 있던 걸프(Gulf Oil Corporation), 엑손(Exxon mobil Corporation),

---

姬))와 백합(しらゆり)에서 따온 명칭이다. 오키나와전 발발 직전인 1945년 3월말부터 동원된 히메유리 부대는 격렬한 전투 와중에 대부분 희생되었다. 특히 육군 제3외과병원 동굴에 있던 40명의 히메유리 부대원들이 미군의 가스탄 공격에 의해 몰살당함으로써 오키나와전의 비극을 상징하는 존재로 기억되고 있다. 전후에 제3외과가 있던 이토만(糸滿)시 이하라(伊原)에 학생과 교사 194명의 명복을 비는 히메유리 탑이 세워졌고 평화기념자료관도 건립되었다.

24 매년 일본 본토에서 온 많은 학생들과 참배객들이 히메유리 탑을 방문하고 있다. 이것은 히메유리 학도대의 비참한 종말이 오키나와전의 비극을 상징적하는 것으로 널리 알려졌기 때문이다. 그런데 히메유리 이야기가 널리 알려진 데에는 그것이 전후 일본에서 일본의 '피해자화'를 부각시키는데 활용되어 왔기 때문이라는 점도 있다는 데 주의해야 한다. 즉, 전후 일본의 내셔널리즘은 동경재판에 회부된 일부의 전범들로 가해자를 한정시킴과 동시에 천황을 포함한 전체 국민을 희생자로 연출함으로써 시작되었다고 해도 과언이 아니다. 여기에서 히메유리에 대한 참배와 진혼(鎭魂), 히메유리 탑에서 흘리는 눈물은 스스로에 대한 용서와 '무죄 증명'을 위한 의례가 되고 만다. 천황가를 비롯하여 일본 본토에서 온 인사들이 히메유리의 상징성을 이런 방식으로 전유하는 것은 오키나와전의 비극을 체험해 온 입장에서 볼 때 매우 불편한 것일 수밖에 없었다. 1975년 7월, 히메유리 탑에서 당시 황태자(현재의 천황)에게 화염병을 던졌던 치넨 츠토무(知念功)는 10여 일 동안 근처의 동굴에서 지내면서 히메유리의 목소리를 듣고 있었다고 한다. 그는 재판소에 제출한 진술서에서 히메유리 여학생들로부터 '복수해 달라'는 부탁을 받았다고 진술했다.

카이저(Kaiser Industries Corporation), 칼텍스(Caltex Petroleum Corporation)[25] 등 미국 석유자본이 복귀 후의 일본 시장을 목표로 하여, 일본의 외자법이나 석유업법의 규제가 미치지 않는 오키나와에서 거래 실적을 쌓기 위해 획책하기 시작하였다. 류큐 정부나 그 브레인의 역할을 맡고 있던 경제학자들은 이런 움직임을 오키나와가 가지는 지리적·지형적 우위성을 보여주는 것으로 이해했다.

그러나 걸프사 계열의 자본이 진출하려 한 요나구스쿠촌(현 우루마시) 미야기지마에서도, 칼텍스사 계열의 자본이 진출하려 한 키타나카구스쿠(北中城)촌에서도 자본 진출과 동시에 지역주민들에 의한 석유기지건설 반대투쟁이 시작되었다. 처음에는 토지를 지키는 운동으로 시작된 투쟁이 머지않아 급속하게 반공해운동의 성격을 띠기 시작했다. 오키나와에 진출하는 기업은 본토에서 입지가 곤란해지고 고용효과도 적은 공해기업이라는 인식이 확산되었기 때문이다. 그럼에도 불구하고 류큐 정부는 미쯔비시(三菱) 자본(오키나와미쯔비시개발)에게 CTS(석유비축기지) 건설예정지인 미야기지마와 헨자지마(平安座島) 사이의 해역에 대한 매립인가를 내주었다. 이에 맞서 다음해인 1973년 9월, CTS에 반대하는 '킨(金武)만을 지키는 모임'이 결성되었다.

킨만을 지키는 모임의 결성은 그 조직 원리와 방향성에 있어서 복귀 후 오키나와의 새로운 운동의 출발점으로서 주목된다. 이제까지 막강한 권력에 대항하는 오키나와의 운동체는 복귀협이나, 혁신정당과 노동조합으로 구성된 혁신공투회의(革新共鬪會議)에서 볼 수 있는 것처럼, 피라미드형의 조직을 가진 큰 단체들이 연합함으로써 가능한 한 '섬 선체'에 가까운 형태로 운동을 진행하려는 데에 큰 특징이 있었다. 이에 비해

---

25 Gulf Oil Corporation, Exxon mobil Corporation, Kaiser Industries Corporation, Caltex Petroleum Corporation 등 대표적인 미국계 석유회사들이다.

킨만을 지키는 모임은 간사가 2명(아사토 세이신(安里清信), 사키하라 세이슈(崎原盛秀))가 있었지만, 기본적으로는 주민 개개인에게 직접 의거하는 운동체였다. 킨만을 지키는 모임에 모인 이들은 대부분이 야라 혁신정권의 탄생을 위해 노력하면서 그 지지 기반이 되었던 사람들이었다. 그러나 보수와 혁신이 일체가 된 개발구상에 대해서는, 자연과의 공생이나 풍요로움의 본질을 재검토하는 관점에서 날카로운 비판을 가하고, 생활방식의 변화로부터 오키나와 사회의 가능성을 찾고자 했다.

가치관의 전환 속에서 새로운 오키나와상(像)을 찾으려는 것은 주민운동만이 아니었다. 1973년에 나고시가 제기한 「나고시 총합계획·기본구상」의 역격차론(逆格差論)도 그 중의 하나였다. 이는 소득격차론에 맞선 생활역격차론이라 할 수 있는데, 통계 숫자로 나타나는 명목적인 개인당 소득이 반드시 주민들의 생활 실태를 정확하게 표현하고 있는 것은 아니라고 보았다. 역격차론은 명목소득 수준이 낮은 지역사회의 생활이 소득 수준이 높은 지역보다 훨씬 더 질적인 풍요로움을 가지고 있음을 입증하고, 이러한 인식 위에서 지역사회의 장래를 구상하려는 것이었다.

복귀에 실망한 민중

복귀 후 몇 년 동안, 오키나와는 혼돈 속에 있었다.

미군기지를 둘러싼 상황은 복귀 전과 거의 변함이 없었다. 포령·포고와 마찬가지인 공용지법에 의해 토지의 강제사용이 계속되고 있었다. 한편, 군용지료는 대폭 인상되어 오키나와 사회의 모순·대립을 격화시키고 있었다. 미군 훈련에 의한 사고나 미군범죄는 거의 줄어들지 않았고, 반면에 기지합리화에 따른 기지노동자의 대량해고가 진행되고 있었다. 또한 달러가 급격히 하락하는 가운데 이루어진 [미국 달러에서 일본 엔으로] 통화의 전환은 민중들의 일상생활에 직접적인 영향을 미치고 있었다.

나아가 본토와의 제도적 일체화는 민중들에게 새로운 일본적 질서의 틀을 실감케 하였다. 미군지배 시대에 민중의 권리는 제도적으로는 엄격히 제한되어 있었지만, 미국이 오키나와의 지배권을 포기할 의사를 굳히기 시작한 1960년대 말부터는 민중 투쟁의 고양도 있었기 때문에, 미국 측은 거의 강권을 발동하지 않았다. 그런 의미에서 그다지 자각되고 있지는 않았지만, 1960년대 말부터 복귀에 이르는 시기는 오키나와 민중이 가장 자유롭게 행동할 수 있던 시기였다. 복귀는 오키나와 민중을 지금까지와는 이질적인 일본적 질서의 틀에 편입시켜 버렸다.

이러한 상황은 많은 민중을 초조하게 하고 실망시켰다. 각종 여론조사의 결과를 보면, 복귀 직전까지는 복귀에 대한 기대감을 겨우 유지하고 있던 민중들이 복귀와 더불어 현실에 실망해가고 있었다는 것을 알 수 있다.(책 뒷부분의 그림 참조)

이 속에서 사회당계 원수협(原水協)[26]을 중심으로 실탄포격연습 실력저지투쟁이 일어났다. 또한 반전지주에 의한 공용지법 위헌소송이 제기되어 이를 지원하는 위헌공투(違憲共鬪)가 조직되었다. 이와 같은 이른바 전통적인 타입의 투쟁과는 별도로, 킨만을 지키는 모임으로 대표되는 새로운 성격의 투쟁도 시작되고 있었다. 이러한 주민운동과 연관을 맺으면서, 기업유치나 관광의존보다는 제1차 산업이나 전통공예품산업으로 지역진흥을 도모하고자 하는 '섬 살리기(마을 살리기)' 운동도 대두하게 된다.

---

26 원수협(原水協): 원수협의 정식 명칭은 '원·수폭 금지 일본협의회'이며, 여기에서는 오키나와현 원수협을 가리킨다. 일본 본토에서는 원수협이 공산당계이고 원수금이 사회당계로 구분되어 있지만, 오키나와에서는 양 계열이 모두 원수협이라는 이름을 사용하고 있기 때문에 '사회당계 원수협'이라는 표현을 사용하였다. 원수협과 원수금에 대해서는 105~106쪽 옮긴이 주를 참조.

지적명확화를 둘러싼 공방

복귀로부터 만 5주년이 되는 1977년 5월 15일을 사이에 둔 며칠간, 오키나와는 일종의 정치적 흥분 상태에 있었다. 5월 15일부터 며칠 동안 미군기지 십여 곳에 존재하던 3백여 반전지주들의 토지를 일본 정부가 '불법점거'하는 사태가 발생했기 때문이다. 지역신문은 "오키나와기지를 불법사용", "반전지주, 기지에 들어가다"라는 스포츠 신문 수준의 표제를 일면에 걸었다.

이미 언급했듯이, 일본 정부는 복귀 후에 계약을 거부한 군용지주, 즉 반전지주들의 땅에 공용지법이라는 그물을 씌워, 이 5년 동안 모든 반전지주들이 계약을 체결하도록 만들기 위해 전력을 기울였다. 이에 대해 반전지주들은 공용지법 위헌소송으로 반격을 가하였고, 정부의 계획이 파탄날 것은 자명한 이치였다.

그래서 정부는 공용지법을 대신할 새로운 기지확보법의 제정을 획책하기 시작했다. 그 때 이용한 것이 바로 지적(地籍, 토지의 위치·경계)이 불명확한 땅이었다.

오키나와전으로 모든 것이 흔적도 없이 다 타버린 오키나와에서는 토지 소유권 등을 밝히는 등기부나 공도[27]들이 대부분 불타서 없어져 버렸다. 이 때문에 전후 얼마 안 되어 인접한 지주의 입회 하에 토지소유권 확인 작업을 하였지만, [미군이 출입을 허가하지 않아서] 출입조사 등을 할 수 없었던 군용지를 중심으로 많은 지적 불명확지가 남게 되었다. 그 면적은 오키나와 섬의 9%를 차지하고 있었으며, 그 중의 82%는 군용지였다.

일본 정부는 복귀와 동시에 정부의 책임으로 지적명확화 작업을 했어

---

27 공도(公図): 등기소나 시정촌 사무소에 비치되어 있는 토지의 도면을 말한다.

야 했다. 오키나와전과 군사점령의 결과로 생긴 문제의 처리는 당연히 일본 국가의 책임이었기 때문이다. 그러나 정부는 그러한 일을 하지 않았다. 그 뿐만 아니라 지적 불명확지를 반전지주 분열책으로 이용한 것이다.

군용지가 반환되어도 지적이 명확하지 않으면, 개개 토지의 소유자에게 곧 바로 토지를 반환 할 수 없었다. 군용지료 산정의 근거가 되는 군용지주의 신고면적 총계와 실측면적이 크게 차이가 나는 경우도 많았다. 하지만 그러한 경우에도 일단 토지가 반환되면, 그 즉시 군용지료와 손실보상금의 지불이 중단되었다. 이렇게 괘씸죄를 적용하는 식의 반환, 본보기로 처벌하는 식의 반환이 반전지주들의 토지를 중심으로 이루어졌다.

안보에 바람구멍을 뚫은 나흘간

오키나와현은 정부가 책임 있게 지적명확화 작업에 착수하도록 강하게 요구하였다. 지적명확화법[28]의 법안요강도 작성해서 제시하였다. 공용지법 기한이 다가오자, 정부도 지적명확화를 위한 법안작성에 나섰다. 그러나 그것은 몇몇 지점에서 오키나와현 측의 사고와 크게 차이가 있었다.

하나는 오키나와현이 지적명확화를 국가의 책임으로 할 것을 요구한데 비해, 정부는 집단화해방식(토지소유자 전원의 합의)을 채택하려 한 것이다.

두 번째로, 정부안은 집단화해의 성립에 의해 지적이 명확화 되기 전

---

28 지적명확화법: 지적 미확정의 문제를 해결하기 위해 1977년에 정부와 여·야당이 입법한 법안으로, 정식 명칭은 '오키나와현 지역 내에 있어서 위치·경계 불명지역 내의 각필(各筆) 토지의 위치·경계의 명확화에 관한 특별조치법(지적명확화법)'이다. 이를 근거로 하여 미군기지 내의 지적명확화 작업이 이루어졌고 2003년 3월 24일 현재, 미군기지 면적의 98.66%에 대해 지적이 확정되어 있다.

안보에 바람구멍을 뚫은 나흘간, 지주들은 30년만에 자기땅을 밟아 보았다(1977년 5월 16일)
사진 제공: 류큐신보사

까지 이 토지들을 군용지로서 계속 사용할 수 있다고 정했다는 점이다.

세 번째로, 국가가 지적명확화법 대상지를 군용지로 한정한 것이다. 분명히 지적불명확지의 80% 이상은 군용지였지만, 기지 밖에도 그러한 토지는 존재하였다. 그것은 전쟁 직후, 미군이 토지 소유자나 지적을 무시하고 일종의 구획정리를 하면서 자기 땅을 기지에 빼앗긴 사람들에게 할당한 '할당토지' 같은 것도 있었기 때문이다.

즉, 정부의 의도는 지적명확화 그 자체보다 어디까지나 군용지 확보에 있었다. 그렇기 때문에 위헌공투 등은 이 법안을 '기지확보(신)법안'이라고 불렀다.

그러나 이 노골적인 구상은 오키나와현뿐만 아니라 국회 내 야당의 반발도 초래하였다. 정부는 결국 집단화해방식은 양보하지 않았지만 대상지를 기지 외로 확대하였고, 그 대신 야당 측은 지적명확화법의 부칙에 따라 공용지법의 기한을 5년에서 10년으로 연장할 것을 묵인함으로써 타협이 이루어졌다고 전해졌다.

아사히, 마이니치(每日) 등 전국신문에서부터 오키나와타임즈(沖繩タ

イムズ), 류큐신보(琉球新報) 등 지역 신문의 도쿄발보도(東京電)에 이르기까지 중의원 내각위원회에서 여야당의 타협이 성립되었다고 보도된 1977년 4월 26일, 도쿄 히비야(日比谷) 야외음악당에서 총평, 사회·공명·공산(社公共) 3당, 시민단체, 도쿄부인회 등 약 7000명이 참여한 가운데 '오키나와기지확보법안 반대 중앙총궐기대회'가 열렸다. 오키나와 문제에 관한 복귀 후 최초의 대규모 집회였다. 위헌공투는 약 150명으로 구성된 도쿄행동단을 대거 상경시켰다. 오키나와 현지의 움직임에 떠밀린 야당 측의 막판 저항으로 5월 15일 전에 성립할 예정이었던 지적명확화법(공용지법의 5년 연장을 포함)은 18일이 되어서야 겨우 성립했다. 이리하여 4일 동안이었지만 법적 공백 기간이 생겨, 안보에 바람구멍이 뚫린 것이다.

많은 기지에 반전지주들이 들어가서 자신의 땅을 확인하였다. 반전지주 중 한 명인 시마부쿠로 센유(島袋善祐)는 가족과 함께 캠프 쉴즈(Camp Shields)에 트랙터를 타고 가서 자신의 땅을 갈고 마늘이나 채지를 심었다. 우선 토양의 성질을 알아보려 했다고 한다. 하지만 카데나기지에서는 기동대가 벽을 치고 아무런 법적근거도 없이 반전지주들의 기지 출입을 막았다.

'안보보류론'

오키나와에서 '안보에 바람구멍을 뚫은 나흘간'은 반기지투쟁에서 한 획을 그은 역사적 경험으로서 오랫동안 기억되었다. 그러나 당시에 본토에서는 이미 반안보투쟁은 물론 안보논의 자체도 사라지기 시작했다.

그 때 일본에서는 이른바 록히드 사건이 정치의 초점이 되어 있었다. 미국의 록히드사가 전일본항공(ANA)에 항공기를 판매하기 위해 일본 정치계에 거액의 공작헌금을 뿌렸고, 이것이 전 수상 다나카 가쿠에이

(田中角栄)의 체포(1976년 7월 27일)로까지 발전했던 것이다. 1976년 12월의 총선거에서 자민당은 대패하였다. 이후에 자민당이 보수계의 무소속 8명을 추가 공인(公認)하여 겨우 과반수를 확보함으로써 여야당의 백중(伯仲) 상태가 되었다. 여야당이 백중 상태가 됨으로써 소수야당의 '불모의 대결(不毛の対決)'노선은 현실주의적인 대화노선으로 전환해 가는 것 같았다. 전국신문들은 그러한 대화노선이 지적명확화법의 심의과정에서 나타났다고 평가하고 있었다.

한편, 혁신연합정권 구상도 모색되었다. 이때, 먼저 등장한 것은 '오키나와 반환' 시에 미해결 과제로 남겨진 안보 · 오키나와 문제가 아니라, 거꾸로 '안보보류론'이었다. 예를 들어, 안보를 부인하는 방침에 서 있던 사회당과 안보를 적극적으로 평가하고 있던 민사당의 연합을 위해서, 당면한 긴급 정치과제가 아닌 안보문제는 보류하자는 것이었다. 이 무렵, 오키나와에서는 오키나와현 원수협(原水協)을 중심으로 한 '오키나와현 도 104호선 넘어 실탄포격연습 실력저지투쟁'이 형특법 재판투쟁으로 한 걸음 후퇴할 수밖에 없는 상태에 직면하고 있었다.

'안보보류론'으로 상징되는 사회적 분위기는 합종연횡(合從連衡)에 골몰하던 정당정치의 세계에서뿐만 아니라 보다 넓은 범위로 확산되었다. 예를 들어, 전후에 일관된 평화주의 여론의 주도자였던 사카모토 요시가즈(坂本義和)는 『세계』 1977년 4월호에 실린 "지금 '안보'란 무엇인가"라는 제목의 인터뷰에서 "미국의 아시아정책이 변화함에 따라 일본의 반안보 국민운동이 일관되게 주장해 온 선과 점점 합치되고 있다", "그 결과로서 현재 '안보'가 정치적인 쟁점으로서 일시적으로나마 긴박성이나 우선순위를 지니지 않는 것이 가능하게 되었다"(강조는 원문)고 하였다.

분명히 오키나와 반환 후 몇 년 동안에 세계정세는 크게 변화했다. 미국과 중국의 접근은 전후 세계정치의 틀을 근본에서부터 전환시키고 있었고, 오키나와가 반환된 지 4개월이 지난 뒤에는 미중의 접근을 뒤따르려는 듯이 일중국교회복이 실현되었다. 오키나와의 72년 반환을 결정한 69년 11월의 미일공동성명을 두고서 중국정부가 일본군국주의 부활이라고 격렬하게 비난한 것을 떠올리면 격세지감이 느껴질 정도였다. 1973년 1월에는 베트남전쟁이 끝났고, 1975년 4월에는 남북베트남이 통일되었다. 그러나 미국의 베트남 철수는 어쩔 수 없이 강요된 정책변경이었으며, 주체적 선택은 아니었다.

또한 1973년 10월의 제4차 중동전쟁은 이른바 오일 쇼크를 일으켰다. 그것은 석유전략을 구사한 아랍 민족주의의 복권을 나타내는 사건이었으며, 천연자원에 대한 영구주권을 주장하는 라틴아메리카 여러 나라들의 움직임과 연동되어 세계정치 무대에 제3세계가 크게 부상한 것을 의미했다. 1974년 10월에 PLO가 팔레스타인 대표로 UN총회에 초청되어 옵서버 자격을 부여받은 것도 이러한 상황을 배경으로 하고 있었다. 일본의 "기름을 원하는 아랍 외교(アブラ欲しさのアラブ外交)"[29]가 미국의 중동정책으로부터 자립하는 양상을 나타낸 것도 이러한 상황의 반영이었다.

한편 한반도에서는 1976년 8월 남북 공동경비구역(JSA)에서 미군사

---

29 석유파동이 일어나자 미국정부는 일본을 비롯한 동맹국들과 협력하기 보다는 일방적인 정책을 추구해 갔다. 일본 정부로서는 독자적인 타개책을 모색할 수밖에 없었는데, 우선 내각회의를 통해 '석유긴급대책요강'을 결정하여 국민들의 석유 및 전력 사용을 자제시키는 한편, 석유2법(국민생활안정 긴급조치법, 석유수급적정화법)을 제정하였다. 이와 더불어 미키 다케오(三木武夫) 부총리를 중동에 파견하여 아랍 국가들과의 관계 개선을 도모하면서 석유 수입량을 늘리려 하였다. 미국의 중동정책을 무비판적으로 추종해 왔던 일본이 석유위기가 닥치자 새삼스럽게 아랍에 관심을 표명한 것을 두고 '구걸외교'라는 비판이 일었으며, "기름(アブラ, 아부라)을 원하는 아랍(アラブ, 아라부) 외교(アブラ欲しさのアラブ外交)"라는 야유를 받았다. 일본어로 아랍을 '아라부'로 읽고 기름 유(油)를 '아부라'라고 읽는데, 비슷한 발음을 이용한 야유였다.

망사건(판문점사건) 등이 발생하였고, 같은 해 9월에 망명을 위해 하코다테(函館)로 비행해 온 소련 전투기 미그25기를 둘러싼 미일 양 정부의 경직된 태도는 동서대립을 격화시켰다. 그것은 곧 1978년의 '미일방위협력을 위한 지침'이나 '배려예산'이 되어, 새로운 미일군사협력의 강화로 발전해 간다. 그리고 일본 전체의 상황 변화 속에서 고립된 투쟁을 전개해 온 오키나와에서도 '안보에 바람구멍을 뚫은 나흘간'을 마지막으로 혹한기를 맞이하였으며 혁신왕국의 해체로 나아갔다.

야라 현정(県政)에서 타이라(平良) 현정으로

여기서 CTS(석유비축기지) 문제의 흐름을 간단하게 살펴보자.

야라 지사는 1974년 1월에 사회정세의 변화에 따른 가치관의 전환을 이유로, CTS 유치의 방침을 철회하고 매립지에 무공해산업을 입지하도록 기업 측에 요청하였다. 그러나 기업 측은 오일 쇼크 후 CTS 건설의 필요성이 더욱 더 늘어나고 있다고 주장하면서 이 요청을 받아들이지 않았다. 오키나와현 측도 기업 측의 손해배상청구나 오키나와현 행정에 대한 신뢰성 상실을 우려하여, 방침전환의 실효성을 확보할 구체적인 조치를 취하지 못하고 있었다. 킨만을 지키는 모임은 공유수면(公有水面) 매립면허 수속에 법적 하자가 있다고 하면서 소송을 제기하였지만, 이미 매립지가 완성되었고 소송에 이익이 없다는 이유로 기각되었다.

이러한 과정을 거친 뒤, 복귀 후 2번째 지사 선거에서 타이라 코우이치(平良幸市)가 당선된 직후(1976년 6월 2일) 야라 지사는 오키나와석유기지주식회사에 미야기지마–헨자지마(平安座島) 사이의 매립지에 대한 CTS 건설 허가를 내렸다. 자신의 임기 중에 CTS 문제를 처리하기 위해, 현정을 인계하기 직전에 CTS 건설 허가를 단행했던 것이다. 킨만을 지키는 모임은 결성이 늦어진 이유 등으로 인해 매립을 저지하지도 CTS 입지를 저지하지도 못했지만, 그 이후 주민운동에 큰 영향을 미쳤다. 특히 이시가키지마 시라호(白保)의 신 이시가키공항건설 반대투쟁 등의 결집이 빨랐던 것은 킨만의 선례에서 배운 바가 컸기 때문이다.

타이라 지사는 미군의 전차도(戰車道) 건설이나 실탄포격연습의 중지를 요청하기 위해 상경하여 미 대사관에 항의하는 등 반기지 행정에 적극적이었지만, 특히 군전(특조)법안[30] 요강을 제기한 것이 주목된다. 군전(특조)법은 군용지의 계획적 반환, 반환지 이용사업 촉진, 반환지 이용사업의 완료까지 군용지주에 대한 군용지료 상당액의 보상 등을 국가의 책임으로 한다는 내용이었다. 거기에는 기지의 정리·축소·철거를 원하는 오키나와현의 자세가 뚜렷하게 나타나 있었다. 그러나 기지의 유

---

30 군전(특조)법 또는 반환특조법: 반전지주에게 지적이 불명확한(또는 국가가 불명확하다고 주장하는) 토지를 반환하게 되면, 지적의 명확화를 위해 상당한 시간이 소요된다. 또한 반환 30일 전에 가서야 반환 통지가 나왔기 때문에, 지주의 입장에서는 토지를 반환받은 이후에 가서야 그 이용 계획을 세울 수 있었다. 필요하지 않게 된 군용지를 지주나 관계 시정촌의 의향에 상관없이 일방적으로 반환해 버리거나, 군용지를 가늘고 긴 모양으로 나누어 반환하는 경우도 있었다. 이 때문에 군용지가 반환되어도 적절하게 이용되지 못하고 장기간 방치되는 일이 많았고, 이 기간 동안에는 군용지료나 손실보상금 등이 나오지 않았기 때문에 지주들은 경제적으로 어려운 시간을 감내할 수밖에 없었다. 오키나와현은 이러한 상황을 타개하고자 1978년부터 '오키나와현에 있어서 주류군용지의 반환에 따른 특별조치에 관한 법률(군전법)'의 제정을 요청했다. 하지만 일본 정부와 국회의 무관심 아래 오랫동안 이 문제는 방치되어 왔고, 1994년 6월에 4번째의 국회 제안이 이루어진 뒤에야 비로소 가결되어, 1995년 6월 20일부터 시행되었다. 군전법은 ① 국가는 미일합동위원회에서 반환 합의된 미군용지에 대해 지주에게 반환 일정을 통보해야 하며 반환과 관련된 계획을 책정해야 한다고 규정했으며 ② 국가는 반환되는 용지를 원상회복하는 조치를 강구해야 하며 반환지로부터 수익이 없을 경우 반환일로부터 3년간 지주에게 급부금을 지급하도록 했고 ③ 시정촌이나 현이 반환지에 관한 종합정비계획을 책정할 수 있게 되었으며 ④ 종합정비계획에 근거한 사업을 행정적으로 지원하도록 규정하였다. 오키나와현은 1999년 8월에 군전법의 불합리한 부분에 대한 개정안과 반환지 이용을 촉진하기 위한 새로운 제도의 설립 등을 내용으로 하는 '주류군용지 반환지 이용의 원활한 추진에 관한 요망서'를 정부에 제출하였고, 12월에는 '주류군용지 반환지 이용의 촉진 및 원활화 등에 관한 방침'이 각료회의에서 결정되었다. 또한 2002년 4월에 시행된 오키나와 진흥특별조치법에 '주류군용지 반환지 이용의 촉진 및 원활화를 위한 특별조치'가 포함되었으며, 2002년 9월에는 일본 정부와 관련 지자체들간의 협의와 조정을 위해 '반환지 대책협의회'를 발족시켰다.

지·강화를 지상과제로 하던 일본 정부는 오키나와현이 원하면 원할수록 군전법 제정 요청을 받아들이지 않았다.

정부(나하방위시설국)는 군전법 제정에는 냉담했지만, 지적명확화 작업에는 노력을 기울였다. 일본 정부가 국가의 책임을 회피하기 위해 지적명확화 과정에서 집단화해 방식을 취하도록 정해두고 있었지만, 미군용지 강제사용을 위해서도 지적명확화는 필요했다. 공용지법 위헌 소송의 제기 등도 있었기 때문에 공용지법을 다시 연장하는 것은 불가능했으며, 기존의 미군용지특조법(43쪽 참조)을 발동해서 강제사용을 하게 될 경우에도 대상이 되는 모든 토지의 위치·경계가 명확하지 않으면 안 되었기 때문이다. 그 때문에 나하방위시설국은 강제적으로 일을 추진해 나갔는데, 실제로는 날림식으로 지적명확화 작업이 추진되었다.

예를 들어, 시마부쿠로 센유는 이를 두고 "내 땅이 다리가 생겨 걷기 시작하더니, 아이를 낳았다"고 표현했다. 안보에 바람구멍이 뚫렸을 때 시마부쿠로가 마늘을 심은 땅은 다른 사람의 땅이 되었고, 방위시설국은 다른 땅을 시마부쿠로의 땅이라고 주장했던 것이다. 또한 1필(筆)인 땅을 2필로 마음대로 나눠버리거나 면적이 많아지기도 했다. 면적이 많아졌기 때문에 참아달라는 것이 방위시설국의 주장이었다.

토지의 위치·경계가 명확하지 않은 곳은 각 지주의 소유면적의 총면적에 대한 비율로 토지를 분할한 뒤에, 선을 그어 토지를 나누었다. 그리고 그러한 방법을 납득하지 않는 사람에게는, 주변의 땅이 모두 확정되고 나면 남는 땅을 그 사람의 땅으로 확정할 수 있다는 식의 논법도 사용되었다.

'가이드라인'과 '배려예산'

1978년 7월 구루스 히로미치(栗栖弘臣) 통합막료회의[31] 의장이 잡지 인터뷰에서, 긴급시에는 자위대의 '초법규적 행동'이 있을 수 있다고 발언함으로써 유사입법문제가 크게 부각되었다. 이 발언은 문민통제에 반한다고 하여 구루스 의장의 경질로 이어졌지만, 이를 계기로 후쿠다(福田) 수상이 방위청에 유사입법과 유사방위 연구의 촉진을 시사하는 등, 문제는 더욱 확대되었다. 11월 27일에 개최된 미일안보협의위원회가 일본유사시에 자위대와 미군이 진행하는 공동대처행동의 '가이드라인'으로서 '미일방위협력을 위한 지침'을 결정한 것은, 일련의 유사입법논의와도 관련된 미일군사협력 강화의 구체적인 움직임이었다.[32] 가네마루 신(金丸信) 방위청장관이 지위협정 제24조에서 미국 측이 부담하도록 정해져 있는 주둔경비 중 일부를 "경제적으로 어려운 미국의 입장을 배려해

---

31 통합막료회의(統合幕僚会議): 미국의 합동참모본부(Joint Chiefs of Staff)를 모델로 하여 만든 조직으로, 육·해·공의 3자위대 막료장에 의해 구성된다. 1954년 5월 7일에 중의원, 6월 2일에 참의원을 통과한 방위2법(방위청설치법, 자위대법)에 의해 설치되었다.

32 유사입법 또는 유사법제: 일본에 대한 무력공격과 같은 일본 내·외부의 비상사태에 대처하기 위한 법·제도를 말한다. 일본이 유사법제 연구에 착수한 것은 1970년대 중반 이후부터였다. 사카다 미치오 당시 방위청장관은 1976년의 『방위백서』에서 "미일 안보조약이 우리나라의 안전에 있어서 이 정도로 중요한 것임에도 불구하고, 유사시의 방위협력에 대해서는 지금까지 미일간에 아무런 논의도 없었고 또 그 작전협력에 대해 협의해야 할 기관도 없었다"고 밝혔다. 이어 1976년 7월 8일에 도쿄에서 열린 제16회 미일안보협의위원회에서 미일방위협력 소위원회의 설치를 결정하였고, 이 위원회는 76년 8월부터 2년에 걸쳐 연구한 결과를 1978년 10월 '미일 방위협력을 위한 지침'으로 내 놓았다. 이것이 11월에 열린 제17차 미일안보협의위원회에서 승인된 이른바 '(구) 가이드라인'이다. '가이드라인'은 ① 침략을 미연에 방지하기 위한 태세와 ② 일본에 대한 무력공격시의 대처 행동뿐만 아니라 ③ 일본 이외의 극동의 사태로 일본의 안전에 중요한 영향을 줄 경우를 상정하고 이에 대처할 미일간의 협력 방안을 논했다는 점에서 일본 방위정책의 대전환을 예고하는 것이었다. 이러한 작업은 이 책에서 설명된 여러 과정을 거쳐 2003년 6월의 '유사3법' 입법화와 2004년 6월의 소위 '유사7법' 법제화로 귀결되었다. 여기에 대해서는 252쪽 옮긴이 주 참조.

서" 일본 측이 부담한다고 한, 이른바 '배려예산'[33]도 이러한 움직임 가운데 위치하고 있었다. '미일방위협력을 위한 지침'이나 '배려예산'은 구 안보조약 성립, 60년 안보조약 개정, 오키나와 반환 그리고 후의 안보재정의와 같은 강렬한 인상은 주지 못했지만, 미일군사협력의 강화·안보 변질이라는 의미에서는 하나의 고비를 이루고 있었다.

한편, 오키나와에서는 본토와의 제도적 일체화와 본토 중앙 조직과의 조직적 계열화가 진행되는 가운데, 복귀 이전에 진행되었던 투쟁의 불씨를 되살리기 위해 계속해 왔던 실탄포격연습 실력저지투쟁으로 대표되는 투쟁도 '안보에 바람구멍을 뚫은 나흘간' 투쟁을 마지막으로 퇴조기에 들어갔다. 그리고 병환으로 퇴임한 타이라 지사의 후임 선출을 위한 1978년 12월 지사 선거에서 안보를 긍정하는 입장의 니시메 준지가 당선됨으로써 오키나와는 새로운 국면을 맞이하였다.

지사 선거에 앞서서, 교통규칙의 변경과 전군노(전오키나와군노동조합)와 전주노(전주류군노동자조합. 본토의 기지노동자조합)의 조직통일은 어떤 의미에서는 제도적 일체화와 조직적 계열화를 상징하는 일이었다.

'사람은 오른쪽, 차는 왼쪽'

1978년 7월 30일 오전 6시를 기하여 오키나와의 교통규칙은 미군지배 시대부터 30여 년간 익숙해져 있던 '사람은 왼쪽, 차는 오른쪽'에서, 본

---

33 배려예산(思いやり予算): 한국이 주한미군에게 지불하고 있는 방위비분담금과 같은 종류의 분담금으로, 미군의 주둔경비 일부를 일본 정부가 부담하는 것이다. 미일지위협정 제24조의 제1항은 "일본에 미합중국 군대를 유지하는 것에 따른 모든 경비는 … 이 협정의 존속 기간 중 일본국에 부담을 주지 말고 미합중국이 부담하는 것에 합의한다"고 하였다. 하지만 1978년부터 종래에 미국 측이 부담하고 있던 미군기지 내의 일본인 종업원의 복리후생비·노무관리비를 '배려예산'으로 일본 측이 부담하게 되었고, 그 이후에는 격차급여, 어학 수당, 군인용 주택 등 제공시설의 정비비에 대해서도 일본 측이 부담하고 있다. 1978년에 62억 엔이던 것이 1980년 374억 엔, 1985년 807억 엔, 1990년 1680억 엔, 1995년 2714억 엔, 2000년 2567억 엔, 2005년 2378억 엔에 이르고 있다.

730을 전후한 국도58호선의 모습. 29일의 우측통행(위)과 30일의 좌측통행(아래)
사진 제공: 나하시역사박물관

토와 같이 '사람은 오른쪽, 차는 왼쪽'으로 다니는 방식으로 바뀌었다. 교통규칙 변경의 첫 번째 이유는 일본도 비준한 '도로교통에 관한 조약'에 1국 1교통규칙의 원칙이 규정되어 있다는데 있다. 그러나 원칙은 어디까지나 원칙이며, 미국 내에도 교통규칙이 다른 지역(섬)이 존재한다고 한다. 두 번째 이유는 복귀 후, 오키나와와 본토 사이에 사람들의 왕래가 많아지면서 "연간 100만 명에 달하는 사람들이 교통규칙의 차이 때문에 위험에 노출되어 있다"는 것이었다.

하지만 과연 이런 이치가 통한다면, 오키나와와 본토 간을 왕래하는 사람들의 몇 배에 달하는 수의 해외여행자들도 또한 교통상의 위험에 노출되어 있는 셈이다. 세계 수십 개 나라 중에서 일본과 같이 좌측통행을 채택한 나라는 영국과 그의 구식민지 등 극히 소수이며 90% 이상의 나라들은 일본과 반대, 즉 당시의 오키나와와 같은 교통규칙을 채택하고 있었기 때문이다. 교통규칙 차이로 인한 불편함이나 위험을 제거하기 위해서는 일본이 세계 대세에 따라가는 방향으로 교통규칙을 변경할 수밖에 없다.

요컨대, 1973년 9월의 각료회의[34]에서 결정된 교통규칙 변경 이유는 모두 훗날에 만들어낸 구실에 불과하다. 정부가 오키나와의 교통규칙을 변경한 이유는 복귀한 이상 모든 제도를 본토와 일체화하는 것이 당연한 일이라고 생각했다는 데에 있었다.

오키나와에서도 당초 이 문제에 관해 큰 관심을 보이지는 않았지만, '730'(7월 30일)이라 불리는 교통규칙 변경 날짜가 다가오자 일상의 구체적 문제를 매개로 민중들의 불만이나 불안함이 갑자기 분출했다. 거기에

---

34 각료회의: 내각의 직무와 관련된 의사를 결정하는 회의이며, 일본에서는 보통 줄여서 각의(閣議)라고 한다. 각료회의에서 결정되면 공식적인 행정부 정책으로 인정되며, 법률로 정한 바에 따라 실행된다. 내각총리대신(수상)이 회의를 주재한다.

는 이런 것들까지 획일화·일체화하지 않아도 되지 않으냐는 서민감정
이 소용돌이치고 있었다. 그것은 오키나와현청의 직원이 어느새 국가의
관계기관을 '본성(本省)'이라고 자연스럽게 부르기 시작한 것에 대한 민
중들의 어색함과 일맥상통하는 것이 있었다. 730에 대한 민중들의 불만
이나 불안함은 정치적인 힘으로 전화되지는 못하였지만, 민중들에게 본
토와의 제도적 일체화의 완성을 강하게 실감케 하였다.

정당, 노조, 운동의 '일체화(一体化)'

전후 오키나와의 정당, 노조, 각종 단체 등에는 미군지배 시대부터 스
스로 본토 여러 조직과의 연계를 추구하는 경향이 있었다. 정당으로 말하
자면, 1958년에 결성된 오키나와사회당은 입당선언에서 "조국복귀 실현
시에는 전원 일본사회당에 입당한다"고 하였다. 다음 해인 1959년에 결
성된 오키나와자민당은 "실질적으로 일본자민당의 오키나와현 지부(県
連)로서의 역할을 해 내자"고 하였다. 1947년에 결성된 오키나와인민당
은 50년대 중반쯤부터 일본공산당과 깊은 관계를 가지면서도 독자 정당
의 길을 걸었지만, 1973년 10월에 일본공산당과의 합류를 결정하였다.

1950년에 결성된 오키나와사회대중당(사대당)만이 독자적인 지역정
당으로서의 길을 계속 걸어갔다. 사대당은 결성 당초부터 스스로를 복귀
정당으로 내세웠지만, 복귀에 즈음해서는 복귀에서 그 해결책을 찾던 과
제들이 대부분 해결되지 않았다고 하면서 남은 과제의 해결을 위해 독자
적인 정당으로서 존속할 것을 결정하였다.

평화단체에 대해 말하자면, 1958년 8월에 결성된 오키나와현 원수협
은 일본 원수금(原水禁)운동의 분열[35]의 영향을 전면으로 받은 결과 2개

---

35 원수협과 원수금: 원수협은 '원·수폭금지 일본협의회'의 약칭이며, 원수금은 '원·
   수폭금지 일본 국민회의'의 약칭이다. 1954년 3월 1일 미국이 마샬군도의 비키니섬

의 조직으로 갈라졌지만, 오키나와에서는 [본토 사회당 계열의] 원수금
계가 오키나와현 원수협의 주류를 차지했었기 때문에 [본토 공산당 계열
의] 원수협계가 동일 명칭인 조직을 별도로 만듦으로써 두 개의 원수협
이 병행하는 복잡한 상태가 생겼다.

오키나와에서 독자적인 형태를 띠고 있던 노조들도 복귀에 따라 조직
적 계열화를 이루어 갔다. 예를 들어, 오키나와전체(全遞)도 복귀에 따른
조직적 재편의 과정에서 전체와 전전통(全電通)으로 분열되어, 당시까지
같은 조직을 구성했던 사람들이었음에도 불구하고 [조직적 계열화에 따
라] 공동보조를 취하는 것조차 어렵게 되었다.[36] 파업 등 투쟁 지령도 도
쿄에 있는 본부에서 내려지기 시작했다. 관공노(官公勞)도 국가의 직원
과 오키나와현의 직원으로 나뉘어져 각각 계열화되었다. 조직의 지도권

에서 행한 수폭 실험에 의해 일본 어선 제5후쿠류마루(副竜丸)호가 피폭당하여 방사
능 비와 함께 참치 등의 식품이 오염되는 사태가 발생했다. 그해 9월 23일에는 무선
기장이던 쿠보야마 아이키치가 "원수폭 피해자는 나를 마지막으로 하라"는 말을 남
기고 숨을 거두었다. 이를 계기로 도쿄 스기나미(杉並)구의 주부들이 전개한 원수폭
금지 서명운동은 1년 동안 3천3백만 이상의 서명을 모을 정도로 큰 호응을 얻었다.
전세계적인 차원에서 원수폭 금지운동을 전개하기 위해 1955년 제1회 원·수폭금
지 세계대회가 개최되었고, 그 직후에 원수협이 결성되었다. 이때부터 원수협은 일
본 평화운동의 핵심 단체로 활동해 왔으며, 안보투쟁에서도 중요한 역할을 수행하였
다. 그러다가 1963년 제9회 세계대회에서 소련의 핵실험에 대한 입장 차이가 불거
져 구 총평계와 구 사회당계가 원수협을 탈퇴하고 1965년에 원수금을 결성하였다.
그 이후 따로 세계대회를 개최하다가 77년부터 9회에 걸쳐 통일세계대회를 실현하
였고, 86년부터는 다시 분열하여 세계대회를 치루었으며 아직까지도 두 단체의 분
열은 계속되고 있다.

36 전체와 전전통: 일본 우정국 노동자들의 노동조합 결성은 1945년부터 시작되어
1946년에는 일본우편체송노동조합(日本郵便遞送勞働組合, 일체)이 결성되고 1950
년에는 우정(郵政)의 단일 노조로서 전체신노동조합(全遞信勞働組合, 전체)이 발족
한다. 그러다가 2004년 6월에 일본우정공사노동조합(JPU)으로 명칭을 변경하였다.
일본 전기통신 부문 노동자들의 조직인 전국전기통신종업원조합(全國電氣通信從業
員組合, 전전통)은 1950년 9월에 결성된다. 1956년에 결성된 오키나와전체(全遞)는
두 부문 노동자들이 모두 포괄된 조직으로 활동하다가 분열되어 각기 일본 본토의
조직에 통합되었다. 우정 분야 노동조합은 1971년 미야자키(宮崎)에서 열린 일체의
제24회 전국대회에서 본토의 조직과 통합되고, 전기통신 분야 노동조합은 1971년
8월에 열린 전전통 제24회 대회에서 본토 조직에 통합된다.

이 중앙에 흡수되었을 뿐만 아니라 [지역에서] 직접 대치하는 상대방도 [교섭력과 결정권을 비롯한] 당사자 능력을 상실하여, 많은 문제의 최종적 처리가 손에 닿지 않은 곳(도쿄)에서 진행되면서 현지 투쟁은 공동화되었다. 오키나와가 직면한 과제를 문제 삼은 지역공투가 (표면상으로는 가능했지만) 어려워지기 시작한 데에는 이러한 사정이 있었다.

'전군노(全軍労)'의 이름이 사라졌다

조직적 계열화에서 하나 남겨진 것이 전군노였다.

전군노가 결성된 것은 1963년이다. 무권리 상태로 기지 안에서 일하고 있던 오키나와기지노동자들이 장기간에 걸친 비합법활동을 거친 후, 기지 안에 간신히 작은 노동조합을 만들었던 것은 전후 15년이나 지났을 때였다. 이들의 연합체로서 전군노련(全軍労連)이 결성된 것이 1961년, 그것이 단일조직인 '전군노(전오키나와군노동조합)'로 이행한 것은 1963년이었다.

오키나와의 기지노동자들은 적어도 본토수준[의 노동조건], 즉 미군의 직접고용 신분에서 일본 정부에 의한 간접고용 신분으로 바뀌고 미군의 노동포령에 의한 속박에서 벗어나 일본 노동법의 보호를 받게 되기를 요구하였다.[37] 기지노동자들에게 있어서 복귀의 의미는 바로 여기에 있었

---

37 기지노동자의 신분: 전주노(全駐留軍労働組合)는 일본 본토의 미군기지에 고용된 노동자들의 조직이다. 한국전쟁 당시인 1951년에는 23만명 정도였으나, 이후에 대량 정리해고가 진행되어 1961년에는 5만명 정도가 되었고 2002년에는 2만4천명 정도에 이르고 있다. 미군기지에 고용된 일본인 노동자들은 '국가공무원법 등이 일부개정'에 의해 1952년 4월 28일부터 일본 정부에 의해 고용되었지만, 공무원이 아니라 외국공무를 담당하는 민간노동자의 신분을 갖게 되었다. 따라서 민간기업의 노동자와 동일한 노동법, 후생연금, 고용보험의 적용을 받는다. 1978년의 '배려예산' 책정 이후에는 5년마다 갱신되는 '미일특별협정'에 따라 인건비를 지급받는다. 또한 기지노동자의 노동조건은 미군과 일본방위시설청의 양자가 정한 기본노무계약(MLC)과 제기관노무협약(IHA)에 의해 규정되며, 임금 수준은 방위시설청 장관이 정하도록 되어 있다.

다. 그러기 위해서 전군노는 하루라도 빨리 본토의 전주노(全駐労)와 합체하기를 원했다.

하지만 1968년부터 1970년에 걸쳐 사정은 일변했다. 1968년 4월 24일, 베트남전쟁 반대와 B52 철거를 요구하는 사회적 분위기를 배경으로 23년간의 굴욕을 견뎌 왔던 기지노동자들의 분노가 폭발하였다. 이날 전군노는 쟁의권은 물론 단결권조차 인정하지 않는 노동포령의 철폐를 요구하며 10할연휴투쟁(사실상 24시간 총파업)을 단행하여, 전군노의 힘을 얕보고 있던 미군에게 큰 충격을 주었다. 당시 전군노 조합원은 약 1만 8000명, 투쟁(휴가) 참여자는 비조합원을 포함해 2만 3000명에 달했다.

그리고 이미 언급했듯이, 사토-닉슨 공동성명(1969년 11월) 직후부터 기지합리화를 위한 노동자 대량해고가 시작되었다. 이 대량해고는 미국의 세계적인 기지재편·합리화정책의 일환이었기 때문에 오키나와뿐만 아니라 일본 본토에서도 이루어졌다. 일본 본토와 오키나와에서 기지노동자가 차지하는 사회적 비중에 큰 차이가 있기는 했지만, 대량해고 사태는 전주노와 전군노에게 구체적인 공동투쟁의 장을 제공하였다.

그럼에도 불구하고 실제로는 충분한 공동투쟁 체제가 성립되지 못했다. 전군노가 48시간 파업에 이어 120시간 파업으로 피투성이의 투쟁을 전개하고 있을 때, 전주노는 하루 파업으로 호응하는 것조차 하지 못했다. 1970년 초반의 이 투쟁은 경제투쟁을 중심으로 하는 전주노와 "해고를 하려면, 기지를 반환하라"며 해고철회투쟁과 기지철거투쟁을 연결시키려 한 전군노와의 체질 차이를 부각시켰다. 이 시기부터 전군노와 전주노의 조직통일 기운은 급속하게 멀어졌다.

복귀 후 오키나와기지노동자의 신분은 일본 정부에 의한 간접고용으로 바뀌었지만, 전군노는 투쟁을 통해서 노동포령을 공동화(空洞化)시켰으며, 부분적으로는 직장에서의 조직 활동 등에 관해 본토수준 이상의 여러 권리를 획득했다는 점도 명확했다. 또한 복귀에 따라 [일본 정부가 고용하는 형태로 바뀌었기 때문에] 직접 대치하는 미군이 당사자 능력을 상실하여 투쟁 효과를 내기가 어려운 문제도 생겨났다. 이러한 상황 속에서 복귀 후에도 기지노동자의 단속적 해고는 계속되어, 전군노 조합원 수도 절정기의 2만명에서 5000명 가까이로 감소되었다. 전주노와 전군노의 합병은 전군노의 투쟁력 쇠퇴[즉, 전군노의 투쟁 수위가 전주노와 비슷할 정도로 감소한 조직상황의 변화]를 하나의 조건으로 하여, 다시 현실화되었다.

그리고 섬 전체의 근심과 불안함 속에서 실시된 교통규칙의 '일체화'와는 대조적으로, 1978년 9월 2일 당사자 이외에는 아무런 관심도 받지 못한 채 전주노와 전군노의 조직통일이 이루어졌다. 이 날, 1960년대 말부터 70년대 초반에 걸쳐 오키나와 투쟁에서 견인차의 위치를 자치했던 '전군노'의 이름이 사라졌다.

이리하여 안보를 용인하는 입장이었던 니시메 지사가 등장할 수 있는 여건이 마련되었다. 지사 선거에 앞서 각 시에서 시장의 보·혁(保革) 비율도 변화되고 있었다. 1980년 6월의 오키나와현 의회 의원선거에서는 혁·보의 의석수가 역전하여 보수화의 경향은 더욱 더 강해져 갔다.

3장

불 태워진 '히노마루'

요미탄촌의 카이호우국민체육대회 소프트볼 경기장에서 일장기를
끌어내리는 치바나 쇼이치(1987년 10월), 아사히신문사 제공

훈련 격화와 카데나 폭음소송

니시메 지사의 보수 오키나와 현정(県政)이 본격적으로 시작된 1979년 8월, 약 2주에 걸쳐 오키나와 섬들과 주변 해역에서 미 제7함대와 제3해병수륙양용군의 합동 훈련이 진행되었다. 약 4만 명의 병력이 참가한 주일 미군 최대의 군사훈련이었으며, 자위대도 이 훈련에 참여하였다. 전해에 책정된 '미일방위협력을 위한 지침'에 따른 훈련에 첫발을 내디딘 것이었다. 다음해인 1980년 1월에는 자위대 나하기지에서 미사일 폭발 사고가 일어났고, 6월에는 F104전투기가 추락하여 불타는 사고가 발생했다. 이처럼 잇따른 사고들은 자위대의 군사적 활동이 활발해졌음을 나타내는 것이었다. 1981년 9월에는 오키나와 주변 해역에서 처음으로 대규모 미일합동훈련이 진행되었다.

군사훈련을 비롯한 활발한 군사행동은 소음 등의 기지피해를 확대시킬 수밖에 없었다. 복귀 10주년인 1982년 2월, 카데나기지 주변의 주민 601명은 보수 현정 아래에서 거침없이 진행되던 활발한 미군훈련에 대해 야간비행 금지와 손해배상을 요구하며 카데나기지 폭음 소송을 제소하였다. 그 후 원고로 참여한 주민은 907명으로 늘어났다.

미군기지 소음문제는 도쿄도(東京都)의 요코타(横田)기지나 카나가와현(神奈川県)의 아츠키(厚木)기지에도 공통된 문제였지만, 카데나기지에 대해 요코타나 아츠키에 준하는 야간비행 등의 제한이 미일합동위원회에서 합의된 것은 1996년이 되어서였다. 이러한 차별적 취급은 카데나기지나 이와 연동되는 기타 오키나와기지에서의 군사행동을 조금이라도 제약받고 싶지 않은 미군 측의 의향과, 그러한 미군 측의 의향을 존중한다는 일본 정부의 입장이 합치된 결과였다. 게다가 합의사항에 "미군 운용상의 소요(所要)를 위해 필요한" 것은 제외한다는 규정이 있었기 때문에 실제로는 새벽·심야 비행도 금지되지 않았다.

부활한 미군용지특조법

세계정세로 눈을 돌리면, 1979년 말 아프가니스탄에서 발생한 쿠데타에 소련이 개입함으로써 '제2차 냉전'이라 불리는 긴장상태가 벌어졌고, 1980년 7월의 모스크바 올림픽에 미·중·일 등이 불참하였다. 이웃나라 한국에서는 1979년 10월에 박정희 대통령이 암살되고, 다음해인 1980년 5월에 광주민중항쟁이 일어났으며, 1980년 8월에는 전두환 대통령이 취임했다. 중동에서는 1979년 1월 이란에서 이슬람 혁명이 일어났고, 다음해인 1980년 4월에 미국은 테헤란 주재 미 대사관 인질구출 작전에 실패하게 되는데 이때 출동한 것이 주오키나와 미군이었다고 한다. 이 무렵부터 나하 군항에는 지금까지 녹색 무늬로 칠해 온 미군 전차를 비롯한 군용차량을 대신해서, 사막전용인 갈색 무늬의 각종 군용차량이 등장했다. 주오키나와 미군 공격의 화살이 베트남, 캄보디아 등 아시아 여러 지역에서 중동으로 옮겨 갔던 것이다. 1980년 9월에는 이란·이라크 전쟁이 시작되었고, 1982년 6월에는 이스라엘이 레바논을 침공하여 팔레스타인 정세가 암전(暗轉)하기 시작했다.

한편, 1977년 5월에 5년 동안 기한이 연장되었던 공용지법의 기한 종료가 1982년 5월 14일로 다가오고 있었다. 이미 공용지법 위헌소송도 진행되고 있었고, 오키나와에만 적용되는 것이 명확하여 위헌 의혹이 짙은 특별법을 다시 연장하는 것은 불가능한 일이었다.

그래서 일본 정부는 타치카와(立川)기지 확장에 사용된 적이 있는 미군용지특조법을 공용지법의 기한 종료 이후의 오키나와 미군용지 강제사용에 발동하기로 했다. 본토에서는 이미 1960년대에 미군용지특조법을 발동할 필요성이 없어졌으며, 1962년 카나가와현의 사가미하라(相模原) 주택지구를 마지막으로 이 법률은 사용되지 않고 있었다. 동면상태에 있던 미군용지특조법이 20년이 지난 뒤, 오키나와에서 다시 깨어난 것이다. 보수헌정의 탄생은 일본 정부의 미군용지 강제사용을 더욱 더 용이하게 하였다.

강제사용수속의 5단계

미군용지특조법에 의하면, 미군용지의 강제사용 수속은 대략 다음과 같은 순서로 진행하기로 정해져 있었다.

① 우선 내각총리대신[1]이 강제 사용해야 할 토지의 '사용인정'을 한다.

② 다음으로 사업시행자(起業者,[2] 여기서는 나하방위시설국장)가 대상지의 토지조서 및 물건조서를 작성하고, 토지조서·물건조서에 토지소유자의 서명 날인을 요구한다. 토지소유자가 서명날인을 거부한 경우, 대상 토지가 소재한 시정촌장에게 서명날인의 대행(대리서명)을 요구하고 시정촌장이 이를 거부할 경우, 지사의 대행을 요구한다.

③ 토지조서·물건조서가 완성되면 사업시행자는 현수용위원회에 재결신청을 한다. 수용위원회는 대상 토지가 소재한 시정촌장에게 관계서류를 관계자에게 철저히 주지시키기 위한 공고·종람을 요구

---

1 내각총리대신(內閣総理大臣): 내각의 수장인 국무대신을 말한다. 국회의원 중에서 국회의 의결에 의해 지명되고, 천황에 의해 임명된다. 내각의 조직, 내각회의의 주재, 행정각부의 지휘·감독 업무를 실시하는 것 이외에, 내각부(府)의 수장으로서 소관의 사무를 담당한다. 대개는 통칭해서 수상(首相)이라고 하지만, 총리대신이나 총리라고 부르기도 한다. 그렇지만 헌법·법률관련 문서나 공문서에서는 내각총리대신이나 총리대신이라고 표현하기 때문에 이 책에서도 법률적·행정적인 측면에서의 지위를 지칭하는 경우에는 (내각)총리대신이라고 명기하였고, 통상의 정치행위나 외교관계의 맥락에서 언급될 경우에는 수상이라고 하였다.

2 기업자(起業者): 토지수용법에서 규정한, 토지 등을 수용·사용하는 것을 필요로 하는 사업을 행하는 자를 말한다. 일본에서는 기업자라고 하지만, 한국에서는 사업시행자라고 한다.

하며 시정촌장이 이를 거부할 경우, 지사에게 그 대행을 요구할 수
있다.

④ 공고·종람이 끝나면 현 수용위원회는 사업시행자, 토지소유자 양
방으로부터 공개적으로 의견을 듣는 '공개심리'를 한다.

⑤ 현수용위원회는 이 공개심리의 결과 등을 바탕으로 재결한다.

현수용위원회는 7명의 위원으로 구성되며, 지사 관할 하의 부국(部局)
과는 독립된 기관으로 되어 있다. 위원은 몇 명씩, 3년 임기로 지사가 현
의회의 동의를 얻은 후에 임명한다.

혁신현정 시대에는 공용지법에 의해 강제사용이 이루어졌기 때문에
현수용위원회나 지사, 시정촌장도 미군용지강제사용수속에 관여할 일이
없었지만, 그래도 손실보상금 산정문제에 관해 반전지주의 이의 신청을
현수용위원회가 인정하고 국가가 이에 불복하여 재판을 일으키는 경우
도 있었다.

그러나 1980년 6월의 오키나와현 의회에서 자민당과 보수계의 무소속
이 다수를 차지하게 되면서, 현수용위원회 멤버들도 서서히 보수색이 짙
어져 갔다.

'5년간의 강제사용'이라는 재결(裁決)

1980년 11월 나하방위시설국은 미군용지특조법상의 미계약 미군용지
에 대해 강제사용 수속에 착수하였다. 1981년 1월 총리대신 스즈키 젠
코(鈴木善幸)가 약 150명의 반전지주 토지에 대해 '사용인정'(①)을 하였
다. 3월 20일 나하방위시설국장은 오키나와현 수용위원회에 5년 동안의
강제사용 재결신청(③)을 하였다.

1981년 8월 4일부터 1982년 2월 27일 사이에 6번의 공개심리(④)가

이루어졌으며, 4월 1일에 오키나와현 수용위원회는 나하방위시설국장의 신청대로 5년 동안의 강제사용을 인정하는 재결(⑤)을 하였다.

니시메 지사가 당연하다는 듯이 일을 처리했기 때문에, 대리서명(②)도 공고·종람대행(③)도 화제가 되지 않았다. 위헌공투에 가맹한 각 조직의 멤버가 공개심리를 지원·방청하였지만, 참가자는 그다지 많지 않았다. 18개 단체로 구성된 위헌공투 소속의 방청자가 3~40명 정도였던 경우도 많아서, 버스로 동원된 시설국 직원이 그보다 훨씬 많을 때도 있었다. 거기에는 대중운동 전반의 정체상황이나 운동조직의 형해화(形骸化)가 반영되어 있었다.

이 재결에 의해 반전지주는 지금까지 받은 손실 이상으로 경제적 불이익을 입게 되었다. 강제사용기간 5년분의 손실보상금이 일괄 지불되었는데 선불에 따른 5년 동안의 '금리분'이 '중간이자'로 빠져서 실질적으로는 4.3295개년 분밖에 지불되지 않았기 때문이다. 게다가 5년 동안 강제사용을 강요당한 반전지주들은 일괄 선불에 의해 일시적으로 소득이 많아져서 누계과세 방식으로 거액의 소득세나 주민세를 부과받는 등 불이익을 입게 되었다. 같은 5년 동안의 강제사용이라 해도, 군용지료에 알맞은 손실보상금이 매년 산정되어 지불되던 공용지법의 경우와 재결 시점에서의 평가를 고정하여 일괄적으로 손실보상금을 지불하는 미군용지특조법의 경우는, 특히 우—상향의 경제성장이 계속된 80년대에는 토지소유자에게 미치는 경제적 영향이 결정적으로 달랐다.[3]

---

3 경제성장이 지속될 경우에는 토지가격과 물가가 지속적으로 상승하기 마련이다. 그런데 과거의 토지가격을 기준으로 손실보상금이 산정되면 토지가격의 상승분만큼 손해를 보게 된다. 또한 수취한 보상금으로 생활하려 할 때, 지속적인 물가상승은 경제생활을 압박하는 요인이 될 수밖에 없다. 이와 더불어 본문에서 언급한 것처럼, 세제상의 불이익도 감수해야 하는 것이다.

한평반전지주운동의 발족

그래도 아직 100명을 넘는 반전지주가 남아 있었다. 이미 서술했듯이, 반전지주의 입장이나 태도는 가지각색이었다. 흔들리지 않은 신념에 따라 즐겁게 반전운동을 하는 것처럼 보이는 사람, 태연자약하면서 이러저러한 수단의 계약 강요를 흘려보내며 조용히 자기 의사를 지키는 사람, 흔들리면서도 이를 악물고 경제적 차별과 사회적 박해를 견디고 있는 사람…. 그들을 지탱하고 있는 공통점이 있다면 그것은 전쟁 중과 전쟁 후의 역사적 체험이었다.

오키나와의 양심이라 할 수 있는 반전지주들의 입장을 조금이라도 실감할 수 있는 처지에 스스로를 놓고, 이 문제에 대한 사회적 · 경제적 · 정치적 압박을 조금이나마 완화하여, 본의 아니게 계약으로 내몰려 좌절하고 괴로워하는 지주들에게 연대의 폭도 넓히고, 다시 한 번 풀뿌리 수준에서 반전 · 반기지투쟁을 재구축할 수 없는가. 이런 생각을 가진 사람들이 모여 한평반전지주운동이 발족하였다.

한평반전지주운동은, 구체적으로는, 카데나 공군기지 내에 있는 반전지주회 회장 히라야스 츠네지(平安常次) 토지의 일부분을 한 사람당 만엔을 내고 구입하여 각자의 몫을 등기하면서 시작되었다.

한평반전지주운동이 발족한 것은 복귀한 지 10년이 지난 1982년 6월, 즉 미군용지특조법에 의해 5년 동안의 강제사용이 개시된 다음 달이었다.

이 운동은 당초에 운동 참여자를 '류큐호'(琉球弧-류큐문화권) 거주자 및 그 출신자로 한정하고 있었다. 그 이유는 반환 받은 군용지를 '생활과 생산의 장'으로 활용할 수 있는 조건을 가진 사람이 참여해야 한다는 사고에 근거하고 있었다. 하지만 동시에 그것은 극히 안이하게 오키나와 본토간의 연대를 언급해 왔던 조국복귀운동, 오키나와 반환운동에 대한 반성이기도 했다. 거기에는 자신이 딛고 선 발치부터 먼저 다져 가자는,

이른바 자력갱생(自力更生)의 사상이 있었다.

같은 시기, 오키나와에서의 움직임과는 별도로 간사이(関西) 지방에서도 히라야스 츠네지의 다른 땅을 구입해서 오키나와 반전지주와 연대하자는 '간사이 반전 한평회(関西反戰一坪会)'의 결성 움직임이 시작되고 있었다. 또한 오키나와 한평반전지주운동에 대해서도 복귀전부터 오키나와와 인연을 맺어 온 오키나와현 밖의 거주자들로부터 운동 참여자를 한정하는 것에 대한 이의제기와 적극적인 참여 신청이 있었다. 그리하여 한평운동의 발기인들은 검토를 거듭한 결과, '류큐호' 이외의 재주자라 하더라도 오키나와와 함께 반전(反戰)운동에 계속 하겠다는 강한 의사를 가진 사람들의 참여는 거부하지 않기로 방침을 수정하였다.

뜻밖에도 이 운동에 대한 반향은 매우 컸다. 한평공유화운동의 참여 희망자는 노동운동이나 주민·시민운동에 관계하는 사람들뿐만 아니라, 그때까지는 이러한 운동과 직접적인 관계가 없다고 생각되었던 사람들 사이에서도 확대되어 갔다. 그 중에는 예를 들어, '히메유리 학도대' 인솔교원이었던 나카소네 세이젠(仲宗根政善, 류큐대학 명예교수), 전장의 한 복판에서 신문기자로 살아남은 도요히라 료우켄(豊平良顕, 전 오키나와타임즈 최고고문), 현역을 은퇴하면서 사재를 투자하여 젊은 연구자 육성을 위해 '우루마(宇流麻) 학술연구조성기금'을 창설했던 의사 겐카 쵸메이(源河朝明), 전 육군병원 간호사인 구시 야에(具志八重) 등과 같은 사람들이 있었다. 이들 중에는 제자나 동료, 부모 형제나 어린 자식을 전쟁터에서 잃은 이가 적지 않았다. 오키나와현 밖의 참여자 중에는 요코타기지 공해소송단장 후쿠모토 류조(福本龍蔵) 등이 있었다. 그 해 12월 한평반전지주 833명에 의해 "군용지를 생활과 생산의 장으로!"라는 구호 아래, 한평반전지주회 결성 총회가 열렸다.

복귀협에서 위헌공투에 이르기까지 전통적인 오키나와 대중운동의 특징은 폭넓은 단체공투에 기초하여 섬 전체 투쟁을 지향하는 데에 있었다. 하지만 한평반전지주운동의 기초는 어디까지나 개인에게 있었으며, 활동의 중심은 지역별 · 직종별 블록이었다. 한평반전지주운동의 스타일은 킨만을 지키는 모임이나 그 지원단체인 CTS노동자연락회 등 개인 참여형의 주민 · 시민운동의 흐름을 이어 받은, 복귀 후의 새로운 운동형태였다.

변화하는 자위대관(觀)

보수현정이 본격적으로 시작됨에 따라 자위대와의 관계도 크게 달라졌다. 오키나와현 의회에서도 혁 · 보 역전이 일어난 1980년 12월, 오키나와현은 처음으로 자위관모집 업무비를 책정한 보정예산안을 의회에 제출하였다. 예산안 채택을 둘러싸고 오키나와현 경찰기동대가 출동하는 소동으로까지 발전했지만, 결국 찬성 다수로 가결되었다. 나하시 등 혁신지자체는 그 후에도 국가의 기관위임사무인 자위대 모집업무를 하지 않았지만, 민중의 의식은 70년대 후반에 크게 변화하기 시작했다. 소극적이든 적극적이든, 자위대의 필요성을 인정하는 의식이 많아지고 있었다.(권말의 도표 참조)

그 이유로서 다음과 같은 것을 생각해 볼 수 있다.

첫 번째로, 자위대기지는 미군에게 반환 받은 기지를 기지기능과 함께 계승한 것이 대부분이어서 그 존재가 그리 눈에 띄지 않는다. 오키나와 자위대기지는 복귀 30년 후인 2002년 3월 현재 약 637ha로 미군기지의 30분의 1이하이며, 면적비로 계산하면 전국 자위대기지의 0.6%이다. 즉, 이것만을 보면 '본토수준'[4]이다(하지만 복귀 시와 비교하면 복귀

---

4 앞에서 언급한 것처럼, 오키나와현 면적은 일본 국토 면적의 0.6% 정도이다. 전국 자위대기지의 0.6% 정도가 오키나와에 설치되었기 때문에, 이제 오키나와현도 '자위대기지에 관해서는' 일본 본토의 다른 현과 비슷한 수준이 되었다는 의미이다.

니시메 지사의 자위관 모집업무에 항의하는 집회(1979년)
사진 제공: 류큐신보사

5년 후에 2배, 20년 후에 4배로 많아졌다). 또한 과거에는 자위대원이 제복 차림으로 거리를 활보하는 것도 의식적으로 피해왔다. 자위대원의 제복 차림이 공공연하게 된 것은, 복귀 후 30년 가까이 지난 90년대 말부터이다.

두 번째로, 자위대는 주민의 반자위대 감정을 고려하여 불발탄처리나 긴급 환자 수송 등 민생협력활동에 보다 힘을 기울이는 한편, 중·고등학생을 대상으로 한 기지 내 항공교실이나 항공기 체험탑승, 축제, 주둔지개설 기념행사에 시민을 초대하는 등, 폭넓은 선무공작을 펼쳤다. 특히 오키나와에서는 오키나와전 낭시의 불발탄이 전쟁 후 반세기 이상이 지난 아직까지도 건설공사 현장 등에서 잇따라 발견되는데, 1974년 3월에는 하수도 공사현장에서 불발탄이 폭발하여 유치원생 등 4명이 즉사하고 20명이 부상당하는 대형사고도 발생하였다. 불발탄 처리작업은 자위대 이외에는 불가능했기 때문에 멀리 떨어진 섬의 구급환자 수송과 함께 자위대 필요론에 유력한 근거를 제공하고 있다.

한편, 오키나와에서는 호헌·반안보 현민회의(1993년에 원수금계의 원수협과 합병해서 오키나와평화운동센터가 됨) 등이 중심이 되어서 자위관의 성인식참가를 반대하는 행동이 오랫동안 연중행사처럼 진행되어 왔다.[5] 그 배경에는, 자위대의 존재는 어쩔 수 없다는 생각이 여론조사에서 다수를 자치하더라도, 아직까지 뿌리 깊은 반자위대감정이 잠재하다가 그것이 어떤 계기를 통해 표면화되곤 하는 상황이 있었던 것이다. 예를 들어 1982년 12월, 반자위대감정이 가라앉았다고 자신하게 된 일본정부가 자위대 배치와 나하방위시설국 개청 10주년 퍼레이드를 벌였다가 반대행동에 의해 퍼레이드를 방해받은 적이 있었다(평화운동센터는 2001년부터 자위대 성인식 참가에 반대하는 행동을 재검토하여 '이의 있다! 자위대·전쟁으로의 길을 허용하지 않은 시민들의 모임'을 결성하였다. 이 모임은 매년 1월에 폭넓게 자위대문제를 생각하는 심포지엄이나 집회를 개최하고 있으며, 2005년부터는 자위대의 이라크 철수를 요구하는 집회를 열고 있다).

6세 미만의 '전투 협력자'란

1979년 12월, '오키나와 전재(戰災) 상해자의 모임(6세 미만)'이라는 모임이 발족되었다. 오키나와전 당시 6세 미만이었던 전상자(戰傷者)들의 모임이다. 왜 6세 미만인가.

일본에는 '전상병자전몰자유족등 원호법'(이하 '원호법')이라는 법률이

---

5 자위대기지가 있던 나하(那覇) 지역을 중심으로, 성인이 된 자위관이 오키나와현이나 나하시가 주최하는 성인식에 참가하는 것을 저지하는 행동이었다. 이것은 자위대의 오키나와 배치를 인정하지 않는다는 적극적인 의사표시의 일환이었다.

있다. 이것은 대일평화조약 발효와 함께 제정된 것으로 군인·군속, 달리 말해서 국가와 고용관계에 있던 전투종사자·전투협력자와 그들의 유가족들에게 연금이나 조위금을 지급하자는 취지로 제정된 것이지, 전쟁희생자를 원호하기 위한 법은 아니었다.

이 법률은 제정된 다음 해인 1953년부터 오키나와에도 적용되었다. 그런데 지상전이 일어난 오키나와에서는 군인·군속 이외에도 탄환 운반이나 부상자 간호 등으로 징집된 민간인이 많이 있었다. 그래서 정부는 전투에 협력했다는 명분을 적용할 수 있는 한, 원호법의 적용범위를 단계적으로 확대하였다. 그리고 최종적으로는 6세 이상이면 전투협력자로 취급되게 되었다. 마지막에 남은 것은 6세 미만으로 죽음을 당했거나 부상한 사람들, 바꿔 말하자면 전혀 전투(협력)능력이 없었던 사람들이다.

이 사람들에게 어떤 조치라도 취해야 하는 것 아니냐는 요구에 대해, 일본 정부는 "오키나와만 특별 취급할 수는 없다", "오키나와전 희생자에 대한 원호 대상을 비전투원에까지 확대하면 공습(空襲)에 의한 전재(戰災) 상해자에 대한 원호조치까지 취해야 되므로, 한이 없다"는 태도를 취해 왔다. 일본 정부는 이러한 논리를 되풀이 하면서, 공습 희생자까지 대상으로 하는 전시재해원호법 제정이나 제대로 된 원폭피해자원호법 제정을 거부해 온 것이다.

유아기에 전쟁으로 인해 손발이 잘리거나 얼굴에 큰 흉터가 남은 사람들 중에는, 밖에 나가기를 꺼려하여 학교에도 다니지 않았던 사람들이 적지 않았다. 전후 30년이 지나면서, 그런 사람들을 돌봐 왔던 친인척들도 늙어서 보호능력을 상실하기 시작했다. 그들, 그녀들 스스로가 일어서지 않을 수 없었던 것이다.

이 모임이 발족된 지 약 1년 반 정도 지난 1981년 8월, 정부는 만 6세 미만의 전상병자 및 전몰자 유족에 대한 원호법의 적용을 인정하겠다고

오키나와에서 열린 교과서문제 항의 집회(1982년 7월)
사진 제공: 류큐신보사

발표하였다. 물론 이 사람들을 '전쟁희생자'로 인정하여 원호법을 적용하려는 의도가 아니었다. 만 6세 미만으로 죽거나 부상한 사람들을 '전투협력자'로써 인정하자는 것이었다.

그럼 도대체 만 6세 미만이었던 사람들에게 어떤 전투협력이 가능했을까.

원호법 적용을 신청한 사람들의 전투협력 내용은 대부분이 '참호의 제공'과 '식량이나 물 제공'이었다. 사실대로 말하자면, 일본군에 의해 피난호에서 쫓겨나거나 일본군에게 식량이나 물을 빼앗긴 것이, 이른바 '전투협력'이었다. 덧붙여 말하자면, 게라마(慶良間) 제도에서 벌어졌던 집단 '자결'의 경우에는 예외적으로 영유아에게도 원호법이 적용되었다. 자마미촌(座間味村) 유족회의 원호법 적용 신청서(1961년)에 따르면, "주민들의 자결로 절박하게 부족한 식량을 군에 제공함으로써 전투협력 의사를 표시하는 것"이 집단'자결'의 목적이었다고 한다. 하지만 영유아가 '자결'하는 일이 있기는 했을까.

같은 시기인 1982년 6월, 문부성 검정에 의해 고등학교 역사교과서의 기술이 바뀐 문제에 대해 아시아 국가들로부터 강한 비판이 일고 있었다.[6] 오키나와에서도 일본군에 의한 주민학살 사실에 대해, 그 근거가 확실치 않다는 등의 이유로 해당 부분이 삭제된 문제에 관해 비슷한 움직임이 일어났다. 오키나와타임즈와 류큐신보는 사실 발굴과 그 의미의 검증을 둘러싸고 대대적인 캠페인을 전개하였다.[7] 오키나와는 전후 몇 십년이 지나도 전쟁의 후유증을 안고 있었고, 어떤 계기나 사건을 만나게 되면 그 상처가 욱신거리곤 했던 것이다.

'복귀해서 좋았다'인가

그래도 복귀 10주년을 맞이한 즈음부터, 여론조사의 숫자 등에 나타난 민중 의식은 크게 변화하고 있었다. 복귀 10주년을 기하여 진행된 여론조사 등에서는 모두 복귀에 대한 긍정적 평가가 부정적 평가를 능가하고

---

6 역사교과서 문제: 1982년 6월 25일, 일본 문부성은 83년 4월부터 사용할 역사교과서에 대해 81년에 검증한 내용의 일부를 공개했고, 일본 언론은 이를 일제히 보도했다. 그 중에서 일본의 중국 '침략'을 '진출'이라는 말로 서술한 것과, 남경 대학살을 왜곡하려고 시도한 것 등이 문제가 되었다. 이에 중국과 한국, 북한을 비롯해 동남아시아의 여러 나라들이 일제히 항의했고, 일본의 '교과서 문제'는 국제적인 문제로 비화되었다.

7 당시의 캠페인 과정에서 오키나와전 생존자들을 중심으로 오키나와전 당시 일본군의 만행에 대한 많은 수의 증언들이 기록되었다. 이 증언에 따르면, 일본군에 의해 식량이나 물을 강탈당해 굶어 죽거나, 일본군의 위협 때문에 전장으로 탄약과 식량, 물 등을 나르다가 포탄에 맞아 죽은 사람들도 많았다. 또 일본군은 주민들이 피난 장소로 사용하던 '가마'나 묘에서 주민들을 내쫓아 전장에 방치하거나, 오키나와 방언을 사용하는 주민들을 스파이로 몰아 처형하기도 하였다. 일본군 상부는 "오키나와어로 이야기하는 자는 간첩으로 보아 처분하라"는 명령을 직접 하달한 상태였다. 그 이외에도 미군이 뿌린 항복권유 삐라를 주워서 보거나, 다른 주민들에게 항복을 권유하면 사람들이 살해 낭했다는 사례도 있다. 또한 주민들의 피난장소로 들어온 일본군들은 위치를 발각당하지 않기 위해 유아나 어린이들을 내쫓거나 주민들이 군사기밀을 유출할 것을 두려워해 미군에 투항하는 것을 허락하지 않았을 뿐만 아니라, '군민 공생공사'라는 지도방침을 내려 보내 많은 곳에서 부모, 형제, 자식, 친척, 지인들이 서로 죽이도록 명령하거나 이를 강요하였다. 소위 집단'자결'이란 이러한 강압적인 상황 하에서 발생했던 것이다. 이러한 일들은 오키나와 전역에서 벌어졌고, 특히 일본군이 전략지구전을 펼쳤던 오키나와섬 중·남부에서 많은 사례가 발견된다.

있었다(권말의 도표 참조).

여론조사에 나타난 수치 변화의 배후에는 많은 오키나와 민중들이 야마토[8] 사회나 야마토적 제도에 '익숙'해진 점이 있을 것이다. 복귀는 기정사실로 받아들여져 갔다. 도로, 항만, 공항, 학교 등 여러 시설은 눈부시게 깨끗해졌고, 오키나와 현민의 소득이 여전히 전국 최저이기는 했지만 전반적인 생활수준은 복귀 당시와 비교해서 훨씬 향상되었다. 정부는 1981년 12월에 오키나와 특례인 고율국고보조제도의 지속을 결정하고, 1982년 8월에는 제2차 오키나와진흥개발계획을 책정하였다.

그러나 공공투자에 의존하는 개발이, 2차 진흥개발계획에 담겨진 '오키나와 경제의 자립적 발전 기반 만들기'에 도움이 되지 않으리라는 점은 1차 진흥개발계획의 결과에서 이미 증명되고 있었다. 또한 본토와 오키나와와간의 소득격차가 좁혀지지 않았을 뿐만 아니라, 오키나와 내의 지역간 격차, 계층간 격차는 오히려 증대하고 있었다. 게다가 오키나와 사회의 건전한 발전을 가로막는 최대 요인인 군사기지의 중압은 전혀 경감되지 않았다. 위헌공투나 두 개의 원수협, 호헌·반안보 현민회의 등이 꾸준히 반기지투쟁을 벌이고 있었지만, 일본 전체의 탈혁신화 현상과 본토로의 조직적 계열화가 진행되는 가운데, 고립화와 형해화(形骸化)가 강화되고 조직 지도부나 활동가들은 피로감을 더해가고 있었다. 개인에 기초를 둔 여러 주민·시민운동도 확대되어 갔지만, 그것은 기존의 운동을 대신할 수 있는 혹은 보완할 수 있는 역량을 가지지 못했다.

1970년대 말부터 80년대 초기에 걸쳐 오키나와 민중의 의식상황을 전

---

8 오키나와를 오키나와식으로 발음하면 '우치나'가 되는데, 이와 대비하여 일본 본토를 '야마토(ヤマト)'라고 부른다. 또한 같은 맥락에서 자신들을 '우치난츄'라고 부르고 일본 본토인을 '야마톤츄'라고 구별해서 부르기도 한다.

체적으로 보자면, 보수화되면서 일상으로 회귀하는 다수파와 폐쇄되고 고립된 상황을 타개하고자 여러 가지를 모색하는 자각적 소수파와의 분기가 눈에 띄기 시작했다고 말할 수 있을 것이다.

反복귀 · 反야마토

보수현정이 본격적으로 시작된 1979년은 신기하게도 메이지 정부에 의한 류큐처분[9]으로부터 정확히 100년째가 되는 해였다. 1879년 3월 27일, 류큐처분관 마츠다 미치유키(松田道之)는 류큐번의 폐지와 오키나와현의 설치, 구 번왕이 3월 31일까지 슈리성에서 퇴거할 것 등을 최종적으로 통고하였다. 그로부터 100년 후인 1979년 3월 27일, 나하에서는 연구자, 목사, 저널리스트 등 10명 정도가 발기인이 되어서 '류큐처분을

---

9 류큐처분: 오랫동안 오키나와 지방을 지배해 온 류큐왕국은 '예의를 지키는 나라(守禮之邦)'라고 하여 제대로 된 상비군을 갖추지 않고 해상무역을 통해 번성했다. 그러다가 1609년에 도쿠가와(德川)막부의 허가를 얻은 사츠마(薩摩)번이 침략하여, 중국의 진공(進貢)무역체제의 일부이면서 일본 막부체제의 정치 · 군사적 지배를 받는 '일지양속(日支兩屬)'의 시대가 펼쳐진다. 하지만 이 같은 양속체제는 19세기 후반에 서구 제국들의 문호개방 압력에 따라 중국 중심의 동아시아 제국질서가 붕괴하면서 변화하지 않을 수 없었다. 일본은 대내적으로 1968년에 메이지유신을 단행하고, 1871년 7월에는 막부시대의 통치 단위인 번을 폐하고 근대적인 통치 단위로서 현을 설치하는 폐번치현(廢藩置縣)을 단행하여 근대국가로 발돋움하였다. 또한 대외적으로는 1871년 9월 13일에 일청수호조규를 체결하는 한편, 류큐왕국에 유신 경하사의 파견을 요구하여 1872년 9월에 유신 경하사가 도쿄에 도착하자 류큐국을 폐지하고 류큐번을 설치하였다. 또한 류큐국왕(尙泰)을 류큐번왕으로 삼아 화족으로 임명하였다. 류큐를 일본 판도에 편입시킬 기회를 엿보던 메이지정부는 미야코지마 어민들이 대만 원주민들에게 살해당한 사건을 빌미로 1874년에 대만출병을 단행하였다. 청나라가 이를 용인하자, 청나라가 류큐를 일본 영토의 일부로 인정했다고 간주하여 1875년에는 내무대승 마츠다 미치유키(松田道之)를 류큐에 파견하여 청과의 조공 · 책봉 관계의 정지 및 일본연호의 사용 등 일본 제도의 도입을 몃하였다. 최종적으로 1879년 마츠다를 군 · 경관 등과 함께 류큐에 파견하여, 3월 27일에 류큐번을 폐하고 오키나와현을 세웠다. 이로써 450년간 계속된 류큐왕국은 사실상 붕괴되고, 오키나와는 일본의 도도부현 중의 하나로 병합되었다. 메이지정부는 류큐를 처분하면서 민족통일과 근대화를 대의명분으로 내세웠지만 1910년대에 가서야 일본 본토수준의 근대적인 제도가 도입된다. 즉, 류큐는 일본에 편입되면서부터 줄곧 정치 · 경제적인 낙후상태에 놓여 있었던 것이다. 이처럼 일본 정부가 류큐를 병합해 간 일련의 과정을 '류큐처분'이라고 한다.

생각하는 강연 집회'가 개최되었다. 조직적인 참여 호소 등이 일절 없었음에도 불구하고 신문의 문화단신란 등을 보고 200명 가까운 시민들이 참여하였다.

야마토와 다른 독자적인 역사와 그 역사에 더해 개성적인 문화를 가꾸어 온 오키나와에는, 역사의 마디마디마다 그 역사적 · 문화적 독자성에 의거하여 오키나와 사회의 장래를 전망하려는 움직임이 있었다. 패전 직후, 전쟁 전의 치안유지법에 의해 탄압을 당한 경험이 있던 사회주의자들을 주요 지도자로 하여 제기된 '독립론'(적인 사고)도 그 중의 하나이다. 하지만 새로운 지배자인 점령 미군을 '해방군'으로 오인한 것도 있었고, 얼마 지나지 않아 '독립론'은 '평화헌법 아래로의 복귀'를 요구하는 일본복귀운동의 조류에 삼켜져 버렸다.

그리고 1972년 오키나와 반환정책이 '평화헌법 아래로의 복귀'는 커녕, 미일군사동맹의 재편 · 강화의 일환이었음이 명백해진 1970년 무렵이 되자 '반복귀론'이 대두했다. 반복귀론[10]은 일본 국가의 오키나와 지배

---

10 반복귀론: 1960년대부터 본격적으로 고양된 오키나와의 조국복귀운동은 '평화헌법 아래로의 복귀'라는 이념, 미일안보체제나 오키나와의 기지화에 대한 비판 등 급진적인 내용을 포함하고 있었다. 하지만 다른 한편으로 '국가로서의 일본'에 귀속된다는 것, 오키나와인들이 일본 국민이 된다는 것을 당연시하는 분위기도 강화될 수밖에 없었다. 『신오키나와문학』(오키나와타임즈사)은 1970년(18호)과 1971년(19호)에 반복귀론 특집을 마련하여 이러한 분위기에 경종을 울렸다. 아라카와 아키라(新川明), 카와미츠 신이치(川満信一) 등의 반복귀론자들은 복귀에 의해 "오키나와인이 자발적으로 '국가'에 포섭되는"것을 거부하고 "'국가'로의 합일화를 끝까지 거부하는 정신적 지향"으로서 반복귀론을 주창하였다. 이것은 정치적 독립론과는 궤를 달리하는 것이었으며, 오히려 '류큐처분'에 의해 제국일본에 병합된 이후 본토로부터 구조적인 차별을 받으면서도 천황제 국가에 충성을 다해온 오키나와의 역사적 궤적에 대한 반성에서 비롯된 측면이 컸다. 동시에 반복귀론 주창자들이 '조국 일본'에서 겪었던 경험으로부터 비롯된 측면도 컸다. 즉, 1960년대 일본 본토에서 진행된 안보투쟁을 경험했던 오키나와의 젊은이들은 "이 국민적 규모의 안보반대운동 가운데서 '오키나와'문제가 완전히 누락되어 있다"는 점에서 큰 충격을 받았다고 한다. 오키나와는 미일안보체제가 "일본 전체를 '오키나와화'한다"는 맥락에서만 언급될 뿐이었다. 오키나와의 젊은 지식인들이 보기에 일본 국민들은 "안보문제란 곧바로 '오키나와'문제이며 '오키나와'문제란 곧 안보문제라는, 오늘날에도 여전히 변함이 없는 매우 기본적인 인식"을 결여하고 있었던 것이다. 그러한 상황 속에서 자발적으로 '일본

를 안에서부터 지탱해 왔던 오키나와인 내부의 야마토 지향과 단절함으로써 일본 국가와 그 근저에서부터 대결할 것을 주장하였지만, 반복귀론이 반복귀론으로 멈출 수밖에 없었던 것은 그것이 독자적인 사회구상을 갖추지 못했기 때문이다.

복귀 후, 본토와의 제도적인 일체화, 조직적 계열화의 흐름은 광범위한 민중들의 반발, 이른바 반야마토 감정을 낳았다. 그것은 복귀 후 한동안 뿌리 깊었던 복귀에 대한 부정적 평가와도 직결되어 있었다. '토착파' 지사인 타이라 코우이치(平良幸市)가 반기지행정과 제도적 일체화 사이에서 동요하면서도, 1977년 연두 기자회견에서 "오키나와 문화에 대한 인식을 새로이 하여, 올해를 문화입현(文化立縣)의 첫걸음으로 하자"고 제창한 것은 그러한 민중 심리와 어딘가 소통되는 면을 가지고 있었다. 하지만 그것은 자칫하면 독자문화를 정치적 힘으로 전화지키 문화의 정치화보다 정치로부터의 도피처가 될 수 있는 위험성도 가지고 있었다.

이보다 앞선 1976년 1월, 'CTS저지투쟁을 확대하는 모임'은 여러 섬들 간의 주민운동 네트워크를 지향하면서, '류큐호의 주민운동'이라는 간담회를 열었다. 류큐호(琉球弧)란 행정적으로는 [오키나와현과] 가고시마현(鹿児島県)의 오시마군(大島郡, 아마미 제도)을 포함한 류큐문화권을 가리키며, [역사적으로는] 사츠마번(薩摩藩)에 의한 류큐 침략 이전 류큐왕

론은 조국복귀운동의 근간에 놓여 있던 "우리들은 일본인이니까 일본으로 돌아간다"리는 암묵적인 전세에 의문을 제기하고, "왜 우리들은 일본으로 돌아가려는 것인가"라는 질문을 오키나와 사회에 던졌던 것이다. 오키나와인들의 오랜 숙원이었으며 눈앞의 현실로 다가온 복귀에 대해 직접적인 문제제기를 했다는 점에서 반복귀론은 격렬한 반발을 불러 일으켰지만, 현실 일정으로 다가온 '조국복귀'에 대한 대안으로 인정받지는 못했다. 하지만 반복귀론은 국가의 폐지나 직접민주주의에 의한 자치의 이념으로서 오키나와 사회에서 반복적으로 거론되어 왔으며, 이를 재평가하려는 움직임이 아직까지 계속되고 있다.

국의 판도를 가리킨다. 아마미의 섬들에서도 이 시기에 CTS나 석유정제시설, 핵연료처리공장 건설계획 등이 나오고 있었다. '류큐호의 주민운동'은 당면한 과제였던 주민운동 네트워크의 구성을 독자문화권의 영역과 중첩시킴으로써 [문화적 독자성이나 문화적 정체성에 대한 관심을] 주민운동의 기반으로 삼으려 했던 것이다. 미군지배 시대의 복귀운동이 아마미와 오키나와에서 별도로 진행되었던 점을 고려하면, 그러한 움직임에는 새로운 시대적 상황이 반영되어 있었다고 할 수 있다. 앞에서 언급한 '류큐처분을 생각하는 강연 집회'는 이러한 흐름 속에 있었다.

국제적인 군사화의 조류 속에서

복귀 10주년이 되는 1982년부터 15주년에 이르는 1980년대 중반의 서방세계는 이른바 대처(Margaret H. Thatcher), 레이건(Ronald W. Reagan), 나카소네(中曾根康弘)의 시대였다. 이들은 작은 정부나 민간기업의 활성화를 표방하고, 재정면에서는 복지정책이나 사회보장정책에서 긴축 기조를 취하는 한편, 대소 강경자세를 비롯하여 군사력에 중점을 둔 대외정책 폈다는 점에서 공통점을 지니고 있었다. 이웃인 한국도 전두환 군사정권의 시대였다.

나카소네 수상은 조각(組閣) 후 2개월도 지나지 않은 1983년 1월 한국의 전두환 대통령을 방문하고, 그 며칠 후에는 미국에서 레이건 대통령과 회담한 후 미일운명공동체론을 전개하면서 일본은 대소 방위의 '불침공모(不沈空母)'라는 입장을 표명하였다. 사할린 상공의 소련 영공을 침범했던 대한항공기가 추락한 사건이 1983년 9월이었고, 미 해병대가 아마미오시마(奄美大島)의 반 정도 크기인 카리브해의 소국 그라나다 정권을 짓밟아버린 것이 이 해 10월의 일이었다. 11월에는 레이건 대통령이 일본을 방문하였고, 다음 해인 1984년 9월에는 전두환 한국대통령이 일본을 방문하였다.

이 시기 오키나와를 둘러싼 군사적 움직임을 살펴보면, 1983년 6월에 주오키나와 해병대와 제7함대가 실시하는 대규모 상륙훈련에 자위대가 참여하였고, 1985년 11월에는 미 태평양공군이 나하 공항의 민간기 이착륙을 규제하면서 대규모의 항공기 전투훈련을 실시하였으며, 1984년 10~11월의 기간과 1985년 2월에는 주오키나와 해병대가 홋카이도(北海道)에서도 자위대와 합동훈련을 실시하였다.

베트남전쟁이 종료하면서 일단 오키나와로부터 철수했던 미 육군 특수부대(그린베레)도 1984년 10월에 다시 오키나와로 돌아왔고, 요미탄 보조비행장에서는 이들에 의한 낙하산 강하훈련이 빈번히 반복되었다. 1985년 3월, 미 해병대는 오키나와에 배치한 전 화포를 핵포탄 발사가 가능한 M198형 유탄포로 전환하여 포병대를 증강할 것이라고 발표했으며, 오키나와현도 104호선 넘어 실탄포격훈련에서도 M198형 유탄포가 사용되었다.

미군에 의한 항공기의 초저공 비행 등의 훈련 때문에 중학교 수업이 중단되거나, 자위대기의 사고로 나하항공이 폐쇄되거나 하는 문제도 발생하고 있었다.

1985년은 세계정치 무대에서 고르바쵸프가 소련 공산당의 서기장이 된 해이지만, 일본에서는 이 해 8월 15일에 나카소네 수상 등 전 각료가 야스쿠니(靖国) 신사를 공식참배하여 아시아 여러 나라·지역으로부터 강한 비판을 받았다. 야스쿠니 신사 공식참배는, '전후 정치의 총결산'[11]

---

11 전후정치 총결산: 1982년 11월에 취임한 나카소네 수상의 정치노선으로, 일본의 전후 정치를 구성해 왔던 여러 제도들과 외교관계 등을 개혁·전환하겠다는 것이었다. 자민당 내부적으로 보면 최대 파벌이던 다나카(田中角栄) 계파의 지배가 종언을 고하면서 전후세대들이 정치의 전면에 나서기 시작했고, 사회당이 계급정당 노선을 포기하고 사회민주주의노선으로 전환을 표방한 '신선언'을 발표하던 시기였다. 나카소네는 '민간 활력의 활용'과 "민간에서 할 수 없는 최소한의 것만을 국가가 수행한다"

을 부르짖던 나카소네 수상이, 자신이 수립한 목표를 향해 내딛기 시작한 중요한 일보였다고 할 수 있을 것이다. 이 해 6월에 임교심(임시교육심의회)[12]은 '일본인으로서의 자각을 촉구하는 교육'을 강조한 제1차 답신을 결정하였다.

이러한 움직임에 발맞추어, 오키나와에서는 니시메 지사가 카이호우국민체육대회(오키나와국체)에 천황이 출석함으로써 "오키나와의 전후는 끝났다"고 말하였다.

이리하여 1987년 가을의 카이호우국체에는 극히 중요한 정치적 의미가 부여되었다.

천황의 오키나와 방문과 카이호우(海邦)국민체육대회

제42회 국체(국민체육대회)를 1987년에 오키나와에서 실시하기로 결정한 것은 1980년 1월이었다. 국체는 각 현의 순회로 실시하고 있었고 오키나와가 그 마지막 순번이 되는 것 자체에는 아무도 의문을 느끼지

는 신자유주의 노선을 표방하고, 이를 위한 '행정개혁'의 일환으로 복지예산의 축소를 통한 재정적자 개선, 국채 발행을 통한 세수 확보, 국영기업의 민영화와 구조조정 등을 추진하였다. 또한 수상의 심의회 중의 하나인 '평화문제연구소'의 보고서를 토대로 방위비를 GNP 1% 이내로 한다는 전후의 '경무장' 노선을 철폐하는 한편, '국가정체성'을 강화한다는 명분으로 일본수상으로서는 전후 최초로 야스쿠니 신사에 참배하였다. 현재까지 계속되고 있는 일본의 국가체제 개편, 군국주의 · 국가주의로의 움직임이 나카소네 수상의 재임기간에 시작되었다는 점에서 나카소네 수상의 '전후정치 총결산' 노선은 현재진행형이라고 할 수 있을 것이다.

12 임시교육심의회: 나카소네 수상이 신설한 교육문제 관련 고문기관이다. 나카소네 수상은 1984년부터 자신의 주변에 '고도정보사회에 관한 간담회', '경제정책에 관한 간담회', '임시교육심의회', '각료의 야스쿠니 신사 참배문제에 관한 간담회' 등 공적 또는 사적인 여러 고문기관들을 신설하였다. 흔히 '심의회정치'라고 불리는 이 방식은 여러 심의회에 수상의 참모들을 포진시키고 여기서 나온 제안서들을 통해 여론을 움직이면서 정책을 실행하는 방식이었다. 이것은 관료가 정책을 만들고 이를 당 내부의 여러 계파들 사이에서 사전에 합의한 뒤에 국회에서 통과시키는 종래 자민당의 정책입안 방식과는 크게 다른 것이었다. 여러 계파의 이해관계를 조정하기보다는 심의회의 제안을 여론에 흘림으로써 미리 여론의 동향을 파악하고, 이를 근거로 하여 위에서부터 여론을 창출하거나 여론에 직접 호소하는 방식이었다.

않았지만, 카이호우국체가 있는 1987년은 복귀 15주년을 맞이하는 해였다. 그 때문에 카이호우국체에는 복귀 15주년 기념사업으로서의 의미도 부여되었다. 그리고 국체에는 개회식에 천황출석, '히노마루' 게양, '기미가요' 제창, 자위대의 협력 등이 당연하다는 듯이 따라왔다.

따라서 국체가 다가오자, "오키나와의 역사적 체험을 염두에 둔 향토색의 국체를"이라는 주장과, 먼저 주최한 현들을 따라서, 즉 '본토 수준'으로 해야 한다는 주장이 여러 국면에서 부딪히게 되었다. 개최 현이 반드시 우승한다는 사전 계략 하에서 진행되는 스포츠 대회로서의 국체를 비판하는 이들도 있었지만, 그다지 눈에 띄는 것은 아니었다. "오키나와의 역사적 체험을 염두에 둔 향토색의 국체"라고 하는 경우에, 특별히 논의의 초점이 된 것은 천황(제)문제와 '히노마루', '기미가요'의 문제였다.

주지하는 바와 같이, 패전 다음 해인 1946년 1월 천황의 인간선언[13] 이

---

13 인간선언: 1946년 1월 1일 히로히토 천황이 발표한 '연두조서'의 내용을 말한다. 그 속에는 천황의 지위와 관련된, 다음과 같은 중요한 내용이 포함되어 있었다.
"이에 짐은 각오를 새로이 하여 국운을 열고자 한다. 모름지기 이러한 취지에 따라 구래의 누습을 타파하고 민의를 창달하며, 관민 공히 평화주의를 철저히 하고 풍부한 교양으로 문화를 구축하며, 이로써 민생의 향상을 꾀하고 신일본을 건설하라 … 짐과 너희 국민 사이의 유대는 시종 상호 신뢰와 경애로 묶여지는 것이지 단순히 신화와 전설에 의해서 생기는 것이 아니다. 천황을 현인신(現御神)으로 하고, 또 일본 국민을 다른 민족보다 우월한 민족이라 하며, 나아가 세계를 지배할 운명을 가진다는 가공의 관념에 기초를 두는 것도 아니다 …"
천황이 '인간선언'을 한 배경에는 천황제에 대한 국내외의 비판을 회피하려는 목적과 더불어, 전후 일본의 새로운 출발이 천황의 선택과 결단에 의해 시작된다는 것을 은연중에 설파하려는 목적도 있었다. 패전과 더불어 천황의 권위가 실추하고 있었고, 패전에 대한 책임을 져야 한다는 목소리도 높아가고 있었다. 이미 45년 12월 15일에 GHQ는 '신노지령'을 통해 국가신도를 폐지함으로써 천황의 위상을 재설정하려는 움직임을 보이고 있었고, 히로히토 자신이 스스로 신격을 부정하는 메시지를 발표하도록 압박하고 있었다. 즉, 천황과의 협력을 통해 일본에 대한 점령통치를 안정적으로 수행하려는 GHQ나 미국의 압력과, 일본의 전후질서에 일정한 영향력을 행사하려는 천황의 의도가 맞물리면서 '인간선언'이 나온 것이었다. '인간선언' 직후, 맥아더는 천황이 "일본 국민의 민주화에 지도적인 역할을 수행하려 하고 있다"는 성명으로 크게 만족을 표시했다.

1987년 9월 오키나와에서 처음으로 열린 카이호우국민체육대회
사진 제공: 류큐신보사

래, 1946년부터 1954년까지 전국 각 현으로의 순행[14]에 의해 상징천황
제에 대한 심정적 지지기반이 강고하게 만들어지고 있었다. 하지만 미군

---

14 순행(巡行): 천황의 지방행차. 1853년 페리(M. C. Perry)의 내항으로 인한 충격으로
막부체제가 무너지고, 1868년에 메이지천황이 즉위하면서 일본은 근대적인 군주제국
가로 들어서게 되었다. 그런데 오랫동안의 막부지배 하에서 천황은 사실상 유명무실
한 존재였고, 일반 민중들은 그 존재도 제대로 알지 못하고 있었다. 따라서 근대적인
천황상과 신민상을 만들어 내는 것이 시급한 과제였는데, 천황의 지방 순행은 공가(公
家)에 둘러싸여 있던 천황을 근대적인 군주로 자립시키는 것이었으며 옥렴(玉簾) 속
에 있던 천황의 존재를 세상에 드러내는 것이었다. 이를 통해 민중들은 자신들의 전통
적이며 민속적인 천황신앙의 연장선상에, 권력에 의해 이데올로기적으로 창출된 근대
적인 천황상을 자리매김하게 된다. 메이지천황은 1876년에 도카이도, 도호쿠, 홋카이
도를 시작으로 1878년에 호쿠리쿠, 도카이, 1880년에 야마나시, 미에, 교토, 그리고
1881년에 야마가타, 아키타, 홋카이도 등 잇따른 대규모 순행을 전개했다. 이후 몇 차
례의 순행이 있었지만, 대규모로 진행된 것은 종전 직후 쇼와천황의 순행이 유일하다.
'인간선언' 이후, 쇼와천황 히로히토는 메이지천황의 지방 순행을 본받아, 패전 이후
침잠해 있던 사회 분위기를 일신한다는 명목으로 전국 각지를 여행하면서 일반 대중
들을 앞에 모습을 드러냈다. 이 순행은 1946년 2월 19일 카나가와현(神奈川県)을 시
작으로 47년까지 정력적으로 진행되었고, 48년 중단되었으나 다시 부활하여 홋카이
도와 오키나와를 제외하고는 전국에서 진행되었다. 그런데 여기에는 '동경 전범재판'
을 비롯한 전쟁책임으로부터 벗어나고, 민주적인 전후 일본에 걸맞는 평화주의자이자
민주주의자이면서 동시에 대중적인 새로운 천황상을 창출하려는 의도가 깔려 있었다.
수천만의 아시아 민중들을 죽음으로 몰아넣은 전범 히로히토가 평화의 사도이자 민주
적이며 인간적인 천황으로 다시 태어나는 순간이었다. 일본의 많은 노년층들이 패전
의 어두운 기억으로부터 벗어나 전후 일본을 건설하는데 있어서 천황의 정신적인 역
할을 지적하고 있는 것처럼, 히로히토의 지방 순행이 남긴 영향력은 매우 컸다.

지배하의 오키나와에는 천황도 들어오지 못했었다.

　복귀 전후의 시기에 이미 일본 정부가 천황의 오키나와 방문을 검토했던 흔적이 존재한다. 당시 야라 류큐 정부 주석(후의 오키나와현지사)도 자신의 재임 중에 천황의 오키나와 방문을 실현시키고 싶은 소원을 안고 있었다고 한다. 복귀 전년인 1971년 6월 4일자 요미우리 신문(読売新聞)이 천황의 오키나와 방문 결정을 크게 보도한 적도 있었다.

　쇼와(昭和)천황은 황태자 시절이던 1921년에 유럽여행을 다녀오면서 오키나와를 방문한 적이 있었다. 그 당시 야라 쵸뵤는 오키나와사범학교 학생이었고 천황이 타고 있던 군함 '카토리(香取)'의 함장은 오키나와 출신인 간나 켄와(漢那憲和)대령이었다.

오키나와 민중의 천황관

　그러면 오키나와 일반 민중은 어떠한 천황관, 황실관을 가지고 있었을까. 요미우리신문이 1970년 8월에 진행한 여론조사에 따르면, 대략 67% 정도가 황실에 대해 호감을 가지고 있었다. 하지만 어떤 이유에서인지, 복귀 단계에서 천황의 오키나와 방문은 실현되지 않았다. 반대운동이 있었던 것도 아니기 때문에, [천황의 오키나와 방문이 실현되지 않았던 이유는] 일본 정부나 천황 주변에서 복귀 직후의 떠들썩한 정치 정세 속에서 천황을 보낼 자신이 없어서가 아닐까 싶다.

　그 후 오키나와의 민중의식은 급속히 변화되어, 복귀에 대한 기대는 복귀에 대한 부정적 평가로 변해갔다. 그런 와중에 일본 정부는 1975년에 황태자를 해양박람회 명예총재로 오키나와에 보냈지만, 히메유리 탑에서 화염병 세례를 맞고 말았다.

　그 후로 3년이 지난 1978년 2월부터 5월에 걸쳐, 오키나와에서 '730문제'(102~105쪽 참조)가 부각되었을 그 무렵, NHK가 전국 현민 의식조사를 실시하였다. 그 중에 "천황은 존경해야 하는 존재"라고 생각하는지 아닌지를 묻는 항목이 있었다. 전국 평균으로 말하자면 "그렇다"가 55.7%, "그렇지 않다"가 25.1%이었다. 이에 대해 오키나와는 "그렇다"가 전국에서 가장 낮은 35.17%였고 "그렇지 않다"는 대답은 전국에서 가장 높은 37.1%였다. 부정적 평가가 긍정적 평가를 웃돈 곳은 오키나와뿐이었다.

1970년 8월의 요미우리신문 조사와 1978년 NHK조사 사이에 큰 차가 있는 것은, 아마도 1970년 요미우리신문 조사 시점에서는 황실에 대한 친근감이나 경애감이 어느 정도 남아 있었기 때문인지도 모른다. '히노마루'의 경우와 달리, 복귀운동이 활발했던 시절의 오키나와에서도 '기미가요'가 적극적으로 불리지는 않았다. 또한 천황이나 천황제에 대한 문제의식이 제기된 적은 거의 없었는데, 냉정한 눈을 가지고 있던 사람들에게도 미군 지배 하의 오키나와 상황과 비교하여 훨씬 좋아 보였던 장밋빛 일본의 이미지와 연결되어, '평화헌법'에 규정된 상징천황에 대해 일정한 친근감이나 경애감이 존재했었을 것이다. 그러한 의미에서, 1978년 NHK의 조사 결과는, 확실히 1978년이라는 시점의 시대상황을 반영한 것이었다.

그 후로부터 약 10년이 지난 1987년 2월에 NHK가 진행한 오키나와 주민의식조사에 따르면, "천황은 존경해야 하는 존재"인지를 묻는 물음에 대해 44.5%가 "그렇다", 29.5%가 "그렇지 않다"고 답했다. 10년 전과 비교하면 상당한 변화가 있다. 같은 시점에서 직접 비교·대조할 수 있는 다른 현의 조사는 없다. 일본 전체가 이 10년 동안에 크게 변화하였다고 추측되지만, 오키나와 민중의 천황관도 야마토를 따라가고 있었을 것이다.

강화된 관리체제

카이호우국체에 천황 출석은 일본 정부에게는 지상 과제였다. 전후 42

년, 복귀 후 15년이 지나서도 쇼와천황은 오키나와에 한 발도 들어가지 못 하고 있었다. 천황의 연령을 고려해도, 복귀 15년이라는 역사적 의미로 봐도, 천황은 이 시점에서 오키나와를 방문하지 않을 수 없었다.

하지만 일본 정부나 천황 주변 사람들에게 오키나와는 천황을 방문시키기에는 여전히 불안한 지역이었다. 복귀에 대한 긍정적인 평가는 이미 정착되었고 사대주의적인 조류도 커지고 있었지만, 소수파의 투쟁은 미군용지 강제사용에 반대하는 투쟁이나 환경파괴에 반대하는 주민운동을 근거지로 하면서 끈질기게 이어지고 있었다. 일본 정부는 힘으로 그러한 움직임을 규제하려 하였다.

1986년 8월, 경시청 공안 2과장에서 카이호우국체 경비책임자로 전임해온 스가누마 기요타카(菅沼清高) 오키나와현 경찰본부장은 부임하자마자 "나의 임무는 천황 폐하를 무사히 모시고 무사히 보내드리는 것. 전력을 기울여 강한 경찰을 만들고 싶다"고 하였다.

오키나와현 경찰은 오키나와 사회 전체를 엄중한 관리체제 하에 놓기 시작했다. 현내 각지에 '카이호우국체를 성공시키기 위한 지역협력회'가 결성되었지만, 그 사무국은 대부분 지역을 관할하는 경찰서 안에 설치되어 있었다.

천황의 오키나와 방문에 대해 옳고 그름을 논의하는 것조차 망설여지는 무거운 사회적 분위기가 오키나와 전체를 뒤덮기 시작했다. 현 당국은 언론을 총동원하여 "찬란한 태양, 퍼져가는 우정"이라는 테마 슬로건을 가진 국체를 비정치적인 스포츠대회로 대대적으로 선전하였고, 이를 통해 국체의 정치적 이용에 대한 비판을 봉쇄하려 하였다.

이러한 상황을 어떻게든 타개해 보려는 시민 약 300명이 발기인이 되어 1987년 4월 29일(쇼와천황 탄생일)에 '천황(제)을 생각하는 공개 시민연속강좌'가 시작되었다. 천황이나 천황제에 관해 자유로운 논의를 할 수 있는 분위기를 만들고, 한 달에 한 번씩 2년 동안 천황이나 천황제에 관한 강좌를 열어 그 성과를 널리 공유하자는 취지였다.

'천황의 오키나와 방문에 따른 과잉경비 110번'이라는 단체 등도 활동을 시작했다.

노조 측에서는 현노협(오키나와현 노동조합협의회), 오키교조, 고교조(오키나와현 고등학교·장애아학교 교직원조합), 자치노, 각 지구노로 구성된 '국체의 민주화를 요구하는 5자 연락협의회'가 9월 11일 '천황의 전쟁책임을 추궁하고, 국체의 민주화를 요구하는 노동자 총궐기대회'를 개최하였다. 나아가 고교조 등 21개 단체는 시민단체 등도 참여시키면서, 추계 국체 개회식 전날인 10월 24일 '천황의 전쟁책임·전후책임을 고발하는 치비치리가마 집회'를 열고, 다음 날인 25일에도 오키나와시에서 집회와 시위를 벌였다.

치비치리가마는 오키나와섬에 미군이 처음으로 상륙한 요미탄촌 해변에 위치하고 있는데, 미군 상륙 다음 날 이 가마에서 80여 명의 사람들이 집단으로 '자결'해서 귀한 생명을 잃었다.[15] 치비치리가마 입구에는 1987년 4월 조각가인 킨조우 미노루(金城実)와 나미히라(地元波平) 등의 사

---

15 치비치리가마(チビチリガマ)의 집단'자결': 1982년의 '교과서 문제'는 일본 국내에서도 문제가 되었는데, 특히 '오키나와 주민학살'의 내용을 삭제한 것이 문제가 되었다. 이 과정에서 집단'자결'이 "황은에 보답하고 적군에 투항하지 않기 위해 자발적으로 선택한 행동"이라는 국가의 주장과 상반되는 증언이나 연구들이 나오기 시작하였다. 요미탄촌의 치비치리가마에서는 미군이 동굴에 접근해 오자 83명이 '자결'했는데, 이 가운데 41명은 12세 미만이었다. 희생자들은 ① 촌장, 조합장, 학교장 등의 지도층 ② 재향군인, 방위대원 등의 군대경험자 ③ 경방단 등 조직된 소년들 ④ 일반 어른들(대부분 여성) ⑤ 노인들 ⑥ 어린이들로 다양했다. 이 중에서 ①과 ② 집단이 '자결'을 주도하고 ③ 집단이 이를 지지·실행하였다고 한다. 치비치리가마의 희생자들은 주로 독약으로 희생되었지만, 가족끼리 서로 목을 조르거나 칼로 찔러 죽이는 등 처참했던 여러 양상들이 증언되기도 하였다. 이 같은 참극의 배경에는 천황을 위해 죽어야 한다는 황민화 교육의 영향, 전장이라는 극단적인 상황, '황군'인 일본군이 여러 곳에서 양민학살을 자행했는데 '귀축영미'라고 하여 짐승과 다름없다고 보던 미군은 더할 것이라는 역사적 체험으로부터의 판단 등 여러 가지 요인들이 제시되고 있다.

치비치리가마 앞에 건립된 '세대를 잇는 평화의 상'. 치바나 쇼이치의 일장기 소각사건 이후 극우파들에 의해 파괴되었던 것을 복원하였다

람들과 유가족이 합작하여 건립한 '세대를 잇는 평화의 상(世代を結ぶ平和の像)'이 있다.

오키나와를 둘러싼 천황의 전쟁책임

카이호우국체를 둘러싼 천황제 논의 가운데 나타난 큰 특징의 하나는, 그것이 쇼와천황의 직접적이며 구체적인 전쟁책임이나 전후책임을 묻는 경향이 강했다는 점이다.

천황의 전쟁책임에 대한 직접적이며 구체적인 예로 거론된 것은, 1945년 2월 고노에 후미마로(近衛文麿) 전 수상이 천황에게 "이제 일본의 패전은 불가피하기 때문에 화평의 결난을 해야 한다"고 진언한데 대해, 천황이 "그것은 다시 한 번 전과를 올린 후가 아니면 어렵지 않겠느냐"고 하면서 이를 거부하여 오키나와전에 돌입했다는 사실이었다. 이 고노에와 쇼와천황의 대화는 학술적 자료로 일찍부터 그 존재가 알려져 있었지만,

그것이 오키나와 민중의 인식으로 공유된 것은 카이호우국체 즈음이다.

류큐방송(RBC) 텔레비전은 이를 소재로 하여 1988년 6월, 위령의 날 특별 프로그램 "너무 늦은 성단(聖斷)"을 제작하여 큰 반향을 일으켰다. 1945년 2월에 천황이 고노에의 진언을 받아들여 화평 결단을 하였으면, 오키나와 전쟁도 히로시마·나가사키의 원폭 투하도 없었다는 취지였다.

또한 천황의 전후책임을 묻는 직접적이며 구체적인 사례로 거론된 것이 1947년 9월의 이른바 천황 메시지다(23~24쪽 참조). 이는 천황 자신의 발상이라기보다 전후 상징천황제의 옹호자인 맥아더 원수의 구상에 천황이 아첨하는 식으로 나온 것에 지나지 않지만, 그래도 천황이 일부러 미군에 의한 오키나와 지배를 지지한다는 의향을 점령자에게 전했다는 사실은 충격적이었다.

그러나 한편으로 이러한 전쟁책임·전후책임의 추궁 방법은 자칫하면 쇼와천황의 개인적인 책임 추궁에만 집중함으로써 천황제 문제에서 눈을 돌리게 하거나 천황의 세대교체로 책임을 면제하게 될 가능성도 존재하고 있었다.[16]

---

16 천황의 퇴위와 세대교체를 통해서 천황의 전쟁책임 문제를 해결하려는 움직임은 일본의 패전 직후에도 존재하고 있었다. 하지만 패전 직후, 일본의 정치세력과 여론은 압도적으로 천황제의 존치를 지지하고 있었다. 예컨대 1946년 5월 27일에 발표된 마이니치신문(每日新聞)의 여론조사 결과를 보면 응답자의 95%가 천황제를 지지하고 있었으며, 패전 후 최초의 선거인 1946년의 총선거에 나온 정당들 중에서 공산당을 제외한 모든 정치세력들이 천황제 수호를 공약으로 내걸고 있었던 것이다. 즉, 일본인 스스로 천황의 전쟁책임을 추궁하려는 움직임은 극히 미약했고, 이것은 전후 일본인들의 주류적인 인식이었다. 지식인사회 역시 마찬가지였다. 전후에 일본의 지성계를 주도했던 자유주의 지식인들 역시 천황제 폐지나 천황의 전범재판 회부보다는 천황이 도의적인 책임을 지고 퇴위하거나 적어도 유감표명을 통하여 전전과 전쟁 중의 여러 문제들을 매듭짓기를 바랐던 것이다. 따라서 천황제비판과 관련된 1980년대 오키나와의 '대중적인' 움직임은 매우 이례적인 것이었으며, 바로 여기에서 오키나와의 특수한 역사적 경험에서 비롯된 오키나와의 급진적인 일 단면을 엿볼 수 있다.

그래서 정부는 '손을 더럽힌' 천황뿐만 아니라 히로노미야(浩宮, 현 황태자)나 황태자(현 천황)를 하계 국체나 신체장애자 스포츠대회(가리유시 대회)에 파견하는 등, 천황가 3대의 오키나와 방문을 계획하고 있었다. 황태자는 오키나와 문화에 강한 관심을 가지고 있을 뿐만 아니라 류가(琉歌)도 지을 수 있다고 하였다. 히로노미야는 황태자의 권유로 히메유리 학도대의 생존자인 미야라 루리(宮良ルリ)의 저서『나의 히메유리 전기(私のひめゆり戦記)(ニライ社, 1986)』도 읽고 "오키나와 사람들은 지난 대전(大戰)을 통해서 '누치두 타카라'[17]의 마음을 더욱 더 깊이 하였다고 들었는데, 이런 평화를 원하는 절실한 외침이 국민 모두의 소원이 되기를 간절히 바란다"는 감상을 말하기도 하였다(오키나와타임즈, 1987년 9월 20일).

하지만 쇼와천황은 병을 앓았기 때문에, 끝내 오키나와 땅을 밟을 수 없었다.

'히노마루', '기미가요'와 학교

카이호우국체를 둘러싼 또 하나의 문제는 '히노마루', '기미가요' 문제였다.

1985년 9월 5일, 문부성이 전국의 공립 초 · 중 · 고등학교가 그 해 봄의 졸업식과 입학식에서 '히노마루'를 게양했는지 '기미가요'를 제창했는지에 관해 도도부현 및 정령으로 지정한 도시들에 대한 결과를 공표하고

---

17 누치두 타카라: "命どぅ宝"의 오키나와식 발음으로 '생명이야말로 보물'이라는 의미이다. 오키나와를 반전평화의 섬으로 만들려는 오키나와인들의 마음을 가장 잘 표현하고 있는 말이다. 그런데 오키나와가 오랫동안 비무장의 섬으로서 평화적인 분위기를 누려 온 것이 사실이지만, '오키나와의 마음'이나 '생명이야말로 보물'이라는 말을 의식적으로 사용하기 시작한 것은 1980년대에 들어서 오키나와전에 대한 역사적 경험을 재해석하는 과정에서였다고 한다.

이와 동시에 실시율이 낮은 지역이 문제라고 하면서 8월 28일부로 각 교육위원회에 "국기와 국가의 적절한 취급에 철저"를 기할 것을 요구하는 초등중등교육국장 통지를 보낸 것이 밝혀졌다.

이 조사 결과에 따르면, 졸업식의 경우 '히노마루' 게양율의 전국 평균은 초등학교 92.5%, 중학교 91.2%, 고등학교 81.6%였고, '기미가요' 제창율은 초등학교 72.8%, 중학교 68.0%, 고등학교 53.3%이었으며, 입학식의 경우에는 모두 졸업식보다 낮은 숫자를 나타냈다.

이 조사에서 월등히 낮은 수치를 나타낸 것이 오키나와. 졸업식의 '히노마루' 게양율은 초등학교 6.9%, 중학교 6.6%, 고등학교 0%였다. '기미가요'의 제창율은 초·중·고 모두가 0이었다.

이 조사 결과를 오키나와측에서 보면, 전국적으로 '히노마루', '기미가요'의 게양율과 제창율이 이상할 정도로 높다는 점이 오히려 인상적이다. 왜냐하면 20년 전쯤에는 '히노마루'를 상징으로 한 오키나와 복귀운동에 본토 혁신단체의 활동가(교원도 포함)들이 조심스럽게 의문을 나타냈었기 때문이다. 20년 동안에 오키나와와 본토의 위치는 이 점에서 완전히 뒤바뀐 것이다.

이 문부성 통지와 '히노마루', '기미가요'의 실시상황 조사 결과에 큰 충격을 받은 것은 무엇보다도 오키나와현 교육위원회(현 교육청)였다.

'히노마루', '기미가요'에 대해 오키나와현 교육위원회가 수수방관하고 있었던 것은 아니다. 1987년 카이호우국체가 결정되자마자 중학생이나 고등학생의 스포츠대회나 입학식, 졸업식에 '히노마루' 게양을 도입하도록 지도를 강화하고 있었다. 1984년에는 현교육장이 중학교 교장을 모아 놓고 "학교행사나 공휴일에 히노마루를 게양하는 것에 망설임이 있어서는 안 된다"고 교장들을 질책하였다. 중학교의 6.6%, 실수(實數)로 하면 151개 학교 중 10개 학교의 '히노마루' 게양은 그 성과였는지도 모른다. 하지만 그때까지의 지도는 강제력을 동반하지 않았기 때문에, 그 효과에는 당연히 한계가 있었다.

이 문부성 통지는 형식적으로 보면 딱히 오키나와만을 겨냥한 것은 아니다. 전국 47도도부현 및 정령으로 지정한 도시의 교육위원회에 평등하게 지시된 것이다. 하지만 '히노마루', '기미가요'의 실시상황으로 봤을 때, 문부성 통지가 명확하게 오키나와를 주요 타깃으로 하고 있다는 점에는 의심의 여지가 없었다.

'히노마루', '기미가요'에 관한 문부성의 초등·중등교육국장 명의의 한 편의 통지를 계기로 오키나와의 보수정당이나 교육행정 담당자들은 '히노마루' 게양을 위해 광분하였다.

자민당이 다수를 차지하는 현의회나 시정촌의회에서는 무턱대고 '히노마루' 게양, '기미가요' 제창을 요구하는 결의가 강행되었다. 이들 결의에 따라, 1985년 11월 18일 현교육장은 각 시정촌 교육위원회와 현립학교 교장에게 관할 초·중학교나 소속 직원들이 "적극적으로 국기를 게양하고 국가를 제창하도록" 강력히 지도하라는 통지를 보냈다.

하지만 오키나와 사회 전체가 문부성 통지에 공경과 순종의 뜻을 표한 것은 아니었다. 이 통지를 계기로 새로이 스스로의 역사적 체험을 뒤돌아보고, '히노마루'를 상징으로 한 복귀운동의 선두에 섰던 교직원들의 책임도 포함하여, 그 의미를 재확인하려는 움직임도 활발해졌다. 당연히 그 사이에 낀 교장들은 동요하였다.

그래서 현교육청은 다음해인 1986년 1월 20일, 지난 교육장 통지는 직접 복무 감독 하에 있는 현립 교장에 대해서는 사실상 직무명령이며, 시정촌 교육장에 대해서는 지도조언이라고 해설하였다. 나아가 현교육청 당국은 교장회의 등에서 "[히노마루 게양과 기미가요 제창 문제로] 졸업식이 혼란해질 경우 경찰력을 도입하라"거나 "방해한 학생의 졸업인정을 보류하라"고 지도를 했다. 1985년 8월 28일의 통지에 관해 문부성은 "실시가 바람직하다는 것이지 강제적인 것은 아니다"(류큐신보, 1985년 9월 11일)라는 주석을 달고 태연자약하게 있었지만, 권력자의 의향을 예측한 사대주의자들은 그것을 적극적으로 확대시켜 갔다. 당시, 오키나와전과 관련된 역사적 체험 중에서 가장 비극이었다고 할 수 있는 주민의 집단'자결' 몇 건에 대해, 그것이 일본군의 명령에 의한 것이었는가 아니면 지역사회 지도자들의 적극적인 '충성표현(先取)'이었는가 하는 논의가 있었는데, '히노마루' 문제는 그러한 논의와 중첩되었다.

1986년의 졸업식ㆍ입학식에서의 분규

결국 1986년 3월 1일에 졸업식을 한 현립고등학교 54개교 중에서 '히노마루'를 게양한 것은 43개교(80%), '기미가요' 실시(라고 해도 음악테이프를 틀어 놓았다)가 5개교(9%), '히노마루'를 게양하지 않았거나 중간에 내린 학교가 11개교(20%)였다.

현교육청은 1986년 3월 21일 임시교육위원회를 열고, 졸업식 결과에 대해 현립고등학교 직원 35명을 정직, 감봉, 계고 등의 처분에 처하였다. '히노마루', '기미가요' 반대 등을 직접 이유로 하지 않고, 지방공무원법에서 정하고 있는 신용실추행위, 직무전념의무 위반, 상사 명령에 위반 등의 이유를 적용하였다.

고등학교 졸업식으로부터 보름 후에 진행된 초ㆍ중학교 졸업식에서는, 현교육위원회의 직접적인 관할 하에 있지 않은 곳도 있었기 때문에, '히노마루' 게양율은 51%, '기미가요' 실시 학교는 불과 3개교에 지나지 않았다.

그래서 현교육장은 현교육위 방침에 비판적인 혹은 회의적인 시정촌 교육위원회에 대해 "교육장의 지도조언을 존중하는 것은 당연하며, 통지의 취지에 맞지 않는 지도를 하는 것은 극히 부적절하다"는 고압적인 소견을 보내왔다.

나아가 현교육청은 '히노마루'를 게양하지 않았던 초·중학교 교장들을, 시정촌립학교 교직원의 복무감독권한을 가진 시정촌 교육위원회를 제쳐 두고 각지의 교육사무소(교육청의 출장소)로 직접 불러서, (어느 퇴직 교장의 이야기에 따르면) "전쟁 전의 특고(특별고등)경찰을 방불케 할" 정도로 사정청취를 하는 등 교장들에게 음험한 압력을 가했다.

이리하여 같은 해 입학식의 '히노마루' 게양율은 더 높아졌다. 현교육청에 따르면, '히노마루'를 게양한 학교는 초등학교 252개 중 177개교(70.2%), 중학교 156개 중 116개교(74.4%), 고등학생 68개 중 55개교(94.8%)였으며, '기미가요'를 실시한 학교는 초등학교 3개교, 중학교 3개교, 고등학교 4개교였다. 고등학교만을 보면, '히노마루' 게양은 숫자상으로 전국 평균을 앞질렀다.

2년이 못되어 전국 수준으로

초등학교에서 고등학교까지 대혼란을 일으켰던 1986년 졸업식으로부터 1년이 지난 1987년 2월, 현교육청은 ① 학교 행사를 학생들에게 맡기지 말 것, ② 학부모들과 논의하지 말 것, ③ 학교장은 소속 교직원의 복무에 관해 평소부터 충분히 지도할 것과 같은 내용의 통지를 보내 현립고등학교장과 시정촌 교육위원회를 압박했다.

1987년 3월의 졸업식에서 '히노마루'를 게양한 곳은 초등학교 254개 중 242개교(95.3%), 중학교 157개 중 152개교(96.8%), 고등학교 56개 중 53개교(94.6%), '기미가요' 테이프를 틀어 놓은 곳은 초등학교 10개교(3.9%), 중학교 9개교(5.7%), 고등학교 5개교(8.9%)였다. 초·중학교도 고등학교보다 1년 늦게 '히노마루' 게양율에 있어 전국 평균을 앞질렀다.

전후 일본이 40년에 걸쳐 만들어낸 상황을 오키나와의 지역 권력자들은 불과 2년도 안 되어 만들어냈던 것이다.

고등학교에서 '히노마루'를 게양하지 않았던 3개 중 2개교에서는 졸업 생이 '히노마루'를 게양한 식장으로 입장을 거부했기 때문에 교장이 '히노마루' 게양을 단념하였으며, 다른 한 곳에서는 무대 위의 '히노마루'를 학생이 빼버렸기 때문에 게양을 못한 것이었다. '히노마루' 제거 사건의 무대는 요미탄고등학교였다.

요미탄촌에서 불 태워진 '히노마루'

요미탄촌은 카이호우국체에서 소프트볼 경기장으로 예정되어 있었다. 마을은 마을의회 결의나 마을 주민 서명운동에 따라 '히노마루', '기미가요'가 없는 국체 실현을 목표로 하고 있었다.

10월에 들어 국체가 눈앞에 다가오면서 각 현 선수들도 속속 요미탄촌에 들어오기 시작했을 즈음, 히로세 마사루(広瀬勝) 일본 소프트볼 협의회 회장은 갑자기 '히노마루', '기미가요'가 없으면 소프트볼 경기장을 다른 시정촌 혹은 다른 현으로 옮긴다고 통고해왔다.

혼란과 긴장 속에서 논의한 결과, '기미가요' 없이 '히노마루' 게양이라는 하나씩 주고받는 식의 타협이 이루어졌다. 더구나 히로세 회장은 무슨 생각을 했는지 경기대회 전날 치비치리가마를 방문하였다. '히노마루', '기미가요'를 강요한 자가 치비치리가마에 왔다. 이것은 죽은 자에 대한 모독이 아닌가. 이에 유가족들은 분개하였고 그의 헌화는 거절되었다.

이러한 상황 속에서, 소프트볼 경기장 메인 폴에는 '히노마루'가 휘날렸다. 마을의 슈퍼마켓 경영자 치바나 쇼이치(知花昌一)는 '히노마루'를 끌어내려 불태워 버렸다. 그는 마을 소매상업협동조합 대표, 마을상공회

부회장임과 동시에 치비치리가마 평화의 상 건립위원회 사무국장, 평화를 위한 요미탄촌 실행위원회 대표이기도 했다. 그는 요미탄고등학교 사건 직후부터 "[졸업식이나 입학식에서 어린 학생들이 히노마루와 기미가요를 거부하면서 언론의 주목을 받게 되는 등] 학생들을 전면으로 내밀어버린 어른들의 책임"을 지적하고 있었다.

'히노마루' 소각 사건이 일어나자, 마치 그것을 기다리고 있었다는 듯이 촌장이나 촌직노(村職勞) 임원에 대한 협박전화, 마을 사무소에 폭탄을 설치했다는 전화가 걸려왔고, 이 때문에 마을 사무실의 직원들은 물론 근처 학교 학생이나 유치원생이 피난하는 등 소동이 잇달았다. 그것은 점차 치바나 쇼이치가 경영하는 슈퍼에 대한 방화나 한낮의 습격, 나아가 치비치리가마의 '세대를 잇는 평화의 상' 파괴로 증폭되었다. 그 뿐만이 아니었다. '히노마루' 소각 사건을 구실로, 보수 오키나와 현정은 요미탄촌 사립보육원에 대한 보조금 지급을 보류하겠다고 통고하는 등 기가 막힌 폭거까지 자행하였다.

이러한 일들은 12년 전, 즉 1975년 '히메유리 탑' 화염병 사건 때에는 전혀 볼 수 없었던 현상이다. 그때는 화염병을 투척한 실행 행위자의 부모 형제가 박해 당하는 일은 없었다. 불과 10년 사이에 히스테릭한 내셔널리즘이 오키나와 사회를 침식하고 있었던 것이다.

그럼에도 불구하고 치바나 쇼이치나 그의 가게는 '히노마루' 소각 자체에 반드시 찬성하지는 않는 사람들까지 포함한, 지역 민중들의 도움으로 일상적인 생활을 할 수 있었다. 그것은 어떤 의미에서는 오키나와의 역사를 살아온 사람들의 지혜였으며, 또 다른 의미에서는 ㄱ이 일상이 지역에 밀착되어 있었음을 나타내고 있다.

'강제사용 20년' 신청이라는 폭거(暴擧)

다음으로 미군용지 강제사용 문제를 살펴보도록 하자.

정부는 미군용지특조법 발동을 통해 1982년 5월 15일부터 1987년 5월 14일까지 반전지주들의 토지에 대한 5년 동안의 강제사용 권한을 얻었지만, 이미 1984년 11월에 이미 1987년 5월 15일 이후의 강제사용 수속에 착수하였다.

그리고 1985년 8월 5일, 나하방위시설국장은 오키나와현 수용위원회에 반전지주들의 토지를 1987년 5월 15일부터 2007년 5월 14일까지 강제사용하기 위한 재결신청을 하였다. 나하방위시설국은 임의의 임대차계약이라도 20년을 넘을 수 없다는 민법 제604조의 규정을 근거로 당사자들의 의사에 반한 20년 강제사용을 정당화하려 했다.

20년 강제사용의 직접적 목표는 두 가지였다. 첫 번째는 반전지주의 '말살'이다. 이미 서술하였듯이, 5년 동안의 강제사용에서조차 반전지주들은 경제적으로 큰 타격을 입었다. 그렇기 때문에 미군용지특조법의 적용에 의한 강제사용 이후, 계약지주로 전환한 사람들도 적지 않았다. 20년 강제사용이 실현되면, 반전지주들에게 지금까지보다 몇 배가 되는 경제적 타격을 줄 것이었다. 이는 생활인으로서 반전지주들에게 심각한 문제였다.

두 번째는 새로운 반전지주들의 출현을 막는 데 있었다. 민법 제604조에 의하면, 임의의 임대차계약이라도 그 존속기간은 20년을 넘지 못하기 때문에, 1992년에는 복귀 시점에 계약한 사람들의 계약갱신기가 다가오게 되어 있었다.[18] 복귀의 혼잡한 와중에 계약해버린 사람이나, 어떤 사

---

18 민법 제604조의 규정: 1895년 4월 27일에 법률 제89호로 제정되고 최종적으로 2006년 6월 21일에 법률 제78호로 개정된, 민법 제604조는 "임대차의 존속기간은 20년을 넘을 수 없다. 계약으로 이 보다 긴 기간을 정했을 경우에도, 그 기간은 20년으로 한다. 2. 임대차의 존속기간은 갱신할 수 있다. 단, 그 기간은 갱신한 때로부터

정이 있어서 본의 아니게 계약을 맺게 된 사람들 가운데, 반전지주 지원운동에 나서거나 여론의 고조에 따라 계약갱신을 거부하는 사람들이 나올 것으로 예상되었다. 반전지주들에 대한 본보기 조치는 그런 사람들에 대한 위협이기도 했다.

경찰도 개입한 공개심리

오키나와현 수용위원회가 사업시행자(나하방위시설국장), 토지소유자(반전지주) 양방으로부터 공개적으로 의견을 청취하는 제1회 공개심리가 1986년 2월 26일에 열렸다.

공개심리 회장에는 약 8000명이 참석하였다. 5년 전의 10배 이상이었다. 나하방위시설국은 직원을 대량 동원하여 숫자로 지주 측을 위압하려는 전술을 포기하지 않을 수 없었다. 반전지주들의 얼굴은 빛나고 있었다. 공개심리의 장은 마치 기지문제의 학습을 위한 거대한 교실인 듯했다. 나하방위시설국은 재결신청 이유의 진술 이외에는 방어적인 태도로 일관하였고, 수용위원회는 다음 해 5월에 다가올 계약기한 종료를 걱정하고 있었다. 수용위원회는 12월 12일 11회로 공개심리를 강제로 중단하고, 다음 해인 1987년 2월 24일에 [1987년 5월 15일부터] 1997년 5월 14일까지의 10년간 강제사용을 재결하였다.

재결서 내용은 거의 재결신청 이유의 복사본에 가까웠는데 사용기한에 관해서만, "장기간에 걸친 사용기간을 인정하는 것은 적정보상의 측면에서 보았을 때 곤란"하다는 이유를 들어, 10년으로 정하고 있었다. 하지만 20년이면 적정보상을 할 수 없는데, 10년이면 어떤 이유로 적정보

20년을 넘을 수 없다"고 규정하고 있다. 따라서 전후의 일본국헌법에 따르면, 오키나와가 일본에 복귀한 시점(1972년)에 군용지계약을 체결한 지주들은 1992년에 반드시 그 계약이 만료되며, 이를 근거로 계약을 끝내거나 계약을 갱신해야 한다.

상을 할 수 있다는 것인지 설명이 없었다.

(이에지마의 아하곤 쇼코(阿波根昌鴻)는 손실보상금의 일괄과세는 공평과세 원칙에 반한다고 하여 나고시 세무서에 이의를 신청하였지만 받아들여지지 않았다. 그래서 1991년 4월 중과세 취급소송을 나하지방법원에 제기하였다. 1994년 12월, 나하지방법원은 원고전면승소 판결을 내렸지만, 국가가 이에 불복하여 항소하였다. 1996년 10월, 후쿠오카(福岡) 고등법원 나하지부는 원고전면패소의 역전 판결을 내렸다.)

이번 공개심리에서 특히 눈에 띈 것은 경찰 권력의 개입이었다.

공개심리 회장의 주변에는 기동대가 모여 있었고, 신문기자를 자칭하면서 사진 촬영을 하고 있던 사복형사가 정체를 간파당한 것을 계기로 기동대가 회장에 난입하기도 했다. 12월 12일의 공개심리가 끝날 무렵, 다음 공개심리의 기일을 밝히지 않은 채 떠나려는 수용위원을 다그친 기보 사치오(宜保幸男) 위헌공투 의장이 사복형사에 의해 부상당하는 사건도 일어났다.

이 문제에 관해 오키나와현 의회에서 질문한 사회대중당 의원에게 수가누마(菅沼) 오키나와현 경찰본부장은 "질문하신 중에서 몇 번이나 '난입'이라는 말이 나오는데, 말의 진정한 뜻을 알고 있습니까"(오키나와타임즈, 1986년 12월 16일)라고 일축했다.

이런 고압적인 태도는, 질문의 핵심에 놓여 있던 사복형사의 폭행상해라는 약점을 얼버무리기 위한, 속보이는 엄포 전술이기도 했다(사실 현 의회 논의는 본부장의 고압적인 발언으로 쟁점이 집중되어 폭행상해 문제는 유야무야 되었다). 그런데 그 이상으로, 그런 고압적인 태도에는 오키나와 사회에 뿌리 깊은 반권력적 분위기(이는 때때로 반야마토적 심정에 연결된다)에 대한 짜증과 "무지한 시골 현 의회"를 교육하지 않으면 안된다는 [야마토에서 온 관료들의] 우월감이 담겨 있었다.

카데나기지 '인간띠잇기'로

하지만 반란은 뜻밖의 장소에서 일어났다.

1987년 1월 17일, 오키나와지마 북부 쿠니가미(国頭)촌 미군훈련장 내에 건설 중이던 수직이착륙전투기 해리어기의 이착륙장(Harrier Pad) 건설에 반대하는 마을 주민들이 훈련장 내로 진입하여 미 해병대와 충돌하고, 건설공사를 중지시킨 사건도 그 중의 하나이다.

보수적인 산촌 촌민들의 그러한 행동은 오키나와현 경찰 간부나 나하 방위시설국 등 정부 출장소 기관의 야마토 관료들의 질서감각으로 보면, 이해할 수 있는 범주를 벗어난 것이었다. 그런 부분에 오키나와의 섬뜩함(不氣味さ)이 있었고, 천황이 오키나와로 들어올 수 없었던 이유도 있었던 것이다.

그 후 10일 정도 지난 1월 28일, 이시가키지마 시라호(白保)에서 신 이시가키공항 건설을 위한 환경보족(補足)조사에 저항한 150여명의 지역 주민을 지휘ㆍ선동한 혐의로 무카에자토 기요시(迎里清) 신공항건설저지위원회 위원장과 이케미야기 토시오(池宮城紀夫) 변호사가 위력업무방해 혐의로 현행범으로 체포되었다. 이것은 해리어기 이착륙장 건설반대투쟁 같은 행동에 대한 무차별적인 탄압이었다.

그런데 여기에서 이야기를 20년 강제사용 반대투쟁으로 되돌려 보자. 공개심리를 중심으로 한 이 투쟁은 위헌공투 같은 단체공투 조직과 한평 반전지주회 같이 개인들이 참여하는 시민ㆍ주민운동 조직이 상호 보완적인 형태로 하나의 투쟁을 만들어낸 첫 번째 예가 되었다. CTS반대투쟁에서는 단체공투 조직과 주민운동이 분리ㆍ대립 경향에 있었지만, 그러한 상황이 실천적인 운동 과정에서 겨우 극복된 것이다.

이러한 투쟁의 연장선상에 1987년 6월 21일의 카데나기지 포위 대행동이 있었다. 호우 속에서 약 2만 5000명이 카데나기지에 모여, 주위

최초로 실시된 카데나기지 포위 인간띠잇기 대회(1987년 6월 21일)
사진 제공: 류큐신보사

17.5km인 카데나기지를 '인간 띠'로 완전히 포위한 이 행동은, 대부분
이 중부지구 노조에 소속된 중부지역 활동가들에 의해 이미 2~3년 전부
터 제안되어 있었다. 이를 현노협이 흡수하여 발기인을 모으고, 발기인
이 대표위원이 되어 실행위원을 조직하고 실시주체가 되는 형태로 진행
되었다. 발기인(대표위원)은 나하시장을 비롯한 혁신 시정촌장, 현노협
의장 등 노조대표, 반전지주회, 한평반전지주회, 인권협회 등 반전·평
화·민주단체의 대표나 개인이었다. '6.21행동'은 전후 40년 혹은 복귀
후 15년 동안의 [기지와의 공존이나 일본 본토로부터의 구조적인 차별
에 대한] 여러 가지 생각을 가지고 행동에 나선 민중들의 지지로 실현되
었다.

4장

걸프전쟁에서 안보 재정의로

공개된 평화의 초석(1995년 6월 23일)

'위령의 날' 휴일 폐지 반대운동

1989년부터 1990년에 걸쳐 오키나와에서는 '위령의 날' 휴일 폐지 반대운동이라는 '기묘한' 섬 전체 운동이 전개되고 있었다. 기묘하다는 것은 이 운동이 반전단체부터 유가족연합회까지 망라한 폭넓은 운동이었음에도 불구하고, 노동단체 주류는 이에 소극적이었기 때문이다.

오키나와에서는 매년 6월 23일이 오키나와전 희생자들의 혼을 달래는 '위령의 날'로 정해져 있다. '위령의 날'은 '주민의 축제일에 관한 입법'에 의해, 복귀 전에 이미 정해졌었다. 하지만 일본 복귀와 동시에 일본국 헌법과 법률이 오키나와에도 적용되었고, 그 이전에 만들어진 오키나와의 독자적인 입법은 모두 소멸되었다. 류큐 정부 직원은 국가공무원과 지방공무원(오키나와현 직원)으로 나뉘어졌다. 현 직원에 관해 '오키나와현 직원의 근무시간, 휴일 및 휴가 등에 관한 조례'가 제정되었는데, [이 조례에서 지정한] 휴일 가운데 '위령의 날'이 명기되어 있었다. 시정촌의 직원들에 관해서도 마찬가지였다.

그런데 1988년 12월 관공청의 격주 토요일(2년 후부터 전 토요일) 휴일제를 실시한다는 명목으로 지방자치법이 개정되었고, 이때 '제4조 2(휴일)'라는 조항이 추가되었다. 조례에 따라 이 조항이 열거하는 날을 지방공공단체의 휴일로 정하게 된 것이다. 바꾸어 말하자면, 도도부현이나 시정촌 등이 독자적으로 휴일을 정하지 못하게 된 것이다. 당연히 '위령의 날'도 휴일로 지정하지 못하게 되었다. 이것이 문제의 발단이었다.

이 문제는 1989년 3월 오키나와현 의회에서 오키나와현이 휴일조례의 상정을 준비하는 단계에서 겨우 표면화되었다. 오키나와전이라는 오키나와의 독자적인 역사적 체험에 근거한 '위령의 날' 휴일을 없애는 일은 전쟁체험의 풍화와 독자적인 역사적 체험의 말살로 이어진다고 하여 여기저기에서 반대의 목소리가 터져나왔다. 한평반전지주회, 기독교 단체,

1피트운동모임(오키나와전 기록필름 1피트운동모임)이나 그 지지자들이 반대운동의 중심이었다.

한평반전지주회는 반전지주를 지원하고 미군용지 강제사용에 반대하는 것을 운동의 제일 과제로 삼고 있었지만, 현실의 반기지투쟁과 오키나와의 역사적 체험으로서의 오키나와전을 어떤 식으로 결합시킬 것인가를 늘 실천적 과제로 삼고 있었다. 한평반전지주회가 1984년 4월부터 8월까지 22회에 걸쳐 '오키나와전 유적지·기지 안내인 양성강좌'를 열었던 것이나 같은 해 6월 23일에 제1회 '국제 반전 오키나와 집회'를 연 것도 그 일환이었다.

'오키나와전 유적지·기지 안내인 양성강좌'는 현장학습 등을 통해서 오키나와전이나 기지의 실태를 될 수 있는 한 정확히 알고, 오키나와와 교류하기 위해 오는 사람들에게도 이를 현실감 있게 전하자는 취지에서 시작되었다. 이 취지는 그 후에 오키나와 평화네트워크라는 자원봉사 그룹에게도 이어졌다.

'국제 반전 오키나와집회'는 보수 현정 아래에서 '6·23 오키나와전 전전몰자 추도식'이 순국영령 찬미를 강화해가던 경향에 대한 위기감을 배경으로 하고 있었다. '혼백(魂魄)탑' 앞에서 열리는 이 집회는, 그 후 한평반전지주회의 틀을 넘어선 실행위원회 형태로 매년 이어져 왔다.

1피트운동모임은 1983년 12월 8일(태평양전쟁 개전일)에 결성되었다. 모금을 통해 미군측이 오키나와전 당시에 촬영한 필름을 일 피트씩 사들이고, 이를 재구성하여 오키나와전의 실상을 아이들에게 전할 단서를 만들자는 것이 1피트운동모임의 목적이었다.

1피트운동이나 한평반전지주, 야스쿠니 문제로 활동하는 기독교도들이 '위령의 날' 휴일 폐지 반대의 소리를 낸 것은 당연한 일이지만, 이와 전혀 다른 곳에서 휴일 폐지 반대를 주장한 단체가 있었다. 그것은 오키

나와현 유가족연합회였다. 현 유가족연합회는 일본 정부가 원호사무를 개시할 즈음에 결성되어, 1954년 10월에 일본유가족회의 지부로 자리매 김 되었다. 따라서 타테마에(建て前)로서는 일본유가족회와 같은 방침, 예를 들어 '야스쿠니 신사의 국영화'나 '야스쿠니 공식참배 실행'도 내걸 고 있었지만, 과거에는 [급진적인 성격을 띠고 있던] 복귀협의 가맹단체 이기도 하였으며 일본유가족회와 그 실태가 반드시 같지는 않았다. 복귀 후 유가족연합회도 완전히 본토화된 것처럼 보였지만, 오키나와전 '위령 의 날' 휴일 폐지라는, 마치 그 존립의 시원과 관련된 문제에 직면했을 때 독자적인 목소리를 내게 된 것이다.

조례안 폐지 후, 가이후(海部) 발언으로 타결

1989년 6월 오키나와현 의회에 휴일조례안이 제출되었지만, 반대 여 론이 고조되는 가운데 현의회의 각파는 꼼짝도 할 수 없는 상황에 처해 있었다. 특히 현의회의 과반수를 차지하고 있던 자민당은 우파의 지지기 반이라고 할 수 있는 유가족연합회의 반대에 당황하고 있었다. 결국, 조 례안은 1990년 3월 의회에서 여야당 전원일치 합의에 의해 폐안되었다. 미해결로 보류된 '위령의 날' 휴일 폐지문제는 1990년 6월 23일의 '위령 의 날'에 '오키나와전 전 전몰자 추도식'에 출석한 가이후 도시키(海部俊 樹) 수상이 지역적 특성을 고려해야 한다고 발언함으로써 일거에 해결되 었다.

1991년 3월 지방자치법이 재개정되어, '제4조 2'에는 다음의 문언이 추가되었다.

③ 전항 각호에서 내세우는 날 이외에, 해당 지방공공단체에게 특별한 역사적 · 사회적 의의를 가지며 주민 모두가 기념하는 것이 정착되어 있

는 날로, 해당 지방공공단체의 휴일로 하는 것에 관해 널리 국민의 이해를 얻을 수 있는 것은, 제1항의 지방공공단체의 휴일로서 정할 수 있다.(이하 생략)

7·30 때와 시대 분위기는 미묘하게 변화되고 있었던 것이다.

'재계약 거부 지주'를 대상으로 착수된 강제사용 수속

가이후 수상이 '위령의 날' 식전에 참여한 3일 후인 1990년 6월 26일 미군은 복귀 후 100번째의 '현도 104호선 넘어 실탄포격훈련'을 하였고, 나하방위시설국은 미군용지특조법에 의한 3번째 강제사용 수속에 착수하였다.

이미 서술하였듯이, 민법상의 규정(148쪽 참조)에 의해 정부는 복귀시에 임대차계약을 맺은 군용지주와 1992년 5월에 계약 갱신을 해야만 했다. 나하방위시설국은 재계약지주에게는 협력사례금을 지불한다는 방침을 밝히고 토지련의 협력을 얻어 재계약 예약을 받기 시작했다. 하지만 약 100명이 이 예약에 응하지 않았기 때문에, 이들 지주를 대상으로 3번째 강제사용수속을 시작한 것이다.

재계약의 예약을 거부한 사람들 중에는 도시형 전투훈련시설 건설저지투쟁 과정에서 계약지주에서 계약거부지주로 전환한 사람들이 있었다. 미군은 1988년경부터 캠프 한센(Camp Hansen) 내에 훈련시설을 건설하기 시작했지만, 온나촌(恩納村)과 기노자촌(宜野座村)에서 격렬한 반대운동이 일어나 건설자재 반입을 저지하려는 주민과 기동대가 충돌하는 사태에까지 이르렀다. 두 마을은 보수색이 짙어서 기지에 대한 거부반응도 그다지 강하지 않았던 지역이었음에도 불구하고 예상 밖의 격렬한 반대운동이 벌어졌다는 점에서, 1987년 쿠니가미촌(国頭村) 해리어기 이착륙장 건설반대투쟁과 유사했다.

이러한 가운데 진행된 1990년 11월의 오키나와현 지사선거에서 사대당·사회당·공산당의 추천과 공명당의 지지를 얻은 오타 마사히데(大田昌秀)가 자민당·민사당 연합의 니시메 준치의 4선을 막고 당선되었다. 그러나 반안보·반기지·반자위대라는 혁신적인 슬로건을 내걸고 당선한 오타 지사도 지사 선거 후의 첫 번째 정례 현의회에서는 이들 문제에 관해 아직 답변이 정해지지 않았다고 밝혔다. 신문에서는 "야당과 자민당 내부에서는 '어딘가 이쪽과 입장이 가깝지 않은가. 다음은 자·공·민으로 추대하면 어떨까'하는 야유가 나올 정도"(류큐신보, 1990년 12월 24일)라고 보도했다.

오타 지사 당선으로부터 10일 후, 나하방위시설국은 현수용위원회에 대해 재계약 예약을 거부한 지주, 즉 새로운 반전지주 약 70명과 한평반전지주 약 500명의 토지에 대하여 10년 동안의 강제사용 재결신청을 하였다. '10년 동안'의 근거는 전회(1987년)의 수용위원회가 10년 강제사용을 인정했던 전례에 있었다. 한평반전지주회는 새로운 계약거부지주 중 한 명에게서 후텐마(普天間)기지의 일부 토지를 양도 받아 약 500명의 공동소유로 하였고 새로운 반전지주 약 70명이 이러한 전열에 가세하였다.

걸프전쟁에서 부각된 오키나와전의 체험

그런 와중에도 전쟁의 발소리는 시시각각 다가오고 있었다.

1990년 11월 29일, 유엔 안전보장이사회가 쿠웨이트에 침공한 이라크에게 쿠웨이트에서 철군할 것을 요구하고 소련의 찬성과 중국의 기권으로 이른바 무력행사 용인 결의를 채택한 것은 동서대립을 기축으로 한 전후 세계질서의 붕괴를 의미하였다. 얼마 후, 그것은 평화나 평등의 추구를 지상 가치로 하는 전후 일본의 사상이나 이념의 붕괴로 이어졌다. 12월 말에는 오키나와에서도 미 해병대가 대거 사우디아라비아로 파병되었다. 다음 해인 1991년 1월 17일 미국을 중심으로 한 다국적군이 이라크에 대한 맹공격을 개시하였다.

오키나와에서 재빨리 이 전쟁에 반대하는 구체적 행동을 취한 것은, 1월 23일부터 24일 양일간 '걸프전쟁'에 반대하는 24시간 단식투쟁을 한 이시가키지마 주민들이었다. 그 후 '전쟁으로의 길을 용인하지 않은 여성들의 연락회'나 시민연락회(걸프전쟁에 반대하는 시민·주민 연락회)도 행동을 개시하였다. 시민연락회는 1피트 운동모임, 반전지주회, 한평 반전지주회, 기독교단체 등 주로 "6·23 위령의 날' 휴일 폐지에 반대하고 존속을 호소하는 모임'에 참여한 시민·주민운동이 중심이었지만, 여기에는 히메유리 동창회나 현모련(오키나와현 모자·과부 복지연합회) 등도 참여하고 있었다. 현모련은 전쟁미망인 구제조직으로 발족된 단체였다. 하지만 시민연락회에 노조 등은 참여하지 않았다.

걸프전쟁은 지상전의 체험을 가지고 있는 오키나와 민중들에게 큰 충격을 주었다. 대중운동에는 전혀 관여한 적이 없는 히메유리 동창회나 현모련이 시민연락회에 들어간 것도 그러한 충격의 결과 중 하나일 것이다. 하지만 오키나와 전체적으로 보면, 걸프전쟁 반대의 기운이 고조된 것은 결코 아니었다.

많은 민중들은 미국에 의한 '정의의' 전쟁에 대해 수상함을 느끼면서도 [반전의 입장을 적극적으로 밝히지 못한 채] 망설이고 있었다. 아랍 여러 나라의 내부적 대립을 이용해 온 미국이 자신의 정치적·경제적 이익에 들어맞는 신질서를 세우기 위해 유엔을 이용하여 시작한 전쟁이 바로 걸프전쟁이라는 인식은 희박했다. 오히려 '중동의 히틀러 사담 후세인의 쿠웨이트 침입에 의해 시작된 전쟁'으로 인식되는 경향이 컸다. 전쟁개시 후 정보 조작에 따른 일방적 보도가 더욱 더 이러한 경향을 조장하였다. 오키나와전을 체험했다고 해도, 그 자체로 보편적인 전쟁 부정의 사상을 확립하고 있지는 못했던 것이다. 또한 전후의 평화교육은 전쟁의 계략을 통찰하는 안목을 키우지 못하고 있었다.

물론 이러한 사정이 오키나와에 한정된 것은 아니었다. 걸프전쟁은 전후 일본의 전쟁관, 평화관을 크게 바꾸어 놓았다. 걸프전쟁 전에는 성립되지 못했던 유엔평화협력법이 걸프전쟁 후에 PKO협력법으로 성립된 것(1992년 6월 15일)도 그 예 중의 하나이다.

공고 · 종람대행과 군전법(軍轉法)

걸프전쟁이 한창이던 1991년 2월 12일, 나하방위시설국장은 오타 지사에게 공고 · 종람대행 신청서를 제출하였다.

보수현정 시대에는 지사가 대리서명이나 공고 · 종람대행에 즉시 응했었기 때문에 그것이 정치문제화 될 일이 없었지만, 오타 지사는 기지철거 · 미군용지 강제사용반대를 들고 나와 당선되었기 때문에 그렇게 쉽게 공고 · 종람대행에 응할 수 없었다. 공고 · 종람대행은 지사가 기지문제에 관해 구체적인 판단을 해야 하는 시험대가 되었다.

당초에는 지사의 거부 의향이 강하다고 전해졌지만, 정부는 공고 · 종람의 대행문제를 제3차 오키나와 진흥개발계획과 연계시키면서 지사에게 압력을 가했다. 또한 정부는 야마자키 다쿠(山崎拓) 전 방위청장관을 통해 군용지반환 예고기간이나 군용지를 반환받은 지주에 대한 보상을 검토한다는 교환조건도 제시하였다. 결국 지사는 기지의 계획적 반환이나 반환지 이용에 관해 새로운 입법화를 포함한 제도적 조치를 강구하겠다는 방위시설청의 장밋빛 약속을 일보전신이라고 간주하여, 공고 · 종람을 대행하였다. 적어도 결과적으로 보자면, 지사는 공고 · 종람대행을 군전법 제정 문제와의 거래 재료로 삼았던 것이다. 하지만 이 장미빛 약속도 실제로는 공수표에 불과하여, 호주야마(宝珠山) 발언(175~182쪽)

때까지 이행되지 않은 채 방치되었다.

군전법 제정은 제2장에서도 언급했듯이, 1970년대 중반에 타이라 현정이 제기한 문제였지만 당시 일본 정부가 이를 일축해 버렸었다. 그 후 몇 번이나 의원입법의 형태로 국회에 상정되었지만, 심의가 완료되지 않은 채 묻히고 잊혀졌던 것이다. 하지만 1980년대 말부터의 세계정세 변화는 기지가 반영구적 존재라는 신화를 붕괴시켰고, 토지련 등도 군용지료 증액과 동시에 반환군용지의 이용에 강한 관심을 보이기 시작했다. 이런 시기에 등장한 오타 현정이 군전법 제정을 가장 중요한 과제로 삼은 것은 지극히 당연한 일이었다.

하지만 그렇다고 해도 공고 · 종람을 그 거래 수단으로 삼은 것은 계약거부 지주들의 평화 의사를 부정하는 것임에 틀림이 없었다. 지사가 마음만 먹으면 [계약거부 지주들의 토지가 아니라] 군용지로 사용되고 있는 현유지(県有地)의 계약을 거부하는 등, 정부와의 흥정 재료는 분명히 따로 있었을 것이기 때문이다. 오타 지사는 대행거부를 요구하면서 지사와 면회한 계약거부지주들에게 "토지련 가맹 지주는 몇 명인가? 반전지주회 회원은 몇 명인가? 행정[을 책임지고 있는 입장]으로서는 민주주의를 중요하게 여기며 판단하고 싶다"(오키나와타임즈, 1991년 6월 3일)고 발언하여 계약거부 지주들에게 큰 충격을 주웠다. 지사의 민주주의는 다수파의 존중이라는 것에 지나지 않았다.

공개심리에서 밝혀진 미일안보의 변질

하여간 지사의 공고 · 종람대행으로 인해 미군용지 강제사용 문제의 초점은 공개심리로 옮겨 갔다. 공개심리에서 첫 번째로 주목된 것은 '재결신청 이유' 가운데 밝혀진 미일안보체제의 성격이다. '재결신청 이유'에서는 다음과 같이 언급되었다.

미일안보체제는 우리나라를 포함한 아시아·태평양의 평화와 안전에 있어서 불가결한 틀로서 기능해 왔고 또한 주류군은 미일안보조약에 근거하여 우리나라의 안전에 기여하고 아울러 국제 평화 및 안전 유지에 기여하기 위해서 우리나라에 주류하고 있는 것이며, 그러한 목적을 가지는 주류군의 주류는 우리나라의 생존과 안전 유지라는 국익을 확보하는데 중요하며, 고도의 공공성을 가지는 것이다. 그리고 주류군의 주류는 앞으로 상당히 장기간에 걸칠 것으로 보이며, 그 활동의 기반인 시설·구역도 앞으로 상당 기간 사용할 것으로 보여 그의 안정적 사용을 도모할 필요가 있다.(강조는 인용자)

토지의 강제사용이나 수용은 재산권을 보장하는 일본국 헌법 제29조의 예외조치로서, 공공복지가 우선되는 경우에 한해 허용된다. 정부는 지금까지 미일안보조약을 이 '공공성'의 근거로 삼아왔다. 1985년에 20년 강제사용 재결신청 시에도 인용문 2번째 줄의 "주류군은…" 이하 부분을 거의 그대로 사용하면서 미군용지의 '고도의 공공성'을 강조했었다. 그리고 그 문언은 기본적으로 안보조약 제6조의 전단(前段)을 그대로 인용하고 있었다.

그런데 1991년의 경우에 지난 번 신청이유에서는 볼 수 없었던, 굵은 글씨 부분의 문언이 우선 첫 부분에 들어갔다. '아시아·태평양의 평화와 안전의 틀로서의 미일안보'라는 사고방식은 1995년부터 1996년에 걸쳐 이른바 '미일안보 재정의'에 관한 논의 과정에서 나온 것처럼 생각되고 있지만, 실은 1991년 미군용지 강제사용 '재결신청 이유' 중에 이미 확실하게 나타나고 있었다.

미국의 새성석자에 기인하는 재외기지 삭감계획의 일환으로서 주오키나와 해병대의 5000명 삭감이라는 발표(1990년 6월) 등도 있었기 때문에, 동서대립의 해소와 냉전구조의 종언이라는 세계정세의 변화는 오키나와에서 한편으로는 희망을, 다른 한편으로는 불안함과 동요를 일으켰다. 토지련이 군전법에 관심을 보이기 시작한 것은 후자의 예이다.

역으로, 한편에서는 동서냉전의 해소와 더불어 오키나와의 기지가 자연스럽게 없어지게 될 것이라는 낙관적 견해도 나오기 시작했다. 기지를 없애려는 노력은 차치하고, 군사적으로 '태평양의 요석(Keystone)'이었던 오키나와를 국제교류의 거점으로 발전시키려는 꿈을 말하는 경제학자나 경제인들도 나오기 시작했다.

하지만 실제로는 "세계는 군축·평화를 향해 가는데 왜 오키나와만이 기지의 중압을 [져야하는가]"라는 탄원을 외면하면서, 1980년대 말 이후에도 주오키나와 미군기지는 오히려 강화되어 갔다. 수직이착륙기인 해리어 훈련기지의 건설 강행(쿠니가미촌에서 이에지마로 장소를 옮겼다), 도시형 전투훈련시설의 건설 강행(온나촌의 주민거주지역에 인접한 시설은 1992년 복귀기념식장에 출석한 퀘일(Dan Quayle) 부통령의 방문 선물로 철거되었지만), 필리핀의 클라크기지의 폐쇄에 따른 항공부대의 카데나 이주(일시 이주라고 하면서 그대로 눌러앉았다) 등 예를 들자면 끝이 없다. 훈련 강화에 따른 유탄사고 등도 빈발하였다.

이러한 기지 강화나 훈련 강화가 모두 대소전략에 관련된 것은 아니었다. 이른바 병든 북반구[의 선진]세계가 남반구[의 후진]세계를 관리·억압하기 위한 군사거점의 정비라고 할 수 있는 것들이었다.

그리고 현실에서는 "아시아·태평양의 평화와 안전의 틀"은 커녕, 1990년 말에는 걸프전쟁에 참전하는 미 해병대가 대거 오키나와에서 사우디아라비아로 공수되었다. '극동의 범위'는 '아시아·태평양'에서 '세계'로 확대되어 가고 있었다.

나하방위시설국이나 현수용위원회는 공개심리를 형식적인 세레머니에 불과하다고 생각하고 있었다. 그러나 공개심리 자리에서는 [한평반전지주회를 비롯한 반기지운동에 의해] 안보논의뿐만 아니라 수속상의 중

대한 하자까지 폭로되기에 이르렀고, 그것이 실질심리의 장으로 전화되면서 수용위원회의 생각대로 진행되지 않았다.

초조해진 현수용위원회는 1992년 1월 30일, 갑자기 위원회를 열어 2월 6일로 예정되어 있던 다음 심리 일정을 취소하면서 공개심리를 중단하기로 하고, 2월 12일에는 5년 동안의 강제사용이라는 재결을 내렸다. 10년 신청을 5년으로 한 것은 "장기간에 걸친 사용을 인정하는 것은 적정보상 면에서 곤란하다"는 이유에서였다. 5년 전과 똑같은 이유로, 왜 1987년에는 10년이 타당했으며 1992년에는 5년이 타당한지에 대한 설명이 일절 없었다.

같은 시기, 오키나와에서는 전쟁말라리아의 보상 문제가 화제가 되고 있었다. 전쟁말라리아란 전쟁 중 일본군의 직접적·간접적인 명령과 지시에 따라 말라리아 지대로 소개(疎開)한 많은 사람들이 희생된 것을 가리킨다. 직접적인 지상전투가 일어나지 않았던 야에야마 제도 등에서도 말라리아에 의한 희생자는 수천 명에 달했다.[1] 복귀 후 20년이 지나도 전쟁 희생자의 보상 문제가 차례로 발생하는 데에서, 오키나와전이 오키나와 사회에 끼친 다양한 상처의 심각성을 엿볼 수 있다. 하지만 여기에서도 문제 처리의 방향은 원호법의 적용을 요구하는 것일 뿐, 공습 희생자를 포함한 '전시재해원호법' 제정 문제나 대만인·조선인 출신의 전(前)일본군인이나 아시아인 '위안부'에 대한 보상 문제 등과 공통의 입장에서, 국가의 전쟁책임·전후책임을 추궁한다는 문제의식은 찾아 볼 수 없었다. 결국, 이 문제는 개인보상은 인정하지 않되 희생자의 추도와 기념

---

1 전쟁말라리아로 희생이 컸던 지역은 오키나와 제도의 오키나와섬 북부 지역, 야에야마 제도의 이리오모테지마(西表島)와 이시가키지마, 미야코 제도의 미야코지마(宮古島) 등이었다. 이 지역에서 피해가 컸던 것은 일본군의 소개 명령과 전쟁 중 피난행렬이 이어지면서 주변의 작은 섬들에서 많은 사람들이 모여들었기 때문이다. 높은 인구밀도와 의약품의 부족 등으로 인해 야에야마에서만 약 3600여명이 사망했다고 한다.

행사에 일정한 국비를 지출하는 것으로 해결하기로 했다.

슈리성(首里城)의 복원

그런데 미군용지 강제사용수속의 갱신이 끝나자, 복귀 후 오키나와에서 5년 주기의 고비인 5월 15일이 다가왔다. 수속이 끝나지 않은 채 5월 15일이 다가와서 대소동이 일어났던 사례가 1977년의 '안보에 바람구멍을 뚫은 나흘간'이었다. 복귀 15주년이었던 1987년에도 카이호우국체를 계기로 [본토와의 일체화 움직임에] 복종하지 않는 민중들을 힘으로 억누르려는 오키나와 평정(平定)작전이 전개되었고, 이에 영합한 사대주의적 조류와 소수파의 반란으로 떠들썩했었다.

이에 비하면 복귀 20주년은 조용했다. 오키나와 사회는 일본국가 안으로 완전히 정착한 것처럼 보였다. 복귀 20주년이 역사적으로 큰 고비였기 때문인지 몰라도 정부와 현은 대규모의 기념식을 개최하였다. 오키나와 민중들은 그러한 기념행사에는 거의 관심을 보이지 않았다. 하지만 복귀 20주년 기념사업으로서 진행된 슈리성의 복원에는 열렬한 기대와 관심을 보였다. 1992년이 밝아 온 뒤부터 신문지면에 슈리성 복원에 관한 기사가 나오지 않은 날이 거의 없었다고 해도 과언이 아닐 것이다.

슈리성은 15세기 전반, 일본이라는 국가와는 별도로 독자적으로 형성된 국가인 류큐왕국의 왕궁으로서, 전쟁 전에 일본의 국보지정을 받은 상태였다. 오키나와전 당시에 일본군은 이 슈리성의 지하에 요새를 만들고, 이곳을 사령부로 삼아 미군을 요격하였다. 그리하여 슈리성은 완전히 소멸되었고, 전쟁이 끝난 뒤에 그 자리에 미군 지령으로 류큐대학이 설립되었다.

슈리성 복원은 오키나와에 있어서 어떠한 의미를 가지는가. "오키나와 그대로의 역사, 문화의 재확인 작업임과 동시에 오키나와의 내일을 개

1992년 11월에 복원된 슈리성의 모습

척하는 '자신'과 '자랑'의 창조 작업"이라고 류큐신보(1992년 4월 15일)
는 전했다. 그것은 아마도 많은 민중들에게 공통되는 심정이었을 것이
다. 전쟁 전에도 가난한 변경(邊境)이었던 오키나와의 지식인에게 있어
서 "가고시마(鹿児島)에는 몇 개 없는 국보가 오키나와에는 20개 이상이
나 있다"는 것은 자랑거리이자 마음의 위안이기도 했다.

초토화된 가운데 점령 미군에게 미개민족으로 취급당하면서 전후의
발걸음을 내딛기 시작했을 때, 일부 지식인들이 여러 문화재의 단편을
와력(瓦礫, 기와더미)들 속에서 수집하거나 재구성하려 시도했던 것도
마음의 안식처를 찾으려는 움직임의 하나였다. 그것이 당초에는 일본인
으로서의 정체성을 확인하는 작업이라는 의미를 가지면서 일본 복귀운
동을 뒤받침 하기도 했지만, 복귀 후에는 야마토 문화와 이질적인 오키
나와 문화의 독자성을 주장하기 위한 논거로 전화·발전되어 갔다.

사람들의 이러한 심정을 기반으로 하여 슈리성 복원운동은 복귀 전
부터 꾸준히 지속되었지만, 꿈에 가까웠던 슈리성 복원이 현실성을 띠
게 된 것은 공간이 협소해 진 류큐대학의 이전 계획이 구체화될 무렵이

었다. 1984년 자민당의 '오키나와전재(戰災) 문화재 부흥에 관한 소위원회'가 국영공원 정비의 일환으로 슈리성의 복원을 복귀 20주년 기념사업으로 추진한다는 구상을 발표하고, 이에 호응하여 오키나와현이 '슈리성공원 기본계획'을 책정함으로써 복원계획의 골격이 나오게 되었다.

복귀 20주년. 슈리성 복원은 과거에 아시아 전역에 걸쳐 활약한 류큐인의 활약을 상기시키면서 오키나와인의 무한한 로망을 자극하였다. 하지만 슈리성은 '국영'공원으로 복원된 것일 뿐이었다. 일본이라는 국가는 오키나와의 이질적이며 독자적인 문화를 그 내부로 천천히 포섭하려고 시도했던 것인지도 모른다. 하지만 그러한 포섭이 오키나와의 독자성을 통째로 허용하는 것은 아니었다. 독자적인 역사적 체험에 근거하여 형성된 '히노마루', '기미가요', '천황제'에 대한 민중의 감정 또한 오키나와의 독자성이었기 때문이다.

1993년 1월부터 6개월 동안, NHK는 복원된 슈리성을 하나의 무대로 하여 17세기 류큐를 주제로 한 대하드라마 '류큐의 바람'을 방영하였다. 이 무렵 야마토에서는 우치나구치(오키나와어)의 연극이나 시마우타(오키나와의 노래)가 호평을 얻고 있었다. 복귀 20주년은 전례 없는 오키나와 붐 속에서 찾아 왔다. 하지만 그것이 가진 의미는 참으로 복잡했다.

'PKO 훈련시설을 오키나와로'의 충격

일본 정부나 오키나와현이 복귀 20주년의 축하 무드를 조성하려 할 무렵, 오키나와 민중들에게 충격적인 일이 일어났다. 아카시 야스시(明石康) UNTAC(유엔 캄보디아 잠정행정기구) 사무총장 특별대표가 "오키나와에 PKO요원의 훈련시설이나 물자집적소를"이라는 발언을 하였다.

오키나와 측의 반발에 놀란 아카시 야스시는 "오키나와가 일본 중에서 아시아에 가장 가까워 오키나와 사람들도 기뻐할 줄 알았다"(오키나와타임즈, 1992년 5월 15일)고 말하였다.

이 무렵 PKO법안 심의는 막판에 이르고 있었다. 오키나와에서는 '걸프전쟁에 반대하는 시민·주민연락회'가 1991년 12월 'PKO법안에 반대하는 시민연락회'로 바뀌었다(이 모임은 그 후 '자위대 해외파병에 반대하는 시민연락회' 등 그때그때의 정치과제에 따라 명칭을 바꿔서 활동하다가 1999년 8월 '오키나와 평화시민연락회'라는 상시 조직이 되었다. 249쪽 참조).

국회의 PKO논의는 '국제공헌'이나 '유엔에 의한 평화유지활동'이라는 추상적인 말과 지엽말단적인 절차론을 중심으로 전개되었을 뿐, 그 속에 오키나와에 관한 구체적인 언급이 있었던 것은 아니었다. 그러나 자위대의 해외파병이 인정되면, 오키나와의 지리적 위치나 군사적 기능의 집적 상황으로 봤을 때, 오키나와가 중요한 출동거점의 하나가 될 것은 자명한 일이었다. 그러한 의미에서 아카시의 발언은 매우 '솔직한 발언'이었다고 할 수 있다.

PKO협력법은 6월 15일에 성립하였다. 9월 23일, PKO 제1차 선견대 요원은 아이치현(愛知県)의 고마키(小牧)기지를 출발, 자위대 나하기지 내에서 일부러 1박을 한 뒤 캄보디아로 향했다.

비자민 연립정권과 오키나와

오키나와 사회가 일본국가 안으로 완전히 정착된 것처럼 보였을 무렵, 중앙정계는 혼미를 거듭하고 있었다.

중앙정계의 혼미는 55년 체제의 붕괴 혹은 해체를 구호로 하여 시작되었다. 여기에서 55년 체제란 "동서냉전에 대응하는 국내 정치적 틀"을 말한다. 즉 친미·반공·안보를 견지하는 자민당과 비무장·중립·반안보를 지향하는 사회당의 대항관계가 그것이다. 물론 자민당은 자본주의체제의 호지(護持)를, 사회당은 이름 그대로 사회주의를 지향하고 있었다.

하지만 동서냉전은 동구 진영의 패배로 끝났다. 그리고 역사는 승자에 의해 쓰여지기 마련이다. 기성 사회주의체제의 모순은 사회주의의 본질적 결함으로서 이야기되었으며, 언론이 이러한 무드를 증폭시켰다. 사회주의 중국도 사회주의 시장경제라는, 그 자체로 형용모순을 포함한 말로 자기 체제를 표현하였고 인민은 배금주의의 조류에 휩쓸리기 직전이었다.

전후의 군비확장 경쟁이 이른바 사회주의 진영을 압박하는 수단으로 늘 미국에 의해 주도되어 왔다는 점이나, [그러한 봉쇄와 압박이] 러시아 혁명에 대한 열강들의 군사간섭 이래로 제국주의 국가들이 취해 온 전통적인 정책들과 연장선상에 있었다는 점도 쉽게 망각되어 버렸다.

냉전 후의 국지적인 분쟁들은, [냉전체제 또는 얄타체제 하에서 세계를 분할하여 관리해 온 미국과 소련] 2대 초강대국의 규제가 미치지 않게 되자 지역적·민족적 이해가 분출하고 충돌하면서 시작되었다고 이해되었다. 걸프전쟁도 보스니아–헤르체고비나의 비참한 사태[2]도 구미의 여러 나라들이 그의 경제적 혹은 정치적 이익을 추구하기 위해 행했던 여러 간섭에 의해 유발·확대된 것이라는 점은 완전히 간과되었다.

이러한 상황을 배경으로 자민당 다케시타(竹下)파 내의 주도권 경쟁에서 패배한 오자와 이치로(小沢一郎) 그룹은 55년 체제 타파를 슬로건으

---

2 코소보내전 또는 보스니아내전: 구유고연방이 해체될 무렵인 1992년 3월 3일 보스니아–헤르체고비나는 국민투표를 통해 독립을 선포하지만, 다음날 세르비아인들이 분리·독립을 선포하면서 보스니아는 내전상태에 돌입하였다. 1995년 12월에 데이턴 평화협정이 체결될 때까지, 세르비아인들에 의한 소위 '인종청소'에 의해서 20만명 이상이 희생되고 230만명의 난민이 발생하였다. 이 과정에서 새로 탄생한 EU의 무능력과 비민주성, 미국을 비롯한 서방국가들의 인권에 대한 무관심과 이중기준이 적나라하게 드러났다. 여기에 대해서는 『전쟁이 끝난 후』(이후, 2000)를 참조.

로 내걸고 권력투쟁의 장을 당 외로 확대시켰다. 이러한 상황 변화에 적절하게 대응하지 못하고 완전히 자신감을 잃은 채, 갈팡질팡하던 사회당은 극히 안이하게 탈이데올로기적인 합종연횡극(合從連衡劇)에 휘말려 갔다.

자민당 분열에 의해 실현된 1993년 여름의 중의원 선거에서 유일하게 대실패한 것은 사회당이었지 자민당이 아니었다.[3] 그것은 사회당이 자신의 지지기반을 잘라 버리고 안이하게 정계재편극에 가담했던 것에 대한 당연한 귀결이기도 했다.

중앙정계의 총보수화 현상은 일거에 진행되었다. 그럼에도 불구하고, 너무나 길었던 자민당 일당 지배가 많은 부패나 모순을 낳았고 이에 대한 대중의 염증이 컸었기 때문에, '비자민'이라는 것만으로도 무언가 막연하게 '신선'할 것이라는 기대감을 낳았다.

이리하여 눈앞의 변화를 환영하는 언론과 이에 따른 대중들의 높은 지지율을 바탕으로 호소카와(細川) 비자민 연립정권이 발족하였다.

혁신 오키나와 현정은 사회당이 참여한 비자민 연립정권의 탄생을 크게 환영하였다. 특히 오키나와에서 선출된 사회당 중의원 의원인 우에하라 코우스케(上原康助)가 오키나와선출 의원으로서는 처음으로 대신(국토청 · 홋카이도개발청 · 오키나와개발청 장관)으로 임명된 것에 대한 기대가 컸다. 군전(특조)법도 비자민 연립정권의 여당과 공산당에 의해

---

3 사회당의 단독 패배: 1993년 7월 18일에 실시된 총선거 결과, 자민당은 폭력단체와의 유착 사건인 도쿄 사가와규빈(佐川急便) 사건과 당시 당 부총재였던 가네마루 신의 비자금 수뢰사건 등의 악재에도 불구하고, 자민당의 분열 후 222석이던 의석수를 223석으로 유지했다. 자민당에서 갈라져 나온 '신생당'이나 '신당 사키가케' 등은 크게 약진한 반면, 사회당은 137석에서 77석으로 줄어들어 '사회당의 단독 패배'로 평가되었다. 이 선거의 결과, 자민당의 선전에도 불구하고 단독정권 수립은 불가능했기 때문에, 자민당을 제외한 일본신당, 신생당, 사회당, 공명당, 민사당, 사민련 등은 '비자민 · 비공산 연립정권의 수립'을 목표로 일본신당의 당수인 호소카와를 수상으로 하는 내각을 탄생시켰다. 이로써 38년간 지속되어 온 자민당 정권의 시대는 막을 내렸고 '55년 체제'의 정치적 구조는 붕괴되었다.

의원입법이 준비되었다. 하지만 법안의 기초가 된 오키나와현의 법안요강 자체, 즉 기지의 계획적 반환에 대한 국가의 책임을 규정하고 있던 타이라 현정 시기의 법안과 비교하면 그 내용은 후퇴했다. 대상 '군용지'에서 '자위대용지'는 제외된 채, '주류군용지'[즉 미군용지]만 대상이 되었으며, 국가의 책임에 의한 반환지 이용 사업은 고율의 보조사업이 되었다.

카데나기지 폭음소송 판결

그런데 1993년부터 1994년에 걸친 시기에 오키나와에서는 이른바 북한(조선민주주의인민공화국)의 핵의혹 문제를 배경으로 방약무인(傍若無人)한 군사훈련이 반복되고 있었다. 일본에서는 이를 집단적 자위권의 재검토나 유사입법의 제정을 위한 '기회'로 이용하려는 논의가 활발해지고 있었다. 나하지방법원 오키나와지부에서 카데나기지 폭음소송(113쪽 참조)의 제1심 판결이 내려진 것은 바로 이러한 시기(1994년 2월 24일)의 일이었다.

판결은 비행소음이 주변에 사는 사람들이 견딜 수 있는 '수인한도'를 넘었다는 점을 인정하고 결심 공판까지의 과거분에 대해 손해배상을 명령하였지만, [미군의 비행훈련 중단 요청에 대해서는] 국가의 지배가 미치지 않기 때문에 미군의 비행금지는 불가능하다는 이유로 비행중단 청구를 기각하였다. 이는 결론적으로 보면, 요코타(橫田)기지 폭음소송 등의 선례와 비교해서 특별한 차이가 없다. 그러나 판결문 안에는, 오키나와전의 비참한 체험이나 군사점령 하에서의 기지형성 과정, 많은 사상자를 낸 대규모 추락사고, 복귀 후에도 끊이지 않는 피해나 미군범죄 등이 원고들에게 미군기지에 대한 매우 강한 불쾌감을 주었으며 항공기 소음에 대한 초조함이나 불쾌감을 더욱 증대시킨 것으로 보이며, 따라서 이점도 정신적 피해 내용·정도를 이해하는 데 고려해야 한다는 기술도 있었다(이 판결에 대해 원고와 피고 양자가 항소하여, 1998년 5월에 내려진 항소심은 피해자의 구제범위를 확대하는 등 한 걸음 진전된 판결을 내렸다. 그러나 이어서 진행된, 5500여명을 원고로 한 제2차 소송에 대해 내려진 2005년 2월의 제1심 판결은 '수인한도' 대상지역을 좁히는 등 제1차 소송보다 대폭 후퇴하는 것이었다. 2002년 10월, 후텐마기지 주변의 주민 400여 명도 폭음소송을 제기하였다).[4]

잇따른 미군사고, 그리고 핵 밀약 의혹

그로부터 2달도 지나지 않은 4월 4일, 카데나기지 소속의 F15 이글 전투기가 이륙 직후에 카데나 탄약고지구의 묵인(黙認) 경작지[5]에 추락하

---

4 2005년 2월 17일 내려진 제2차 카데나 폭음소송 판결문에서, 나하 지방법원 오키나와 지부는 카데나기지와 주민건강 사이의 인과관계를 부정하고 야간과 아침시간 비행금지 청구도 기각하였다. 또한 정신적 피해보상의 범위를 소음수치(W) 75에서 85로 상향 조정하여 1,500여명을 배상범위에서 제외하였다. 소송단은 이러한 판결 내용을 '최악의 판결'로 평가하고, 2월 24일 후쿠오카 고등법원 나하 지부에 공소하였다. 한편, 2008년 6월 26일에 내려진 후텐마 폭음소성 판결문에서, 재판부는 2004년 8월에 벌어진 오키나와국제대학 헬기추락사고(259~260쪽 참조) 등 주민들의 불안을 정신적인 피해로 인정하고 소음수치(W) 75 이상 지역에 대한 배상을 판결하였다. 하지만 이 판결에서도 폭음과 건강피해의 관련성은 부정되었고, 비행중지 청구도 기각되었다.

5 묵인 경작지: 미군기지에 토지를 빼앗긴 지주들 중에는 기지 주변에 정착하여 살면서 기지 구역 안으로 들어가서 농사를 짓는 경우도 있었다. 카데나탄약고지구나 임야를 가진 훈련장들의 경우, 주변 지역을 모두 봉쇄할 수 없었고 농부들이 몰래 들어와서 농사를 짓는 경우에는 적발하기도 어려울 뿐만 아니라 지주들과의 마찰을 우려하여 '불법영농행위'를 알면서도 기지측에서 이를 묵인했던 것이다. 예컨대, 반전지주회 사무국장을 지낸 바 있는 이케하라 히데아키씨의 경우가 전형적이다. 아버지 시대에 군용지로 땅을 빼앗긴 이후, 고향에서 축산업을 하겠다는 꿈을 접지 못하고 있던 히데아키씨는 오키나와가 일본에 복귀하기 전이 1971년부터 카데나탄약고지구 내의 산림에 들어가서 몰래 돈사(豚舍)를 만들기 시작했다. 농사를 짓는 경우에는 이를 묵인하는 경우도 있었기 때문에, 낮에는 농사를 짓는 척하고 밤에는 뒷길로 들어가서 미군들이 버린 벽돌로 바깥에서는 잘 보이지 않는 지역에 돈사를 만들었다고 한다. 경비병이나 군용견이 오면 연못에 들어가서 숨는 등의 게릴라 전술로 1년 후에는 건물을 완성하여 돼지 100마리를 방목하였다. 미군들이 부수면 다시 짓는 식의 끈질긴 저항 끝에, 10년 후인 1982년에 군용지를 반환받고 현재 1만7천m2 규모의 농장을 운영하고 있다.

이시카와시 미야모리초등학교에 추락한 제트기 사고를 수습하는 모습(1959년 6월 30일)
사진 제공: 나하시역사박물관

였다. 이 사고는 1959년 이시카와시(현 우루마시) 미야모리(宮森)초등학교에서 벌어졌던 미군전투기 추락사고(학생 11명을 포함 사망자 17명, 중경상자 121명)나 1969년 B52의 카데나 추락사고를 떠올리게 하였다. 그런 만큼, 지역신문이나 방송국은 이를 대대적으로 보도하였고 밭에 처박혀 검게 탄 미군기의 모습이 신문의 일면 머리기사나 텔레비전 화면에 반복적으로 방영되었다.

그런 여운이 가라앉지도 않은 4월 6일, 이번에는 후텐마기지에서 CH46E 중형수송헬기의 추락사고가 발생했지만, 이들 사고는 중앙 언론에서 그다지 큰 뉴스가 되지 못했다. 거의 취급되지 않았다고 해도 과언이 아닐 것이다.

이어서 5월, 사토 수상의 밀사 역할을 담당했던 와카이즈미 케이(若泉敬) 전 교토산업대학 교수가 그의 저서에서 핵 재반입에 관한 비밀합의 의사록이 존재한다는 것을 폭로하였다(64쪽 참조). 와카이즈미 케이의 말에 따르면, 사토 수상과 닉슨 미 대통령이 서명한 비밀합의의사록은 미 대통령부와 수상관저에 보관되어 있을 것이라고 한다. 이와 관련하여 무라야마 도미이치(村山富市) 사회당 위원장이 국회에서 하타 쓰토무(羽田牧) 수상을 추궁하였지만, 수상은 그러한 사실이 없다고 부정하였다. 아이러니하게도, 한 달 후에 무라야마 위원장이 수상관저의 주인이 되었지만 진상규명은 이루어지지 않았다.

이 핵밀약 · 핵의혹 문제는 기지에 대한 출입조사의 필요성을 다시금 통감케 하였다. 그리고 이를 방해하는 지위협정이 도마에 올랐다. 이 해 12월, 오키나와현이 기지대책실장을 책임자로 하는 '지위협정 등 연구회'를 발족한 직접적인 계기는 바로 이 핵밀약 문제였다.

호주야마 발언과 P3C

핵밀약 문제의 파문이 아직 가라앉지 않은 9월 9일, 오키나와에서 이 해 최대의 정치문제가 된 사건이 일어났다. 바로 호주야마(宝珠山) 발언이다.

9월 7일부터 3일 동안의 일정으로 미군기지와 자위대기지를 시찰하기 위해 오키나와를 방문 중이던 호주야마 방위시설청 장관은, 본토로의 귀임을 앞두고 나하방위시설국에서 기자회견을 열고는 장황한 말을 늘어놓았다. 그 주요 내용은 ① 사회당도 미일안보견지 · 자위대 합헌으로 그들의 주장을 180도 전환시켰다. ② 지사도 정치적인 입장은 제쳐 놓고 건설적인 대화의 자리에 앉았으면 한다. ③ 오키나와는 세계전략상 중요한 지위에 있기 때문에 기지와 공생 · 공존하는 방향으로 변화했으면 한다. 그러면 기지의 정리 · 축소도 원활하게 진행될 것이다. ④ 기지의 계획적 반환이라든가 반환지 이용까지 군용지사용료의 상당액을 지불하라는 요구는 비현실적이라는 것 등이었다.

호주야마 장관은 1994년 7월에 방위시설청 장관으로 취임한 후 9월에 처음으로 오키나와를 시찰하였는데, 1975년 이후에 몇 번이나 오키나와를 방문하였고 오키나와에 있는 군사기지의 역할뿐만 아니라 기지에 대한 주민감정도 숙지하고 있었다. 그런데도 이러한 발언을 한 것이다. 그가 당당하게 이런 발언을 할 수 있었던 배경에는, 그의 발언에서도 볼 수 있듯이, 무라야마 수상(일본사회당위원장)의 국회답변에서 시작한 일본사회당의 무책임한 방침전환(안보반대에서 안보견지로, 자위대 위헌에서 자위대 합헌으로)이 있었다. 하지만 호주야마 발언은 해상자위대 P3C송신기지의 건설 문제가 암초에 걸린 것에 대한 초조함의 표명이기도 했다.

P3C는 복귀 이전에는 미 해군이 나하기지에 배치하였다가 복귀 시에 나하기지를 자위대에게 이관하면서 카데나기지로 이동시킨 대잠수함 초계기이다. 이를 해상자위대가 100기 보유하고, 그 중에 20기를 나하기지에 배치하고자 했던 것이다. 자위대가 수집한 잠수함 정보는 모두 미군에게 제공된다. 자위대가 미군과 동일 기종, 동일 기기를 사용하면 미군은 효율적인 정보의 수집·관리가 가능하게 된다. 미일군사협력이 진전되는 까닭이다.

일본 자체에 있어서의 군사적 의미는 이른바 시레인(Sea Lane)방위와 관련된다. 1981년에 방미한 스즈키 젠코(鈴木善幸) 수상은 자원이 빈곤한 일본에 있어서 자원수송로의 확보는 사활이 걸린 문제라고 하면서 시레인 1000해리 방위를 언급하였고, 이는 나카소네 수상의 군확(軍擴, 군비확장) 노선으로 이어졌다. 해상자위대로서는 전수방위[6]에서 크게 벗어

---

6 전수방위(專守防衛): 전수방위에 대해서는 1972년 10월 31일 중의원 본회의에서 당시 총리이던 다나카 가쿠에이가 언급한 내용이 그 뜻을 가장 잘 표현하고 있다. 그는 "전수방위 또는 전수방어라는 것은 방위상 필요하더라도 상대국의 기지를 공격하지 않고, 오직 자국 영토 및 그 주변에 대해서만 방위하는 것이다. 이는 우리나라 방위의 기본적 방침이며 이런 사고방식을 바꾸는 일은 결코 없을 것이다"라고 밝혔다. 이 전수방위 원칙은 '전력'의 보유와 무력행사의 금지, 교전권을 부인하고 있는 평화헌법 9조 하에서, 전후 자위대의 활동을 '최소한의 방어적 행동'에 국한시키는 역할을 해 왔다. 그러나 자위대의 활발한 대외적 군사 활동과 MD시스템의 도입, 집단적 자위권

나 외양(外洋)으로 전개해 나가는 첫걸음이기도 했다.

경제적으로 보자면, [군비확장 노선에 필요한] 군용기를 미국으로부터 대량으로 매입하게 되었다는 점에서 미일간 경제마찰에 관한 대책이라는 의미도 가진 것이었다.

P3C에 의한 대잠수함작전은 나하기지 내 대잠작전센터(ASWOC), 모토부정(本部町) 토요하라(豊原)의 송신기지, 쿠니가미촌 이지(伊地)의 수신기지를 한 묶음으로 하여 그 시스템이 완성된다고 한다. 1987년 2월경에 기지건설 계획이 발표되자 쿠니가미촌과 모토부정에서는 지자체 수장이나 의회가 즉시 반대의사를 표시하였다. 그러나 기지건설의 유인책으로 각종 보조사업이 이익으로 제공되자, 서서히 지자체 수장들은 그들의 태도를 번복하였다.

1991년 3월 모토부정 의회는 기지 유치파의 '건설요청'을 가결하였고, 7월에는 정장도 기지수락 의사를 표명하였다. 이곳은 복귀 직전에 미군 모토부보조비행장으로 사용되다가 반환된 군용지로, 두껍게 산호초를 깐 활주로의 흔적이 남아 있어서 [다른 용도로는] 반환지 이용에 어려움이 있다는 것이 그 최대 이유였다. 이 때문에 지난 1989년 12월에 쿠니가미촌 의회는 P3C 수신기지 수락을 결의했었다. 소음을 일으키는 해리어기

인정 움직임 등으로 인해 사실상 무력화되고 있다는 우려가 커지고 있다. 집단적 자위권이란 동맹국을 비롯한 긴밀한 관계의 국가가 제3국의 무력공격을 받았을 때 이를 자신에 대한 공격으로 간주해 반격할 수 있는 권리인데, 이를 인정하게 되면 전수방위의 원칙은 무너지게 된다. 또한 현재 일본이 참여하고 있는 MD계획에 따라 자국이 아니라 동맹국을 향한 미사일 공격을 요격하거나 그러한 움직임에 대한 예방공격을 실시할 경우에도 전수방위 원칙을 벗어나게 된다. 이러한 비판을 의식하여, 2003년 12월 19일 후쿠다 야스오(福田康夫) 당시 관방장관은 담화를 통해 MD시스템을 "제3국의 방어를 위해 사용하는 일은 없을 것이기 때문에 집단적 자위권의 문제는 발생하지 않는다"고 설명하면서 전수방위의 원칙을 강조하기도 했다. 그러나 전수방위의 원칙을 고수하고 있다는 일본 정부의 공식적인 설명과, '자국 영토 및 그 주변'을 벗어나 해외에서 미국의 전쟁을 지원하고 있는 자위대의 실제 활동 사이에는 큰 괴리가 존재하고 있다.

등과 달리 기지피해가 전혀 없다는 나하방위시설국의 설명이 효과를 발휘한 것이다. 그 이상으로, 해리어기 이착륙장을 받아들이고 나서 그 보답으로 농업용 댐 건설 등 농업기반 정비사업을 획득한 이에지마의 예가 모토부와 쿠니가미의 의회 다수파나 의장에게 큰 영향을 미쳤을 것이다.

1992년 3월 말, 방위시설청은 P3C 건설예정지의 토지 중 92%를 확보했다고 발표하였다. 하지만 그 후에도 토요하라(豊原) 구민은 방위시설국의 측량반을 실력으로 쫓아내는 등 꾸준한 투쟁을 전개하고 있었다. 토요하라 구민의 투쟁은 메이지 시기에 이 지역에서 격렬한 징병기피 투쟁이 있었던 것을 떠올리게 하였다.

1993년 후반부터 1994년에 걸쳐서 상황은 서서히 변해가고 있었다. 미군 훈련의 격화나 사고의 빈발, 꾸준한 반기지투쟁 등이 오키나와 전체에 기지의 정리·축소·철거를 요구하는 사회적 분위기를 강화해가고 있었다. 1994년에 들어 진행된 오키나와시, 구시카와시(具志川市, 현 우루마시), 타이라시(平良市) 등의 시장 선거에서는 사대·사회·공산당이 추천하는 혁신후보가 잇따라 자민당 후보에게 승리했다. 오키나와에서는 보·혁의 2분법, 즉 시대에 뒤떨어진 '55년 체제'가 아직도 건재하였던 것이다.

자민당 오키나와현련은 반기지적인 분위기가 고조되는 가운데 열린 6월 10일의 정기대회에서 "기지의 '정리·축소'론으로부터 심도 깊은 논의를 전개하여 '현익우선'을 관철"시키겠다면서, 기존의 안보견지·기지 용인론의 재검토 의사를 표명하였다. 일본사회당이 아무런 대중적 토의도 거치지 않은 채 탑-다운 방식으로 안보반대에서 안보견지로, 자위대 위헌에서 자위대합헌으로 180도의 방침 전환을 시도하기 한 달 전의 일이었다.

이러한 분위기는 모토부에도 전해졌다. 내부 사정의 변화로 들 수 있는 것은 방위시설청에 땅을 팔았거나 빌려준 부재지주(고향을 떠나 나하시나 중부로 이전한 사람들) 중에서 땅을 판 사람들은 이미 지주로서의 발언권을 잃었다는 것이다.

1994년 6월 17일, 모토부정 의회는 반대파에서 나온 '기지건설 반대' 진정을 전원 일치로 채택하였다. 8월에 진행된 정장선거에서는 기지건설 반대에서 찬성으로 전향한 현직 정장이 낙선하고, 건설반대를 내건 후보가 당선되었다. P3C기지건설은 예정지의 90%를 확보하고서도, 완전히 암초에 걸려 버린 것이다. 호주야마의 오키나와 방문 몇 일 전의 일이다.

호주야마 발언을 둘러싼 공방

이러한 상황을 배경으로 하여 나온 호주야마 장관의 발언은 오키나와 측의 총 반발을 초래하였다. 발언 다음날, 지역신문들은 일면 머리기사에 "기지와 공생, 공존을"(류큐신보), "오키나와는 기지공존이 숙명"(오키나와타임즈)이라는 큰 표제어를 내걸고 호주야마 발언과 이에 대한 반향을 전했다. 정당으로 말하자면, 사회대중당이나 사회당 현본부, 공산당 현위원회에서부터 자민당 현련, 신생당 현련에 이르기까지 분노와 항의의 뜻이 담긴 성명을 발표했다.

하지만 호주야마 장관은 설명이 불충분해서 충분히 의도하는 바가 전해지지 않았다고 하면서, 틀린 말을 한 것은 아니라는 태도를 견지하였다.

이 때문에 나하시 의회는 9월 13일, 전원일치로 발언 철회를 요구하는 결의를 가결하였다. 이후 각 시정촌 의회가 잇따라 발언 철회를 요구하는 결의를 통과시켰다. 그러자 정부는 호주야마 장관에게 신중함을 결여한 경솔한 발언이라고 엄중한 주의를 줌으로써 이 사태를 수습하려 했다.

그래서 9월 22일, 오키나와현 의회는 전원일치로 발언 철회와 "[발언이 초래한 혼란에] 상당하는 책임을" 질 것을 요구하는 결의를 가결하였다. 같은 날 사회당 오키나와현 본부는 이 문제에서 "당사자가 스스로 사임하지 않는다면, 파면 이외에는 [다른 방법이] 없다"고 하면서, 안이하게 타협하려는 일본사회당 중앙과 일체의 관계를 동결한다는 결정을 내렸다. 이러한 사회당 현본부의 이례적인 행동의 근저에는, 무라야마 내각의 성립을 계기로 한 일본 사회당 기본 방침의 대전환이 있었다. 안보견지·자위대합헌이 오키나와 사회가 안고 있는 현실적 모순을 고착화하고 확대하는 것인 이상, 사회당 오키나와현 본부가 당 중앙의 방침 전환을 용인할 수 없는 것은 당연했다. 그 뿐만 아니라 이미 언급했듯이, 무라야마 정권의 성립 직전에 자민당 현련이 기존의 안보견지·기지용인 정책의 재검토를 밝힌 바도 있었다.

무라야마 수상이 국회에서 방침의 전환에 대해 발언했을 때부터 사회당 현본부 내외에서는 이제 '오키나와 사회당'으로서 독자적인 길을 갈수 밖에 없다는 소리도 나오고 있었다. 그런 와중에 사회당의 방침전환을 전제로 한 호주야마 발언이 튀어나온 것이다.

결국, 10월 4일 자민당과 사회당은 "① 자민당은 [호주야마] 발언의 대폭수정을 받아들이고 군전법을 적극적으로 검토할 것, ② 사회당은 장관 사임을 요구하지 않을 것"이라는 방침을 결정했다. 하지만 같은 날, 오키나와평화운동센터가 주최한 '호주야마 방위시설청 장관 발언을 규탄하고 즉시 퇴임을 요구하는 현민총궐기대회'에서 아라카키 젠슌(新垣善春) 오키나와평화운동센터 의장(사회당 현본부 위원장)은 "군전특조법과의 교환은 현민을 버린자식(孤児) 취급하는 것이며, 단호하게 장관 퇴임을 요구한다"고 발언하였다.

다음날인 5일 중의원 회의에서 자민당과 사회당의 수습안에 근거하여, 우에하라 코우스케 사회당 부위원장의 대표질문에 대해, 무라야마 수상

전후 최초로 오키나와를 방문한 아키히토 천황 내외(1993년 4월 23~25일)
사진 제공: 류큐신보사

과 다마자와(玉沢) 방위청 장관이 발언의 부분적 철회와 발언에 대한 사과를 하고 기지의 정리·통합을 위해 노력할 것을 약속한다는 '세레모니'를 연출하였다. 발언에서 철회하는 부분은 현민 감정에 대한 배려가 결여된 '공생, 공존' 부분, 사회당의 정책전환에 관해 언급한 부분, 현의 기지 행정에 개입한 부분, 군전법에 대한 부적절한 발언 등이라고 하였다.

오타 지사나 자민당 현련은 이것으로 일단 사태를 수습할 의향을 드러냈다. 자민당 현련은 "호주야마 씨가 정치가가 아닌 이상, 더 이상의 처분을 요구할 수는 없다"라고 하면서도 "하지만 발언 내용[과 같은 입장을 가진 사람들]이 방위관계자 가운데 틀림없이 존재한다는 것을, 현민들은 이 기회에 잘 확인해야 한다고 생각한다. 우리 현의 나가야 할 방향은 120만 현민 스스로가 선택해야 한다는 것을 확인하는 기회로 삼고 싶다"고 하였다.

사대당, 사회당 현본부, 공산당 현위원회는 이를 납득하지 않았다. 사회당 현본부의 당 중앙과의 관계동결 조치는 연말까지 지속되었지만, 당

중앙이 기지문제에 적극적으로 나설 것을 약속함으로써 동결 조치가 해제되었다.

그 후 사회당 현본부는 '안보반대, 기지철거, 자위대위헌' 방침을 계속해서 내걸면서도 [그러한 입장을 이미 철회한 사회당] 당 중앙과 같은 흐름을 탄 것처럼 보였다.

호주야마 발언은, 본인이 의도했든 아니든 간에, '히노마루'나 천황을 오키나와가 받아들이도록 만들고(1993년 4월 오키나와에서 열린 전국식수제에서 전후 처음으로 천황, 황후의 오키나와 방문이 실현되었다), ['국영'공원화를 통해] 슈리성을 차지한 일본 정부가 기지와의 공존이라는 최후의 과제를 오키나와가 인정하도록 만들려는 시도였다. 하지만 그러한 시도는 완전히 실패했다.

군전법과 기지 3사안

호주야마 발언의 수습과정에서 떠오른 문제는 군전(특조)법과 기지의 정리 · 축소였다.

자민당은 군전법안 작성에 참여하지 않았으며, 특히 국방부서들은 법안에 강력하게 저항하고 있었다. 사회당과 자민당의 조정도 잘 진척되지 않았고, 1994년 말의 임시국회에서 심의가 계속되고 있었다. 이때 오타 지사는 다음 번 미군용지 강제사용수속시에 공고 · 종람대행을 거부할 것이라는 암시를 하면서 군전법의 성립 · 촉진을 재촉하였다.

군전법은 다음 해인 1995년 5월 19일에 성립하였다. 무라야마 수상이 강제사용인정을 고시한 지 정확히 10일 후였다. 확실히 군전법은 미군용지 강제사용수속 개시의 전제조건으로서 성립하였다. 그리고 이 과정에서 군전법은, 기지의 계획적 반환이나 반환지의 이용을 위한 지자체의 재정지원을 보류한 반면 반환군용지 소유자에 대해 반환 후 3년 동안 군용지료 상당액을 보상한다는, '지주원호법'으로서의 성격을 드러내었다.

기지 정리·축소의 구체적인 내용이 이른바 '기지 3사안'이었다. '기지 3사안'이란 ① 나하군항의 반환, ② 요미탄 보조비행장의 반환, ③ 현도 104호선 넘어 실탄포격훈련 폐지의 3가지를 말한다. 이 중에서 나하군항은 복귀 직후에 이설(移設)을 조건으로 반환합의가 이미 이루어졌지만 이설지를 찾지 못해 20년이나 방치되고 있었다.

1995년 1월의 미일정상회담에서 시작하여 다마자와 방위청장관의 2월 오키나와 방문과 5월 초순의 방미를 거쳐, 5월 11일에는 미일합동위원회에서 이설지를 명시하는 형태로 나하군항과 요미탄 보조비행장의 반환이 합의되었다. 그러나 합의 내용은 ① '나하군항'은 인접한 우라소에시(浦添市)의 '마키미나토(牧港)보급기지의 해안지대'로 ② 요미탄 보조비행장의 '낙하산 훈련'이나 '활주로 수복(修復)훈련'은 '캠프 한센'이나 '카데나 탄약고지구'로 옮긴다는 정도였고, 정확히 말하자면 '반환'이 아닌 '이설'에 불과했다. 포격훈련에 대해서는 합의가 연기되었지만, 일본 정부가 미군의 이동경비를 부담하고 [미군의 포격훈련장을] 히가시후지(東富士) 훈련장 등 전국의 몇 지역으로 분산하는 방안이 검토되고 있었다.

이에 대해 이전지로 거론된 지역의 시정촌장이나 의회는 맹렬히 반발하였다. 하지만 이러한 지역의 이해(利害)를 현이 조정한다면 기지의 정리·통합이 가능하다는 것이 정부의 태도였다.

오타 지사는 이미 2월에 있었던 다마자와 방위청장관의 회담에서 '이설조건 없는 전면반환'이라는 기존 방침을 철회하고, "지역 시정촌의 의향과 지역의 개발계획, 현 전체의 진흥개발을 배려하면서 종합적인 관점에서 검토"(류큐신보, 1995년 2월 19일)하겠다고 하면서, 지역 시정촌의 이해를 조정하는 역할에 나서려 했다.

하지만 그것은 기지문제를 미일 간의 문제 혹은 일본 정부와 오키나와 간의 문제로부터 오키나와 사회의 내부 모순으로 전가하는 것이었다. 게다가 [오타 지사의 방침이 실현되면] 전후사에서 처음으로 오키나와 측이 동의하여 군사기지를 제공하는 사례를 남기게 된다. 이에 관한 민중들의 염려는 매우 컸다.

나아가 기지의 이설은 기지의 강화를 초래한다. 이는 결코 기지철거를 위한 구체적인 첫 걸음이 아닐 뿐만 아니라, 기지의 정리·축소를 의미하지도 않는다. 오히려 군사기능의 효율적 정리·통합, 항구화(恒久化)를 의미하고 있었다. 예를 들어, 나하군항의 경우에 약 35.3헥타르의 대체시설을 제공함으로써 56.8헥타르의 항만시설이 반환된다고 했기 때문에 면적상으로는 약 21.5헥타르가 축소되지만, 군항과 마키미나토 보급기지가 직접 연결됨으로써 기지 기능은 비약적으로 강화되면서 기지의 항구화는 더욱 진척될 것이었다.

1995년 2월 말과 3월 초순에 미 국방부가 의회에 제출한 두 보고서가 이를 입증한다. 2월 27일에 제출된 「동아시아 전략보고」[7]에서 미국은 이 지역에 존재하는 이익을 지키기 위해 주일·주한미군을 중심으로 한 전방전개전력 10만 명 체제를 금세기(20세기)까지 유지한다고 하였다. 또한 3월 1일의 「미일안전보장관계 보고서」는 일본의 주일 미군 경비부담을 높이 평가하였다. 미국으로서는 자국 내에 군대를 대기시키는 것보다 일본에 두는 것이 훨씬 저렴했던 것이다.

---

7 동아시아 전략보고(EASR): 조지프 나이(Joseph S. Nye) 당시 미 국무차관보가 중심이 되어 미군의 전세계적인 전방 배치 문제를 종합적으로 검토한 보고서로, 정식 명칭은 「미국의 동아시아–태평양 안보전략(The United States Security Strategy for the East Asia–Pacific Region)」이며, '동아시아 전략보고' 또는 '나이 보고서'라고 불린다.

대리서명 대응 과정에서 분열된 혁신 시정촌장

3월 3일 나하방위시설국은 미군용지 강제사용 수속을 개시하였다. 대상이 된 토지는 1987년 5월부터 10년간 강제사용된 반전지주나 한평반전지주들의 토지, 1992년부터 5년 동안 강제사용된 반전지주나 한평반전지주들의 토지, 나하시의 군용지, 요미탄촌의 소베(楚辺)통신소(이른바 '코끼리 우리')의 토지였다.

소베통신소 토지의 전 소유자는 1976년 3월 말까지는 반전지주였지만, 1976년 4월 1일부로 계약지주로 전환했었다. 그의 토지를 이어받은 아들 치바나 쇼이치(146~147쪽 참조)가 재계약 예약을 거부했기 때문에, 이 토지는 민법 제604조에 따라 1996년 3월 말로 계약기한이 끝나게 되었고 정부는 이를 새로운 강제사용대상지로 추가했던 것이다.

5월 9일에 무라야마 수상이 사용인정 고시를 하였기 때문에 강제사용 수속은 다음 단계인 토지조서·물건조서의 서명날인 단계로 진행되었다 (115~116쪽 참조).

소베통신소, 일명 코끼리우리의 모습

통상 강제사용의 대상이 되는 토지는 그 소유자에 의해 점유되고 있으며 토지 소유자는 자기 토지의 위치·형상 및 그곳에 있는 물건 등에 대해 숙지하고 있다. 하지만 미군용지에 관해서 말하자면, 그 대부분이 사실상 강제 접수되었기 때문에 50년 이상 미군에 의해 점유되어 있었다. 그곳에 자유롭게 들어갈 수 있는 미군이나 그 토지를 미군에게 제공하고 있는 방위시설청의 경우 제공되는 토지의 현 상황을 숙지하고 있을지 몰라도, 토지소유자는 자기 토지에 관해 아무것도 알 수가 없었다. 이렇게 되면 나하방위시설국이 일방적으로 작성한 토지조서·물건조서가 정확하게 되어 있다고 서명·날인할 수 없는 것이다.

토지소유자가 서명날인을 거부하자 해당 사업시행자인 나하방위시설국장은 시정촌장에게 서명날인을 요구했다. 원래, 이른바 혁신 시정촌장은 모두 이 서명날인(대리서명)을 거부해 왔다. 이는 그들이 안보반대, 기지철거, 미군용지 강제사용반대라는 입장을 가지고 있었기 때문이기도 했지만, [토지소유자] 본인이 확인할 수 없는 토지조서·물건조서의 내용을 시정촌장이 확인할 수 있을 리가 없기 때문이었다.

그런데 1995년에는 지난번에 대리서명을 거부한 기노완시장과 차탄정장이 대리서명에 응하는 이변이 생겼다(1995년에도 거부 한 것은 나하시장, 오키나와시장, 요미탄촌장이다). 도우바루 세이켄(桃原正賢) 기노완시장은 "개인적으로 반대 입장임에는 변함이 없다. 하지만 방위시설청의 기지주변 정비비로 추진되는 사업이 너무나 많고, 국가의 주장도 들어가면서 전체 이익을 우선시하지 않을 수 없다"(오키나와타임즈 1995년 7월 28일)고 말하였다. 또한 헨토나 조이치(辺土名朝一) 차탄정장은 "기지의 전면반환을 요구하는 생각에 변함이 없다"고 했지만, 신청사 건설예정지인 캠프 쿠와에(Camp Kuwae, キャンプ 桑江)의 반환작업이 막판에 가까워지자 "예정지의 공동사용이나 … 마을만들기가 중요

한 국면에 와 있어서 어려운 선택이었다"(오키나와타임즈, 1995년 7월 30일)고 말하였다.

지난 번[1991년] 공고·종람대행 과정에서 오타 지사가 [군전법 문제를 거래 재료로 삼아 공고·종람대행을 수락]했던 것처럼, 일부 혁신지자체의 수장이 반전지주의 '뜻'을 지렛대로 하여 군용지문제의 처리를 시도하였던 것이다.

이리하여 [시정촌장이 대리서명을 거부한] 나하시, 오키나와시, 요미탄촌 반전지주의 토지조서·물건조서에 대한 대리서명의 역할이 오오타 지사에게 돌아왔던 것이다. 지사는 "[대리서명을] 안 하면 된다고 말하는 것은 쉽지만, 그렇게 할 수도 없다", "오키나와 경제에 대한 영향을 생각한다면, 단순하게 [기지를] 없애면 된다고 할 수 없다"(오키나와타임즈, 1995년 7월 30일)고 말하였다.

'평화의 초석'에 대한 의문

1995년은 전후 50년을 맞이하는 해였다. 오키나와현은 오키나와전 종결 50주년의 최대 기념사업으로 "오키나와전에서 귀한 생명을 잃은 모든 사람들에게 애도의 뜻을 표함과 동시에 비참한 전쟁의 교훈을 후세에 올바르게 계승"하기 위해 이토만시(糸満市) 마부니 언덕에 '평화의 초석'을 건설하고, 6월 23일에 제막식을 거행했다.

'평화의 초석'에는 "오키나와전에서 전몰한 23만 4183명의 이름을 적군과 아군, 국적의 구별 없이" 새겨 넣었다고 한다(그 후에도 추가되었다).

6월 23일, TV방송은 어디서 죽었는지도 몰랐던 전몰 가족들의 이름을 손가락으로 더듬어 가면서 눈물을 흘리는 늙은 유가족들의 모습을 크게 보도했다. '평화의 초석'은 전몰자에 대한 추모·애도의 기념비로서 사전의 예상을 훨씬 뛰어넘는 큰 반향을 일으켰다. 그 후에도 백중맞이와 같은 명절에는 그곳에 헌화하거나 분향하는 사람이 끊이질 않았다.

또한 TV방송은 전후 50년을 맞이하여 오키나와를 방문한 수 백 명의 늙은 미 퇴역군인들이 오열을 참으면서 비에 새겨진 전우들의 이름을 종이에 복사하는 모습을 부각시켰다. 그들은 과거[에 서로 총부리를 겨누고 싸웠던] 적군의 이름을 새겨 준 오키나와인의 관용과 친절함에 감격하였다. 비의 제막식에 출석한 먼데일(Walter Frederick Mondale) 주일 미 대사는 기자회견 자리에서 "전쟁기념비에 미국 측 희생자의 이름도 새겨 준 오키나와의 시민들에게 미국을 대표하며 감사드린다"고 말하였다.

하지만 그곳에 새겨진 오키나와 출신자 14만 7110명에 관해서 말하자면, 이들은 오키나와전 전몰자에 한정되지 않았다. 평화의 초석에는 1931년부터 1945년까지 15년 전쟁의 전 기간을 통해 중국 대륙이나 아시아 각지에 일본군 군인 · 병사로 파병되어 죽이고 죽은 사람들, 히로시마 · 나가사키에서의 피폭 사망자들, 원호법 적용을 받지 못하는 전쟁말라리아 희생자나 전쟁시에 조난선에 탔다가 희생된 사람도 가리지 않고 그 이름을 새겼다. 그들의 죽음이 '헛죽음'이 아니었음을 증명하듯이.

그 때문에 오키나와전 희생자들의 실태는 오히려 애매모호하게 되었다. 또한 일본군 사령관 우시지마(牛島) 중장이나 죠우(長) 참모장, 오키나와 주민들을 스파이 취급하면서 살해했던 군인들[과 같은 가해자들]을 [그들에 의해] 죽임을 당한 [오키나와전 희생]자들과 구별하지 않고 함께 새기는 것은 전쟁책임문제를 회피했던 '일억총참회'[8] 방식이 아닌가 하는

---

8 일억총참회(一億總懺悔): 1945년 8월 17일부터 일본의 패전 처리를 담당하게 된 히가시쿠니 나루히코(東久邇稔彦) 수상은, 8월 26일에 열린 기자회견에서 '국민도덕의 저하'가 패전의 원인 가운데 하나라고 지적하면서, "지금 군관민, 국민 전체가 철저히 반성하고 참회하지 않으면 안 된다고 생각한다. 전 국민 총참회가 우리나라 재건의 첫걸음이며, 우리나라 내부 단결의 제1보라고 믿는다"며, 이른바 '일억총참회론'을 밝혔다. 이것은 일본 천황의 종전조서를 받드는 신민의 책임만을 거론한 것으로, 전

(위) 50년만에 전우들의 이름을 찾아보는 미군 노병
(아래) 먼저 간 유족의 이름을 찾아 보는 유가족
사진 제공: 류큐신보사

지적도 있었다.

　최대의 문제는 조선인 희생자의 처리 문제였다. 오키나와전에서 희생된 이른바 '종군위안부'나 군부(軍夫)라 불린 조선 사람들은 적어도 수천 명에 달했다고 추정된다. 그러나 그 시점에서 '평화의 초석'에 이름이 새

<hr />

쟁으로 국민들을 동원한 천황이나 군부, 국가지도자들의 전쟁책임에 대한 언급이 전혀 없다. 또한 천황과 신민이라는 폐쇄적 관계에 입각한 전쟁책임만을 거론함으로써, 아시아민중들에 대한 가해책임을 완전히 배제하였다. '일억총참회론'은 전후 일본에서 야스쿠니 신사를 정점으로 한 극우적 역사인식의 출발점을 이루고 있다.

겨진 이들은 조선민주주의인민공화국 82명, 대한민국 51명뿐이었다. 재일본대한민국민단 오키나와현 지방본부 단장은 '평화의 초석' 제막식에서 기념사를 하는 가운데 다음과 같이 지적하였다.

"여기서 잊지 말아야 할 것은 희생자의 유가족들 중에서는 자손대대로 치욕이 된다는 이유로 각명을 거부한 분들이 계시다는 것입니다."

5장

정치를 민중의 손에

미군에 의한 소녀 폭행사건에 항의하는 현민총궐기대회(1995년 10월 22일)
류큐신보사 제공

소녀 폭행사건의 충격

1995년 9월 4일, 3명의 미군에 의한 소녀 폭행사건이 발생하였다. 이 사건이 보도되자, 여러 항의행동들이 흡사 봇물이 터지듯 한꺼번에 분출되었다. 여기에는 그럴 만한 이유가 있었다.

우선 첫 번째로, 이 사건은 정확히 40년 전인 1955년 9월에 발생한 '유미코짱(由美子ちゃん) 사건'(32쪽 참조)의 충격을 재현한 것 같았다. 항의행동에 참여한 한 젊은 여성은 "우리는 초·중·고등학교 시절에 평화교육을 받고 오키나와전의 비참함을 알게 되면서 지금의 평화를 소중히 여기자고 배워 왔지만, 지금이 평화롭지 않음을 뼈아프게 실감했다"고 발언했다. 복귀 후의 평화교육의 내실이 문제시되면서 오키나와전과 전후 역사가 연결되기 시작한 것이다.

다음으로, 복귀 후에도 반복되는 미군범죄에 대한 분노가 폭발점에 다다르고 있었다는 점이다. 오키나와현 경찰이 정리한 복귀 후 23년 동안의 미군범죄 검거 건수를 보면, 4790건에 이른다. 강력사건만을 보아도 살인 12건, 강도 355건, 부녀폭행 31건이었다. 이런 종류의 사건들은 신고하지 않는 경우가 많다는 점을 감안하면, 이 숫자는 빙산의 일각에 불과할지도 모른다. 미군범죄나 기지에 관한 사건·사고가 일어날 때마다 오키나와현 의회나 시정촌 의회, 각종 시민단체 등은 미일당국에게 항의를 하고 재발방지를 호소해 왔다. 미군이 일으킨 사건·사고에 대한 현 의회의 항의만 해도 이때까지 이미 125회에 달했었다.

시대적 배경도 변해가고 있었다. 어린이의 인권이나 여성문제에 대한 인식도 세계적으로 확산되면서 깊이를 더해가고 있었다. 1995년 9월에 진행된 민중들의 여러 행동 속에서 오부연(오키나와부인연합회), 오부단협(오키나와현 부인단체연락협의회), NGO 북경95포럼 오키나와실행위원회 등의 활동이 눈에 띄고 있었다. 이러한 활동 과정에서 '기지·군대

를 허용하지 않는 행동하는 여성들의 모임(基地・軍隊を許さない行動する女たちの会)'이 생겨났다.

지사, 대리서명을 거부

미군용지 강제사용과 미군범죄는 형식적으로는 다른 문제였지만, 미군범죄에 대한 여론이 높아지면서 대리서명문제가 새롭게 부각되었다.

나아가 12월로 예정되어 있던 무라야마―클린턴 회담에서 합의될 미일 안보 재정의가 오키나와기지의 중압을 더욱 증대시킬 것이라는 현민들의 우려도 높아가고 있었다.

오타 지사는 터져 나오는 민중들의 목소리를 등에 업고 지위협정의 재검토를 요구하기 위해 상경하였다. 하지만 정부는 지사의 요구에 대해 "약간의 논의가 진행되고 있다…"(고노 요헤이(河野洋平) 외상)는 등, 불에 기름을 끼얹는 식으로 대응하였다.

드디어 오타 지사는 9월 28일에 열린 오키나와현 의회에서, 대표 질문에 답하는 형식으로 대리서명 거부방침을 밝혔다. 나아가 그 후에 열린 기자회견에서 "젊은이들이 21세기에 꿈을 꿀 수 있는 오키나와를 만들기 위해서라도 자립적인 발전을 가로막고 있는 기지를 철거할 필요성이 있다"(류큐신보, 1995년 9월 28일)고 강조하였다. 지사의 자세는 180도 전환되었다.

지사가 대리서명 거부를 밝힌 날, 현 의회 야당인 자민당이나 신진당 간부들은 "국가의 기관위임사무는 정치적 판단을 개입시키지 않고 집행해야 한다"면서 비판적인 성명을 발표하였지만, 다음날부터 일반 질문에 나선 자민당, 신진당, 정경그룹 등 야당의원은 입을 모아서 "지사의 결단을 높이 평가"한다고 밝혔다. 지역 보도기관의 긴급 여론조사에 따르면, 대리서명 거부에 대한 지지는 75%에서 90%에 달했다. 소녀 폭행사건과 대리서명 거부는 전국적으로도 큰 뉴스가 되어 양심적인 국민들의 관심이 오키나와에 모이게 되었다. 전국에서 지사에 대한 격려 전보나 편지가 쇄도했다.

예상하지 않았던 대리서명 거부에 정부는 당황했다. 나하방위시설국은 지사공보실 실장이 전한 대리서명 거부 통지문의 수취를 거부하였다. 할 수 없이 오키나와현은 이를 배달증명우편으로 우송하였다. 통지를 받음과 동시에 고토(後藤) 방위청 장관은 오키나와현과 사전 일정에 대한 조정도 없이 9월 29일의 최종 항공편으로 호주야마 방위시설청 장관을 오키나와로 급파했지만, 오타 지사와 만날 수 없었다.

정부는 어떻게 해서든지 지사의 의견을 번복시키려고 여러 가지 획책을 시작하였다. 후텐마기지 반환을 요구한다든가, 75%의 기지를 60%대로 하도록 노력한다든가, 안보 재정의 때에 오키나와기지의 확대·강화는 피하도록 공동성명에 명기한다는 등 익명으로 정부 측에서 흘린 여러 뉴스가 신문지상을 떠들썩하게 장식했다. 다카키(高木) 오키나와개발청 장관이 특별 오키나와진흥책을 언급하였지만, 오히려 강한 반발에 부딪혔다.

오키나와현은 요시모토 마사노리(吉元政矩) 부지사를 상경시켜, 대리서명 거부는 [거래 재료를 주고받는] 조건투쟁이 아님을 전하고 정부가 법적 수속을 진행하도록 재촉하였다. 이러한 경우 당시의 지방자치법 규정에 따르면, 우선 주무대신이 지사에게 직무집행을 '권고'한다. 그것이 안 되면 '명령'한다. 그래도 지사가 거부하면, 고등재판소에 제소하게 된다. 지사가 재판소의 명령도 듣지 않을 경우, 주무대신 스스로 직무를 대행한다.

하지만 무라야마 내각은 좀처럼 이러한 수속에 착수하지 않고 어떻게든 지사를 '설득'하려고 애를 썼는데, 정부 측에 구체적인 설득 재료가 없음을 알고 있던 방위관료들은 초조해 하고 있었다. 이러한 와중에 "수상의 머리가 나쁘기 때문에 이렇게 되었다"는 호주야마 발언이 튀어나왔다. 그가 말하고자 한 것은 일본은 '법치국가'이기 때문에 망설이지 말고 한시라도 빨리 법적 수속을 취하라는 것이었다. 다음 날(10월 19일) 호주야마 장관은 강제 사직을 당하여 사임하였다.

운동의 고조

정부 측의 혼란과는 별개로, 오키나와의 대중운동은 새롭게 전개되고 있었다.

1995년 10월 21일에는 현의회의 전 회파, 현경영자협회, 연합오키나와, 현부인연합회, 현청년단협의회 등 18개 단체가 제안하고, 약 300단체가 실행위원회에 이름을 올린 현민총궐기대회가 열렸다. 현민대회의 정식명칭은 '미군인에 의한 소녀 폭행사건을 규탄하고 미일지위협정의 재검토를 요구하는 오키나와현민 총궐기대회'였다. 집회장이 된 기노완시의 카이핀(海浜)공원에는 8만 5000명에 달하는 사람들이 모였지만, 같은 날 이시가키시나 타이라시에서도 비슷한 취지의 집회가 열렸고, 아마미오시마(奄美大島)의 나제시(名瀬市)에서도 지원집회가 열렸다.

이 대회의 결의는 지위협정의 재검토와 기지의 정리·축소를 섬 전체의 요구로서 확인하는 것이었다. 그때까지 반전·반기지투쟁이 내걸어왔던 안보반대·기지철거 구호에 비하면 미온적인 표현이었지만, 그것은 안보반대·기지철거 요구까지 그 속에 포함하면서 '섬 전체'적인 넓이를 가지고 안보의 근본적인 재검토를 재촉하는 것이었다. 달리 보자면, 바로 그런 이유 때문에 토지련은 10·21현민대회에 참가하지 않았다. 그럼에도 불구하고 시정촌의 군용지주회 중에는 대회 실행위원회에 참가한 단체도 있었으며, 개인적으로 참여한 군용지주의 수도 결코 적지 않았다.

10·21현민대회를 근거로 하여, 11월 4일 무라야마 수상과 오타 지사의 첫 번째 회담이 열렸다. 지사는 대리서명 거부의사를 다시 한번 전함과 동시에, 지위협정의 재검토와 기지반환행동 프로그램의 책정을 요청하였다.

또한 오키나와현은 미일지위협정에 대해서도 현의 행정이나 현민 생활에 직접적인 영향이 있는 10개 조항에 관해 구체적인 문제점을 지적하고, 이에 대한 재검토를 요망하였다. 특히 제25조(미일합동위원회)에 관해, 원칙으로서 공표하지 못하도록 되어 있는 [미일합동위원회의] 합의사항을 신속히 공표하도록 명기할 것을 요망하였고, '5·15합의 메모'(40쪽 참조)의 전문 공개를 요구했다.

기지의 정리·축소에 관해서는 2015년까지 기지를 전면 반환시키고 그 반환지의 이용 방안으로서 국제도시를 형성한다는 구상이 제시되었다. 기지의 정리·축소는, 오키나와 내부에서 2015년까지 기지와 공존해야 하는 근거가 무엇인가 하는 비판이 있었지만, 전면철거까지의 과정으로 자리 매김 되었다.

안보 재정의가 안보의 강화·확대를 의도하는 위로부터의 안보 재검토였다면, '지위협정의 재검토'와 '기지의 정리·축소'라는 10·21현민대회가 제기한 섬 전체의 최소한의 요구는 안보의 축소·폐기로의 방향 제시를 의미하는 아래로부터의 안보 재검토였다.

클린턴 대통령의 방일 중지

일본 정부에는 오키나와 측의 요구에 응할 수 있는 준비체제가 전혀 마련되어 있지 않았다. 무라야마―오타 회담에서 수상측이 제안한 것은 각료회의 결정에 의한 새로운 협의기관의 설치였다. 후에 오키나와미군기지문제협의회라고 불린 이 기관의 멤버는 관방장관, 외상, 방위청장관 (후에 오키나와개발청 장관이 추가된다) 및 오키나와현 지사였다. 그 밑에 설치한 간사회에는 오키나와현 부지사나 정책조정감도 참여하였다. 복귀 25년을 맞이하여 겨우 처음으로, 미일안보조약에 근거하여 미군기지의 75%를 강요당하고 있던 오키나와현이 공식적으로 발언할 수 있는 자리가 주어진 것이다.

결국, 클린턴 미 대통령의 일본 방문에 즈음하여 안보 재정의를 할 수 있는 조건이 정비되지 않았다. 클린턴 대통령은 국내사정(의회와의 대립에 의한 행정기능의 일부정지)을 구실로 일본 방문 계획을 취소하였다. 대신 진행된 고어(Albert Arnold Gore Jr.) 미 부대통령과 무라야마 수상과의 회담에서는 이미 페리(William Perry) 미 국무장관과 고노(河野洋平) 외상 사이에서 합의되었던 '오키나와에 관한 미일특별행동위원회 (SACO)' 설치를 재확인하고, 이것의 발족과 교환하여 무라야마 수상에 의한 서명대행(법적 수속의 개시)이 약속되었다. 회담에서는 SACO는 주오키나와 미군기지의 정리·통합·축소 등에 관해 1년 이내에 결론을 정리하고, 그 내용을 각료 수준의 미일안보협의위원회에 보고하도록 결정되었다.

12월 22일, 무라야마 수상의 법적 수속 개시에 의해 대리서명에 관한 직무집행명령 소송의 제1회 구두변론이 후쿠오카(福岡) 고등재판소 나하지부에서 열렸다. 지사는 이야기의 첫머리에 "역사의 심판을 견뎌낼 수 있는 재판을" 요구하였다.

기지반환행동 프로그램과 국제도시형성 구상

다음 해인 1996년 1월 9일, 오키나와현은 국제도시형성 구상을 추진할 현 당국과 시정촌 사이의 연락협의회를 발족시키고, 1월 30일에 열린 오키나와미군기지문제협의회 자리에서 기지반환행동 프로그램과 국제도시형성구상 소안(素案)을 제출하였다. 정권은 무라야마 내각에서 하시모토(橋本) 내각으로 교체되어 있었다(1월 10일).

행동 프로그램의 기본적인 사고는 이미 1995년 11월 4일의 무라야마―오타 회담에서 제시되었었다. 행동 프로그램은 2015년까지 3기로 나누어 단계적으로 기지를 반환(정리·축소)시킴으로써 최종적으로는 기지의 전면철거를 지향하는 것이었으며, 제1기(2001년)까지 반환목표의 중심은 후텐마기지였다.

오타 현정에 의한 기지반환행동 프로그램의 제기는 정부측, 특히 방위청에게 뜻밖의 일이었을 것이다. 일본 정부는 기지이설 등에 관해 오키나와현의 협력을 구하는 것을 전제로 '기지 3사안'의 처리 등에 착수하고 있었는데, 대중운동이 폭발적으로 고조되고 이를 배경으로 오키나와현이 '3사안'을 훨씬 뛰어넘는 수준에서 구체적인 기지의 정리·축소를 요구해왔기 때문이다.

하지만 오키나와현이 기지 이설에 협력한다고 확약한 것이 아니기 때문에 현이 약속을 위반했다고 비난하지도 못했다. 말하자면, 방위시설청은 기지의 계획적 반환이나 군전법 제정에 대해 공수표를 남발했던 (161~162쪽 참조) 1991년의 공고·종람대행에 대해 보복을 받는 꼴이 되었다. 정부는 '안보와의 조화'를 방패로 행동 프로그램의 창끝을 피하면서, '눈에 보이는 형태의' 기지의 정리·축소라는 모습을 취해야만 했다.

기지반환행동 프로그램에 정면으로 반대한 것은 토지련이었다. 반환지의 이용계획을 명확하게 하지 않은 채 기지반환을 요구하는 것은 군용지주의 이익을 침해한다는 것이 그 이유였다.

오키나와현은 기지반환행동 프로그램과 한 묶음이 되는 형태로 반환지 이용을 위한 국제도시형성 구상을 제기하고 있었다. 그러나 "남양의 국제교류거점 형성"은 3차에 걸친 오키나와진흥개발계획에서 계속적으로 제기해왔음에도 불구하고 그 실효가 나타나지 않았고, 국제도시형성 구상이 이와 구체적으로 무엇이 다른지도 명확하지 않았다. 오히려 그것은 복귀 후 반복되어 온 진흥개발계획의 연장선상에 있을 뿐만 아니라, 그 속에서 복귀 후의 개발정책에 대한 반성이나 군사기지 없는 오키나와사회의 이념을 찾기도 어려웠다. 거기에는 막연하게 교역국가 류큐의 황금시대나 홍콩, 싱가포르의 번영[에 대한 환상]이 투영되어 있는 것처럼 보였다.

그리고 이를 시안으로 하여 여러 단계에 걸쳐 전 현차원의 논의를 이끌어 내기보다, 이를 정부에 강하게 어필하고 정부의 전국총합개발계획(全國總合開發計劃) 등과 연결시켜 재정지원을 이끌어 내는데 중점을 둔 것 같았다. 결국에는 오키나와를 1국2제도(一國二制度)적인 규제완화의 선행지역으로 만들어 진흥을 도모하는 방법도 제기되었고, 기지반환을 전제로 한 구상이나 정책이 '3점이 한 묶음'이라 불리면서 기지반환행동 프로그램과 병렬적으로 대정부요구사항이 되어 갔던 것이다.

이러한 경향이나 그 내용에 대해서 환경보호단체나 일부 경제인 사이에서 우려나 비판적인 제언이 나오기 시작했지만, 토지련의 태도는 국제도시형성 구상(반환지 이용계획)의 설명 그 자체를 거부하는 것이었다. 그들의 '혼네(本音, 속마음)'는 기지를 현상유지하거나 반환의 속도를 늦추는 것이었고, 어쩔 수 없이 반환이라는 결론이 나오게 될 경우에는 군전법을 개정하여 지주보호기간(3년)을 연장하는데 있었다.

지금까지 오키나와의 여론은 군용지주에게 매우 동정적이었다. 군용지는 사실상 모두 폭력적으로 강탈된 토지였지, 토지소유자가 적극적으로 제공한 것이 아니었기 때문이다. 1956년에는 군용지주들에 대한 동정과 공감이 '섬 전체의 토지투쟁'을 일으켰다. 그러나 복귀 후 토지련은 군용지의 반환 반대와 군용지료 인상에만 관심을 나타냈고, 군용지주의 이익을 침해당하지 않도록 반환지 이용에 대한 요망이나 제언을 주체적으로 제기한 적이 없었다. 그러한 일들이 토지련에 대한 비판을 고조시켰다.

또한 신문의견란 여기저기에서 기지철거를 전제로 반환지 이용 방법을 검토해야 한다는 군용지주들의 발언을 발견할 수 있었다. 기노완시의 군용지주회는 시 당국과 후텐마기지의 반환지 이용에 관해 논의하기 시작했다. 토지련이라는 조직 속에서도 군용지주 사이에서도 모순은 확대되어 가고 있었다.

현민투표조례 제정으로

1995년 말부터 1996년 초에 걸쳐 기지의 정리·축소 문제가 교착상태에 빠져 있는 와중에, 일본 국가와 오키나와 사회의 대결을 도식화해서 보여주는 직무집행명령 소송이 부각되고 있었다. 반전지주들은 당사자인 자기들도 재판에 중대한 이해관계가 있다고 하면서 보조참여를 요구하였지만, 고등재판소도 최고재판소도 이를 각하하였다.

오키나와현 의회는 기지피해를 호소하기 위한 요청단을 미국에 파견하였다. 현은 '오키나와로부터의 메시지'를 전하는 전국 종단 캠페인을 실시하였다. '기지·군대를 허용하지 않은 행동하는 여성들의 모임'도 미국으로 평화대행진(peace caravan)을 떠났다. 오키나와에 대한 공감·지지대는 크게 확대되었다.

교착상태를 보이고 있던 안보 재검토 문제를 타개할 다음 수단은 주민투표였다. 주민투표는 자결권 행사의 가장 중요한 수단 중 하나이다. 오키나와 사회가 자립을 실천적으로 구상하려면 주민투표의 체험을 공유하는 것이 불가피했다.

1995년 가을 이래 주민투표는 큰 화제가 되었지만, 결국 구체적인 행동을 제기한 것은 자립의 의의를 설명해 온 자립파 지식인들이 아니라 연합오키나와¹였다. 원래 연합오키나와도 주민투표의 의미나 수속에 대해 숙지하고 있었던 것은 아니었으며, 그것을 제기하기에 준비가 부족한 감이 있었다.

연합오키나와는 1월 25일에 현민투표조례 제정 요구 서명운동을 시작한다고 발표하였지만, 조례 제정 청구를 위한 수속이 번잡한 부분도 있어서 서명운동의 개시는 상당히 늦어졌다. 연합오키나와가 약 3만 4500명의 서명(지방자치법의 규정에 의한 유권자의 50분의 1은 2만 명이 조금 못됨)을 곁들여서 지사에게 '지위협정의 재검토'와 '기지의 정리·축소'에 대해 찬성 여부를 묻는 현민투표조례 제정을 직접 청구한 것은 5월 8일이었다.

과격한 술책

한편, 후쿠오카 고등재판소 나하지부는 3월 25일 지사에게 대리서명을 명령하였다. 현측의 전면패소 판결이었다. 지사가 이 명령에 따르지 않았기 때문에, 3월 29일에 하시모토 류타로 수상이 대리서명을 하였다(205~206쪽 참조). 곧 이어 나하방위시설국장은 현수용위원회에 대해 10년 동안의 강제사용을 신청하였고, 동시에 3월 21일로 임대차기한이 끝난 소베통신소, 이른바 '코끼리 우리'의 일부 토지(185~187쪽 참조)에 대한 긴급사용을 신청하였다.

4월 1일, 치바나 쇼우이치가 소유한 소베통신소 토지의 임대차 기한이 이미 끝났지만, 정부(가지야마 관방장관)는 "[임대차 기한이 끝났다고 해

---

1 연합오키나와: 1989년 11월 21일, 전후 일본의 노동운동을 양분해 왔던 총평(일본노동조합총평의회)과 동맹(전일본노동총동맹)이 통합하여 일본노동조합총연합회(연합)를 결성하였다. 연합오키나와는 연합의 오키나와 지부이다.

코끼리 우리를 봉쇄한 나하방위시설국과 불법점거에 항의하는 주민들
사진 제공: 류큐신보사

서 기한 종료 이후의 사용에 대해] 곧 바로 위법이라고는 할 수 없다"고 하면서 그 토지를 '불법 점거'하고는 토지소유자의 출입을 거부하였다. 이날 오키나와현은 고등재판소 판결에 불복하여 최고재판소에 상고하였다.

4월 12일, 하시모토 수상은 미일 양국이 후텐마기지의 전면반환에 합의하였다고 발표하였다[하시모토·멘데일 회담]. 기지의 정리·축소를 위한 첫 번째의 구체적인 움직임이었다. 그러나 그것은 ① 공중급유기의 이와쿠니 이주, ② 카데나기지로 [후텐마]기지 기능의 일부 이전, ③ 현내 타 시설에 헬기 이착륙장(heliport) 건설,[2] ④ 유사시 민간시설의 군사

---

2 후텐마기지는 미 해병대 제3해병원정군의 제1해병항공단 예하 36해병항공군의 주 기지이다. 해병대기지이기 때문에 해병대의 주 공격무기인 헬기를 중심으로 약 70기의 항공기가 배치되어 있으며, 후텐마기지의 이설 조건에 헬기 이착륙장의 건설이 포함되어 있다. 주일 미군기지 가운데 일본 본토의 이와쿠니(岩國)비행장과 더불어 해병대의 주력 항공기지라고 할 수 있다.

이용에 관한 공동연구 등 4개 항목을 모두 해결할 것을 조건으로 달고 있었다. ①에서 ③은 군사기능의 유지·강화였지만 ④는 기지의 정리·축소와는 차원이 다른 새로운 군사협력이었다.

다음 날인 13일, '미군인·군속에 의한 사건피해자의 모임'이 발족하였다. 지금까지 억울하게 그냥 당하고 있던 사람들도 목소리를 내기 시작한 것이다.

이어서 4월 15일에 미일안보협의위는 SACO 중간보고에 따라 후텐마 기지를 포함한 주오키나와 미군기지 11곳의 전부 및 일부의 반환을 결정하였다. 그 반환계획에 따르면, 오키나와의 미군기지는 면적상으로 20% 감소되고, 그렇게 될 경우에 전국 비율 75%인 기지비율이 70%로 감소된다고 하였다. 또한 그 반환계획에는 일단 '3사안'의 대상기지를 포함하여 오키나와현의 행동 프로그램 제1기분 기지의 많은 부분이 들어 있었다. 그러나 이 반환계획도 거의 모두 조각조각으로 나누어 반환하거나 기지의 이설을 조건으로 한 반환이었다. 보는 시각을 달리 하면, 그것은 기지의 정리·통합·집약화이며 노후화한 시설의 갱신이었다.

이러한 반환계획의 발표에 이어 4월 17일 일본을 방문한 클린턴 미국 대통령과 하시모토 수상에 의해 미일안보공동선언이 발표되었다. 이른바 '미일안보 재정의'이다. 공동선언은 미군과 자위대간의 '물품·역무 상호제공협정(ACSA)'의 조인(1996년 4월 15일)을 환영하고 '미일 방위협력을 위한 지침'의 재검토를 개시할 것 등을 명기하였으며, 일본의 군사적 역할을 비약적으로 증대시키는 형태로 미일군사협력을 질적으로 전환시킬 것임을 명확히 했다.

클린턴의 일본 방문, 미일정상회담, 안보 재정의 등에 대해 반전지주회, 위헌공투, 한평반전지주회는 4월 15일에 오사카에서, 16일에는 도쿄에서 '군용지의 강제사용을 허용하지 않는 오사카(도쿄)집회'를 열었고, 17일에는 도쿄에서 '오키나와로부터 안보를 묻는다'라는 심포지엄을 개최하였다. 이런 종류의 집회를 오키나와 측이 주최하여 본토(야마토)에서 개최한 것은 처음이었다. 오키나와 문제가 안보 문제임에도 불구하고, 본토 대중운동은 안보의 확대·강화에 반대한다는 공통 목표를 가진 사람들이 조직적 이해를 넘어서 총결집할 수 있는 상황이 아니었다. 오히려 역으로, 전국 집회가 열리게 되면 오키나와의 공투체제가 중앙조직의 색깔[즉, 조직적 계열화 양상]에 따라 상하로 분단되지 않을 수 없는 상황이었다.

그래서 오키나와 측이 주최함으로써, '작은 차이가 있어도 함께 한다'는 오키나와적 공투체제를 유지하면서 전국 집회를 실현키로 하였던 것이다. 이리하여 본토에서 주최했다면 거의 동석하기가 어려웠을 정당계열의 단체로부터 작은 시민단체, 무당파 개인에 이르기까지 오사카에서 7천명, 도쿄에서 1만 5000명의 사람들이 참여한 집회가 실현되었다.

대부분의 시정촌장이 공고·종람을 거부

오키나와 현지의 움직임으로 이야기를 되돌리면, 5월 12일 현 수용위원회는 '코끼리 우리'의 일부 토지에 대한 긴급사용 신청을 각하하였다. 원래 긴급사용은 사용이 불가능하게 하는 재해 등의 중대한 사태가 생길 우려가 있을 경우, 6개월에 한정하여 인정되는 것이었다. 따라서 "곧 바로 위법이라고는 할 수 없다"면서 사용을 계속하고 있는 것은 긴급사용의 요건을 결여한 것이었다. 현 수용위원회는 이 토지의 긴급사용을 불허하는 한편, 이 토지에 관한 재결신청을 수리하여 요미탄 촌장에게 공고·종람을 의뢰하였다. 그러나 요미탄 촌장이 이를 거부하였기 때문에 지사가 대행할 것이 요구되었다. 지사가 이를 거부했기 때문에 하시모토 수상은 즉시 법적 수속에 착수하여 '권고', '명령'을 한 후, 7월 12일에 지사를 상대로 후쿠오카 고등재판소 나하지부에 직무집행명령소송을 제기하였다.

추가로 말하자면, 현 수용위원회는 6월 6일 소베통신소 이외의 토지에 대해서도 재결신청을 수리하여 관련된 10개 시정촌장에게 공고·종람을 의뢰하였다. 그러나 이에촌을 제외한 9개 시정촌장은 공고·종람을 거부하였다. 1년 전에 대리서명을 거부한 수장이 3명이었기(187쪽 참조) 때문에, 1년 동안의 상황 변화 속에서 미군용지 강제사용을 거부한 수장이 3배로 늘어난 셈이다. 이에 관해서도 지사의 대행을 요구했지만 지사가 이를 거부하였기 때문에, 하시모토 수상은 8월 16일 지사를 제소하였다. 따라서 정부와 현 사이에서는 동시 병렬적으로 ① 대리서명의 상고심, ② 소베통신소의 공고·종람대행, ③ 동 통신소 이외의 공고·종람대행이라는 3개 소송이 진행되게 되었다.

한편, 나하지방재판소에서는 자기 땅에 대해 출입을 요구하는 치바나 쇼우이치와 정부 사이에서 [치바나 쇼우이치가 '코끼리 우리'에 들어갈 수 있도록] 출입을 인정하는 화해가 성립되고 있었다. 정부가 화해에 응한 것은 재판소가 혹시라도 '불법점거'의 위법성을 지적하는 결정을 내리게 될 것을 두려워했기 때문이다.

성립된 현민투표조례

5월 8일에 연합오키나와로부터 조례 제정 청구를 받은 오키나와현지사는 5월 20일에 열린 임시 현의회에서 현민투표조례안을 제안하였다. 조례안은 전회 일치로 가결될 것처럼 보였지만, 막판에 신중한 심의를 위해서 현의회 선거 후에 개선(改選) 전의 [현역] 현의원들로 구성되는 의회에서 조례안을 심의하겠다는 기묘한 결정이 내려졌다.

6월 9일에 투·개표된 현의원 선거 결과, 사대·사민·공산·공명 등 여당이 25의석, 자민·신진 등 야당이 23의석이 되어 지사의 여당이 다

오키나와현민투표의 성사를 위한 기지반대파의 집회
사진 제공: 류큐신보사

수가 되었다. 개선 전에는 야당 25, 여당 21, 결원 2석이었다. 16년 만에 "혁신우위"가 된 것이었다. 현의원 선거 후, 자민당 현의원단은 갑자기 현민투표조례에 반대의 태도를 밝혔다. 그러나 신진당이 찬성하였기 때문에 조례는 성립되었다.

조례반대의 이유로, 직접민주주의는 의회제민주주의를 형해화한다는 주장에서부터 '기지의 정리·축소'나 '지위협정의 재검토'는 10·21현민대회나 현의회 결의에서 확인되었기 때문에 현민투표는 옥상 위에 집을 짓는 것처럼 경비의 낭비라는 것까지 여러 가지가 제기되었지만, 그다지 설득력을 가지지는 못했다.

만약에 현민투표조례에 문제가 있다면 그것을 현의원선거의 쟁점으로 했어야 했다. 선거 기간 동안에는 유권자의 반발이 두려워서 침묵을 지키다가, 선거 후에는 본심을 드러내어, 약간의 반발을 초래하더라도 4년 후의 선거 때까지는 유권자들이 잊어줄 것이라는 현의원들의 태도야 말로 의회제민주주의의 멸망을 자초하는 일일 것이다.

자민당 오키나와현련은 이 단계부터 '섬 전체 투쟁'의 전열을 떠나 자민당 중앙의 첨병이 되었다. 그것은 1994년 6월에 있었던 당 대회 이래의 자립노선으로부터의 큰 후퇴였다.

여러 가지 술책이 있었지만, 현민투표조례는 실질적 논의를 생략한 채 성립되었다. 조례 제정 후 신문의견란 등에 설문 방법이 애매하다거나, "현내 이설 없는 기지의 정리·축소"처럼 명확화 해야 한다거나, 기지의 정리·축소와 지위협정의 재검토는 다른 항목으로 해야 한다거나, 찬성인지 반대인지 한 쪽에 ○표를 하는 투표방식은 복잡하다거나, 투표자격자 연령을 낮춰야 한다는 등 여러 가지 의견이 제안되었다. 이러한 논의가 현의원 선거 과정에서 혹은 현의회에서 있었다면 현민투표조례는 보다 나아졌을 것이다.

오키나와현은 9월 8일을 투표일로 설정하였다. 9월 중순이나 하순에 대리서명소송에 관한 최고재판소 판결이 예상되어 있었기 때문이다.

최고재판소에서 현지사의 패소가 정해지면 당연히 공고·종람에 대한 압력이 강해진다. 오키나와현은 현민투표에 나타난 현민의 의사를 최고재판소 판결에 대한 방파제로 삼으려 했다. 마치 그 의표를 찌르듯이, 최고 재판소는 7월 25일에 현민투표 고시 전날인 8월 28일을 판결일로 지정하였다. 판결은 상고 기각, 즉 현측의 전면 패소였다. 게다가 이례적인 속도로 진행된 판결은 3월의 후쿠오카 고등재판소에서의 판결보다 형식적이며 조잡한 인상을 주었다. 이 때문에 오키나와 사회에 큰 충격을 주지 않고, 오히려 최고재판소의 권위를 실추시켰을 뿐이었다.

유권자의 과반수가 찬성한 기지축소

최고재판소 판결 직전인 8월 26일, 자민당 현련은 현민투표에 관한 현의 계몽활동이 유권자의 자유의사를 속박하는 것이라는 등의 이유로 기

투표하는 오타 지사
사진 제공: 류큐신보사

권을 호소하는 방침을 발표하였다. 자민당 현련과 토지련 이외에, 육상
자위대 제1혼성단의 단장이 대원들에게 기권을 권유하는 발언을 한 것
이 밝혀져서 신중함을 결여했다는 구두 주의를 받았다.

현민투표에 어떻게 대응할 것인지의 문제를 두고 가장 고심한 집단 중
하나는 연합오키나와 산하의 기지노동자 조합인 전주노(全駐労)였다.
1970년대 중반 이후에 정년퇴직자의 결원을 보충하는 형식으로 신규 채
용된 사람들(매년 약 300명)에게는 일본 정부가 '배려 예산'으로 인건비를
지급해 주는 등의 이유로, 기지가 관공청 다음의 좋은 직장으로 인식되고
있었다. 그래서 기지의 계획적 반환과 고용대책을 병행하여 진행했던 전
규노(全軍労) 투쟁의 경험을 가지고 있던 전주노 지도부의 기지 부정 방침
은 이들 노동자들에게 좀처럼 침투하기 어려웠다. 그래도 전주노는 최종
적으로 현민투표 참여와 기지의 정리·축소·철거로의 길을 선택하였다.

현내 고등학생들이 자주적으로 실시한 '현민투표'도 주목된다. 고등학
생 교류집회, 고등학생 평화집회 등을 통해 서로 알게 된 고등학생들이

'고등학생으로 현민투표를 하는 모임'을 만들고 69개 학교에서 4만 1653명의 고등학생에게 참여를 호소하였고, 63개 학교의 3만 6139명이 이에 참여했다. 결과는 '기지의 정리 · 축소' 문항에서 지지가 67%, '지위협정의 재검토' 문항에서 지지가 75%였고 '모르겠다'는 응답이 각각 19%와 18%였다.

9월 8일에 진행된 현민투표에서는 90만 9832명의 유권자 중 54만 1626명이 무더위 속에서 투표소로 발길을 옮겨, 그 중 48만 2538명이 기지의 정리 · 축소에 찬성표를 던졌다. 투표율은 59.53%, 이 중에서 찬성표는 89.09%를 차지하였고 전 유권자에서 차지하는 비율은 53.04%였다. 명확한 의사표시가 있었던 것이다.

하지만 사전의 열기로 봤을 때 6할이 못되는 투표율은 오키나와와 야마토를 가리지 않고 많은 사람들에게 "낮다"는 첫인상을 주었고, 그것이 현민투표의 결과를 극히 낮게 평가하려는 사람들에 의해 정치적으로 이용당하기도 하였다.

지사는 이 결과를 "기지문제를 해결하지 않으면 오키나와에 밝은 미래를 만들 수 없다는 인식의 표명"이라고 평가하면서도, 이번 결과를 강제사용에 대한 거부를 관철했으면 한다는 현민의 의사표시로 받아들이는가라는 물음에 대해서는 "대답할 수 없다"는 신중한 자세를 보였다. 그리고 공고 · 종람대행에 대해서는 10일의 하시모토 수상과의 회담에서 "정부의 대응을 듣고 나서, 현으로서의 생각을 정리하겠다"면서 언급을 회피했다(오키나와타임즈, 1996년 9월 9일).

지사의 공고 · 종람대행 응낙

하지만 이러한 발언을 통해 지사의 대행 응낙을 예측한 사람은 거의 없었다. 좋게 말하자면 신중, 나쁘게 말하자면 우유부단한 지사의 언동도

만만치 않은 정치 전술로 보였다. 과거의 공고 · 종람대행이나 '3사안'의 대응에 대해 비판적이었던 사람들도 포함하여, 이 1년 동안 지사에 대한 평가는 크게 높아졌다. 민중 여론을 등에 업은 지사가 중앙정부와의 대결 과정에서 정치가로 단련되어가는 모습도 엿보였다. 따라서 8월 중순 이후에 부지사 주변에서 최고재판소에서 패소하면 대행을 응낙한다는 뉴스가 흘러 나왔지만, 그것도 늘 물러설 곳을 찾고 있던 부지사와 원칙을 유지하고자 하는 지사 간의 대립으로 이미 몇몇 국면에서 일어났던 일이기 때문에, 이를 응낙에 대한 사전 공작이라고 해석하는 사람은 거의 없었다.

그런 만큼 9월 13일, 지사가 하시모토—오타 회담의 내용을 평가하면서 공고 · 종람대행 의사를 밝혔을 때 많은 사람들, 특히 반기지투쟁이나 지사의 재판지원, 현민투표의 성공에 전력을 기울인 사람들은 놀라서 어안이 벙벙할 정도였다. 그 후로 얼마동안 여기저기에서 칠다이(チルダイ—맥이 빠진 상태를 가리키는 오키나와어)라는 말이 들렸지만, 지사와 함께 싸워 왔다고 자부하는 사람들에게 있어서 그것은 분노하는 것조차도 일순간 잊게 할 만한 사건이었다.

지사가 대행응낙을 결단한 첫 번째 이유는 의회의 해산과 총선거에 의해 지금까지의 대정부 교섭이 허사가 될 지도 모른다는 우려 때문이었다. 지사는 반전지주나 한평반전지주들과의 회견 자리(9월 13일)에서도 "총선거 결과, 기지문제에 이해심이 없는 보보(保保)연합정권[3]이라도 생

---

3 당시의 내각은 보 · 혁 연합정권이었다. 1993년 7월 18일의 총선거 직후 사회당(77), 신생당(60), 공명당(52), 일본신당 · 사키가케(52), 민사당(19) 등 7개 정당은 '비자민 · 비공산'의 깃발 이레 결집히어 일본신당외 당수 호소카와를 수상으로 하는 내각을 탄생시켰다. 이 연합으로 260석을 확보하여 의석수의 50.6%를 점했던 것이다. 반면, 자민당은 228석, 공산당은 15석이었다. 다음해 4월 25일에 신생당의 하타가 후임 수상으로 취임하지만, 이 과정에서 신당 사키가케와 사회당이 연립정권을 이탈했고, 6월 27일에는 자민, 사회, 사키가케 3당의 연립정권이 탄생하여 사회당의 무라야마가 수상에 취임하였다. 무라야마의 사회당이 미일안보체제 견지, 자위대 합헌, 히노마루 · 기미가요 용인 등 과거 사회당의 정책과 결별했음에도 불구하고, 오타 지사는 사회당이 참여한 연합정권을 보 · 혁 연합정권으로 보고 여기에 어느 정도 기대

기면 어떻게 할 것인가"라고 말하였다.

하지만 지사를 선두로 하여 오키나와 민중이 이 1년 동안 개척해온 상황은, 총선거 결과의 숫자 맞추기로 성립되는 [즉, 과반수 의석을 확보하기 위한 여러 정당들의 합종연횡으로 구성되는] 정권의 의향에 따라 백지화할 수 있는 것이 아니었다. 역으로, 총선거는 전후 일본에 있어서 구조적인 오키나와 차별이라고 할 수 있는 미일안보체제에 근본적으로 의문을 제기할 수 있는 절호의 기회였다.

[1995년의 소녀 폭행사건과 같은] 특별한 일이 없을 때, 여론은 몇 십년 동안 기정사실로 존재해 온 안보체제를 타성적으로 지지하고 있었다. 하지만 그 곳에 큰 문제가 있다는 것이 밝혀지자 여론은 크게 변화하였다. 1995년 9월을 전후로 하여 실시된 2개의 여론조사는 이를 잘 보여준다. 1995년 8월과 10월에 진행된 일본경제신문의 여론조사 결과에서 "미일안보체제를 어떻게 해야 하나"라는 항목을 비교하면, '현재의 체제 유지'가 59.85%에서 43.5%로 급감하고 '해소해야 한다'는 의견이 28.7%에서 40.2%로 급증하여, 조사자 자신이 "예측을 크게 넘어선 결과"(일본경제신문, 1995년 10월 17일)라고 놀라워하고 있었다. 1994년 4월과 1995년 12월에 진행된 마이니치(每日)신문의 미일안보에 관한 항목을 비교하면, '이대로 유지'가 53%에서 30%로 급감하고 '앞으로 없애야 한다'가 16%에서 35%로 급증하고 있었다. 여론은 극히 유동적이었다. 바꿔 말하자면, 총선거는 1년에 걸친 오키나와의 투쟁의 성과를 시험해 볼 기회였다.

를 걸고 있었다. 그 후 1995년 7월의 참의원 선거에서 사회당이 참패하면서 자민당 총재였던 하시모토 류타로가 수상이 되었다. 오타 지사는 사회당이 참여한 연합정권이 붕괴하고 보수세력들의 연합으로 보·보 연합정권이 탄생할 것을 우려하고 있었지만, 1996년 10월 20일에 치러진 선거 결과에서 비록 자민(239), 사키가케(2), 사민(15, 구사회당)의 연합정권이 유지되었음에도 불구하고, 사회당의 참여는 이미 유명무실한 것이 되어 버렸다.

그리고 오키나와 문제를 선거 쟁점에서 제외하려고 애쓰고 있던 쪽은 당연히 일본 정부였다. 오타 지사가 대행응낙 의사를 표시함에 따라, 하시모토 수상은 "최대과제였던 오키나와 문제의 타개를 성과로 삼아서 중의원 해산, 총선거를 향한 움직임을 본격화"하였다(아사히신문, 1996년 9월 14일).

대행응낙의 두 번째 이유는 특별입법(미군용지특조법의 개정)에 의해 미군용지 강제사용의 수속[과 관련된 지자체의 권한]을 모두 국가에게 빼앗길지 모른다는 두려움이었다. 지사는 앞서 열린 반전지주나 한평반전지주들과의 회견 자리에서도 "특별입법의 제정은 어떻게든 막아야 한다"고 강조했었다. 하지만 대행응낙으로 미군용지특조법의 개정을 저지할 수 있다는 보장은 어디에도 없었다.[4]

대행응낙의 세 번째 이유는 기지문제는 차치하고, 진흥개발정책에서 일정한 성과가 얻어졌다면서 만족하는 사람들의 압력이었다. 이 문제는 재계인까지 포함하여, '섬 전체 투쟁'의 아킬레스건이었다.

하시모토–오타 회담에 뒤이은 각료회의 결정과 그에 따라 발표된 수상 담화에서, 중요한 기지문제에 관해 성심성의껏 노력한다는 구두약속 이외에 새로운 것은 아무 것도 없었다. 구체적인 것이라고 해봤자, 국제도시 형성 구상이나 규제완화 등과 관련된 오키나와특별대책조성비 50억 엔의 예산 책정과 오키나와정책협의회의 설치, 이 2가지였다. 그러나 오키나와 정책협의회는, 이미 설치된 오키나와미군기지문제협의회 멤버를 수상과 훗카이도개발청 장관을 제외한 전 각료로 확대·신설한 것이었기 때문에 결과적으로는 기지문제를 진흥개발정책으로 바꿔치기한 것이었다.

---

4 실제로 오타 지사가 대행 응낙 의사를 표시한 뒤인 1997년 4월 17일에 미군용지특조법의 개정 법안이 중·참 양 의원을 통과하였다. 이때의 개정이 사용 기한이 종료한 군용지를 강제로 사용하기 위한 임시방편이었다고 한다면, 보다 자세한 내용은 215~219쪽과 235~238쪽의 본문 내용을 참조.

이와 별도로 8월 19일, 관방장관의 사적인 자문기관으로 오키나와간담회가 발족되었다. 이것은 오키나와 미군기지가 소재한 시정촌에 관한 간담회로, 후에 간담회의 책임자인 시마다 하루오(島田晴雄) 교수의 이름을 따서 '시마다 간담회'라 약칭되었다. 이 오키나와간담회에는 오키나와 경영자협회 회장, 연합오키나와 회장, 메이오우(名桜)대학 학장, 류큐신보와 오키나와타임즈 양 신문사 사장 등 오키나와 측 유식자들도 참여했다. 이 모임의 주요 주제가 기지 소재 시정촌의 폐쇄감과 고립감을 어떻게 완화시킬 것인가에 있었지 기지의 계획적 반환이나 반환지의 이용, 기지종업원의 고용대책이 아니었다는 점은, 그 명칭으로 볼 때도 명확했다. '시마다 간담회'는 발 빠르게 움직여 11월에, 7년 동안 1000억 엔의 예산을 책정할 것을 기지 소재 시정촌 진흥비로 제안했다.

여러 레벨의 자문기관이나 협의회가 기지의 정리 · 축소 · 철거와는 다른 방향으로 움직이기 시작했다는 인상을 지울 수 없다. 공고 · 종람대행이 다시금 술책의 수단으로 사용된 것이 분명했다. 해산 · 총선거의 움직임에 압력을 느낀 지사는, 현민투표에 나타난 현민의 의사보다 하시모토 정권과의 신뢰관계를 선택했다. 하지만 술책은 정부가 한 수 위였다.

10월 20일의 중의원 의원선거에서 오키나와의 투표율은 56.84%로 전국평균인 59.65%를 밑돌았다. 복귀 후 18번 이루어진 국정선거에서 오키나와의 투표율이 전국 평균을 밑돌았던 적은 한 번도 없었으며, 특히 중의원 선거는 70%대를 유지하고 있었다. 최고재판소 판사에 대한 국민심사[5]에서 불신임율은 34.06%로, 도도부현별로 불신임율이 2번째로 높

---

5 국민심사: 최고재판소의 재판관이 그 자리에 적합한 인물인지를 심사하는 제도를 말한다. 각 재판관이 임명된 뒤, 최초의 중의원 선거에 즈음해서 국민심사가 이루어지고, 10년 뒤의 중의원선거 총선거 무렵에 다시 한번 국민심사가 이루어진다. 이때 유효투표의 과반수가 파면을 지지할 경우, 해당 재판관은 파면된다. 공무원의 지위보장에 대해 주민소환제도의 요소를 도입한 것으로서, 사법권의 오 · 남용에 대해 주권자인 국민이 직접 심판하는 제도다.

았던 교토부(京都府)의 2.4배를 기록하였다. 이를 가는 민중들의 분노가 전해져 온 투표결과였다. 오키나와기지의 현상이 아무것도 변하지 않은 이상, 오키나와 민중은 그 분노를 에너지로 삼아 '치루다이' 상태에서 벗어나야 했다. 투쟁의 주역은 본래 지사가 아니라 민중이어야 했다.

미군용지특조법 개정

1995년 9월의 대리서명 거부로부터 약 1년에 걸친 '지사를 선두로 한 섬 전체 투쟁'의 시대가 끝나고 지사가 주역의 자리에서 내려가자, 반기지운동의 전면에 나선 것은 원래의 주역인 반전지주를 중심으로 한 민중운동이었다. 토지련, 지사, 경제계 및 여기에 연결된 층에게 '사탕'을 던져주기로 약속한 일본 정부는 반기지운동을 무력화하기 위해 미군용지특조법을 개정할 기회를 노리기 시작했다. 반전지주, 그 중에서도 한평 반전지주를 안보에 반대하는 특수한 이데올로기 집단으로 그려내려는 움직임도 눈에 띄기 시작했다.

예를 들어, 오타 지사의 공고 · 종람대행을 화제로 한 TBS 텔레비전방송의 '선데이 모닝'이라는 프로(1996년 9월 15일)에서 기시 시게타다(岸井成格) 마이니치신문 편집국 차장은 "내년 5월, 강제사용기한이 끝나는 3001명 중에서 2885명은 본토의 반전지주들입니다. 오키나와현의 사람들이 아닙니다. 거기에는 어떤 정치적 의도가 있습니다…"라고 말하였다. 한평지주는 오키나와현의 사람들이 아니라고 한 것이다. 전혀 사실에 근거하지 않은 이 발언은 무지의 소산이라기보다 의도적 왜곡이라고 해야 할 것이다. 게다가 그는 지사가 지금 공고 · 종람대행에 응하지 않으면 특별입법으로 토지를 강제 사용해야 한다면서 법 개정을 선동하는 발언을 하였다.

이러한 분위기의 확산을 등에 업고, 예를 들어 오부치 케이조(小渕恵

三) 자민당 부총재(후의 수상)는 다음과 같이 말했다.

> "지주가 3만 2600명 있고, '(국가가 사용해도) 괜찮다'고 하는 사람이 2만 9500명. … 의도적으로 안 된다고 하는 사람들이 3000명 정도 있다. 그 중에서 2900명이 이른바 한평지주다. 한평지주가 가지고 있는 것은 총계 0.2ha. 나누기를 하면 한 평도 되지 않고 방석(座布団) 하나 정도. '방석 지주'가, 방석 정도도 없어서 '손수건(ハンカチ) 지주'다. 그러나 이 사람들이 물러나지 않으면 일본(정부)의 (사용)권리가 없어진다고 하니 … 이 문제는 법률을 고치든가 어떻게 해서든 반드시 해결할 것이다" (아사히신문, 1997년 3월 14일).

또한 가토 고이치(加藤紘一) 자민당 간사장의 "'활주로에 가건물'은 곤란하다"(아사히신문, 1997년 3월 6일)는 발언도 동일한 정치적 의도로 일관한 것이었다.

확실히, 지사의 대리서명 거부와 이에 대한 정부의 대응 미숙으로 미군용지 강제사용 수속은 대폭 늦어지고 있었다. 그래서 수용위원회는 원래 한 달에 한 번밖에 열지 않았던 공개심리를 2번 여는 등, 심리의 가속화를 위해 노력하고 있었다. 한편 수용위원회는 심리의 첫머리에 "준사법적 중립기관으로서 엄정 중립의 입장에서 실질심리를 진행한다"는 방침을 명확히 했었기 때문에, 지금까지와 같은 혼란 없이 공개심리는 담담하게 진행되었다. 그래도 5월 15일에는 1987년 5월부터 10년 동안 강제 사용된 토지의 사용기한이 끝나는 것이 확실했다.

하지만 기한이 끝났다고 해서 활주로에 있는 반전지주의 땅에 곧 바로 가설건물이 생길 것이라고 한다면, 사용기한이 끝난 지 이미 1년이 더 지난 소베통신소의 '코끼리 우리'에는 빌딩이 생겼을 것이다. 일본의 법제도 아래에서는 사용기한이 끝났다고 해서, 토지소유자가 그 땅을 곧 바로 자유롭게 사용할 수는 없다. 토지로의 출입이나 명도(明渡)도 가처

분신청이나 명도소송 등의 수속을 거쳐 재판소의 판단에 의해 인정되어야 하며, 자력구제는 인정되지 않는다. 또한 조약상의 업무 이행이 어렵게 될 우려가 있을 경우에는 긴급사용 신청도 할 수 있다. 요컨대 정부는 반전지주, 특히 한평반전지주를 희생양으로 삼아 미군용지특조법을 개정하여 미군용지의 강제사용을 용이하게 함으로써 오키나와 민중들의 저항 수단을 빼앗으려 한 것이다.

1997년 3월 25일, 하시모토 수상은 오타 지사에게 미군용지특조법 개정 의향을 전했다. 그 때 수상은 현안인 '5·15합의 메모'(70~71쪽 참조)를 지사에게 전달했다. 하지만 전면적으로 공개된 이 메모에는 오키나와 미군기지가 복귀 전과 마찬가지로 사용될 수 있다고 한 것 이외에, 25년 동안이나 비밀로 했어야 할 정도의 군사기밀은 일체 포함되어 있지 않았다. 그러한 문서의 공표를 특조법 개정에 대한 반발을 잠재우기 위한 수단으로 사용했던 것이다(또한 수상은 이 날 회담에서 나고시에 국립고전(高專)을 설치할 것을 제안하여, 2004년 4월 나고시 헤노코(辺野古)에 국립오키나와공업고등전문학교가 개교되었다). 개정된 미군용지특조법은 4월 3일에 각료회의에서 결정되었고 하시모토 수상과 제1야당인 오자와 이치로(小沢一郎) 신진당 당수의 합의 결과, 아무런 실질 심의도 거치지 않은 채 중·참 양원을 통과하여 4월 17일에 성립되었다. 4월 24일에는 하시모토 수상의 미국 방문이 예정되어 있었다. 특조법 개정은 미국 방문의 선물이기도 했을 것이다.

정부는 이 법의 개정이, 수용위원회에 재결 신청한 토지에 대해 재결이 나올 때까지 잠정 사용을 요구하는 긴급 피난적 조치이며 최소한의 법 개정이라고 강변했다. 그러나 그 실태는 "중립적인 제3자 기관(수용위원회)의 판단을 사실상 일체 배제하고, 잠정사용의 명목으로 영속적인 강제사용을 도모하는 법률"이었다. 즉 수용위원회의 재결이 나올 때까지 잠정 사용할 수 있을 뿐만 아니라, 수용위원회의 재결에 대해 사업시행자(나하방위시설국)가 불만이 있을 경우에 건설대신에게 심사청구를 할 수 있으며, 그 심사가 이루어지는 기간 중에는 몇 년이라도 강제사용을 이어갈 수 있게 된 것이다.

이러한 법 개정에 중의원 의원의 9할, 참의원 의원의 8할이 찬성하였다. 이 비정상적인 상황에 대해 법 개정을 추진하는 입장인 노나카 히로무(野中弘務) 자민당 간사장 대리조차 대정익찬회(大政翼贊會)[6]적인 두려움을 느꼈다고 술회하였다(오키나와타임즈, 1997년 4월 22일). 바야흐로 '안보익찬체제'의 성립이었다. 다만 오키나와에서 선출된 8명의 국회의원에 대해 말하자면, 찬성이 3명이고 반대가 5명이었다. 반대 중에는 당의 방침에 반대한 신진당 소속의원도 포함되어 있었다. 그 배후에는 현의회 결의나 시정촌의회 결의, 여론조사의 숫자나 지역 2개 신문의 논조 등에 나타난 오키나와의 여론이 있었다. 개정 특조법의 성립은 일본의 정치가 오키나와 여론을 압살하는 구조를 상징적으로 표현하고 있었다. 이러한 상황은 오키나와 사회에 독립론적 분위기를 분출·확대시켰다. 그러한 독립론적 분위기는 정치적 대결의 도식에 의해 만들어졌을 뿐만 아니라, 음악이나 문학, 스포츠 등의 세계에서 우치난츄(오키나

---

6 대정익찬회(大政翼贊會): 1937년 중일전쟁의 발발과 더불어 일본은 본격적인 전시동원체제를 성립시켰다. 한편으로 국민들의 전의를 고양시키기 위해 '거국일치, 진충보국, 견인지구'를 슬로건으로 삼아 '국민정신총동원운동'을 전개했고, 다른 한편으로는 1938년에 '국가총동원법'을 제정하여 문화통제, 금융통제, 물가를 비롯한 사회자원 통제, 인적자원의 통제를 실시하였다. 1940년 10월 12일에는 정치의 일원적 통제를 위해 대정익찬회를 조직하였다. 9월에 이미 '부락회, 반상회(町內會)' 등 정비요령'이 공포되어 모든 국민들이 린조제(隣組制)로 편성되었다. 이후, 부락회나 린조가 행정사무의 권한을 대신하는 한편, 물자의 배급이나 동원까지 맡게 됨으로써 일반국민들은 이러한 조직을 떠나서는 생활할 수 없게 되었다. 1942년 5월에는 대일본산업보국회, 농업보국연맹, 상업보국회, 대일본부인회, 일본해운보국회, 대일본청소년단 등을 통합하여 대정익찬회의 산하에 두고, 이를 부락회나 린조제와 결합시켜 전국민을 일원적인 통제기구 하에 포괄하였다. 즉, 대정익찬회는 군국주의적인 정치동원체제, 일원적인 국민통제체제를 상징하는 것이었다.

와인)의 활약이나 오키나와 문화의 재평가에 의해 힘을 얻은 문화적 자신감의 표출이기도 했다. 문화적 자신감과 정치적 힘이 상승효과를 낳은 측면도 있었던 것이다.

그럼에도 불구하고 이 사회적 분위기는 자칫하면 '술집 독립론(居酒屋独立論)'으로 귀착되기 십상이었다. 여기서 말하는 '술집 독립론'이란, 한 잔하고 있을 때는 비분강개하여 "이렇게 되면 독립이다"라고 기염을 토하다가, 취기에서 깨어나면 군사기지와의 공존을 조장하기 위한 고율보조정책 등의 특별조치에 푹 빠진 일상으로 돌아가 버리는 상태를 가리킨다. 이러한 상태와 결별하지 않는 한, 독립은 물론 어떠한 형태의 자립도 요원하다. 기성국가의 제도적 틀에서 이탈하는 것을 염두에 둔다면, 기지와의 공존에 안주해 온 일상과 결별하려는 결의를 결여한 독립환상은 1국2제도적인 규제완화라는 것과도 쉽게 연결된다. 그리고 민중의 반권력 의식을 심정적인 [또는 감상적인] 차별고발론으로 확산·침잠시킬 우려가 있다.

개정 특조법이 중의원을 통과했을 때 오타 지사는 법의 차별성을 지적하면서 "일본에 있어서 오키나와란 무엇인가"라고 물었지만, 정부에 대한 신뢰감에는 흔들림이 없다고 다짐하는 일을 잊지 않았다. 1996년 9월의 하시모토─오타 회담을 계기로 오키나와현의 반기지 입장은 현저히 약화되었고, 대신 자유무역지대(Free Trade Zone)나 무비자제도 등 1국2제도를 둘러싼 논의가 전면에 등장하였다. 정부의 재촉에 떠밀려, 오키나와현은 1997년 11월에 2005년을 목표로 오키나와의 전 현을 자유무역지대로 한다는 제안을 결정하였다.

나고(名護) 시민투표의 승리

지사의 [공고·종람]대행 응낙 직후에 하시모토 수상이 후텐마기지의 대체시설로 해상 헬기기지(Heliport) 안을 밝혔지만, 1996년 12월에

SACO가 후텐마 대체시설은 만약 그 대체시설이 불필요하게 될 경우 철거가 가능한 해상시설로 하는 것이 좋겠다는 최종보고서를 정리하였고, 이듬해인 1997년 1월에 미일 양 정부는 건설장소를 캠프 슈와브 앞바다로 합의하였다. 현지에서는 헤노코 앞바다가 최종적으로 확정되기 이전부터 나고시장이나 시의회를 포함하여 지역 전체가 맹반발하고 있었다. 그러나 오타 지사는 대체시설의 후보지로 카데나 탄약고지구나 나카구스쿠(中城)만 앞바다가 나왔을 때에는 지역과 함께 강하게 반대했음에도 불구하고, 이번에는 "우선적으로는 현지 지자체와 국가간의 문제"라며 방관자적인 태도를 취했다. 당초에는 나하방위시설국의 사전조사를 위한 협력요청에 대해 "현과의 동석이 전제"라며 거부했던 히가 데츠야(比嘉鉄也) 나고시장도, 현으로부터 버림받고 난 뒤인 4월 18일에는 대체시설건설에는 원칙적으로 반대하지만 사전조사는 용인한다는 쪽으로 태도를 바꾸었다. 그러자 오타 지사도 나고시장과의 회담 후, 시장의 입장을 지지하면서 사전조사를 위한 헤노코 앞바다의 보링조사[7]를 용인하였다. 지사는 대리서명 거부 이전의 단계로 되돌아 간 것이다.

하지만 현지에서는 가만히 있지 않았다. 미군용지특조법 개정에 대한 분노를 원동력으로 삼고 현민투표의 경험을 살려, 즉시 자기결정권의 획득을 향해 움직이기 시작한 것이다. 현지 헤노코의 '생명을 지키는 모임'이나 '헬리포트는 필요 없다, 나고시민의 모임' 등 21개 단체는 6월 6일에 시민투표추진협을 결성하고 시민투표조례 제정 청구에 나섰다. 이 무렵, 이미 히가 데츠야 나고시장이나 시의회 내부에서 다수를 차지하고 있던

---

7 보링(ボ·リング, boring)조사: 지질·광상조사 등을 위해서 땅속에 깊은 구멍을 뚫는 작업이다. 헤노코 연안에 기지를 건설하기 위해서는 그 지반에 대해 자세한 정보가 필요하며, 이를 토대로 건설계획을 세우게 된다. 따라서 이후에 헤노코의 신기지 건설을 둘러싼 공방은 보링조사를 실시하려는 정부와 이를 저지하려는 주민·시민들 간의 대립으로 구체화되었다.

상공에서 본 헤노코곶의 모습
사진 제공: 나고헬기기지반대협

시장의 여당은 해상기지 용인과의 교환조건으로 북부지역 진흥책을 끌어내는 방향으로 결단을 내리고 있었다. 따라서 시민투표조례 제정에는 난색을 표하고 있었지만, 시민투표조례 제정 청구 서명자가 시장 선거에서 히가 시장이 얻은 득표를 능가하여 유권자의 46%(1만 7539명, 사람들은 이 숫자를 '이이(좋다) 나고 쌩큐'라고 읽었다)[8]에 달하자 태도를 일변하여 시민투표의 내용을 변경한 다음, 조례를 제정하기로 하였다.

즉, 시장은 해상헬기기지 건설 여부를 묻는 원래의 조례안[9]을, '찬성', '환경대책이나 경제효과를 기대할 수 있기 때문에 찬성', '반대', '환경대책이나 경제효과에 기대할 수 없기 때문에 반대'라는 4지 선택 방식으로

---

8 1997년 8월 13일 시민투표추진협이 선거관리위원회에 제출한 서명자 수는 유권자의 52.1%에 달하는 1만 9734명이었다. 이 중에서 선관위가 유효서명으로 인정한 것이 1만 7539명이었다. 그 숫자를 일본어로 읽으면 '이치 · 나나 · 고 · 산 · 큐'가 되는데, 이것을 "이이 나고 쌩큐"라고 읽은 것이다.

9 시민투표추진협이 원래 제출한 조례안의 투표 방식은 찬성, 반대의 2지 선택 방식이었다.

해상헬기기지반대협 관계자들이 나고시민투표의 결과를 전해 듣고 기뻐하고 있다
(1997년 12월 21일)
사진 제공: 류큐신보사

수정하고, 현상유지냐 진흥책이냐의 선택으로 바꿔치기한 것이다. 시민
투표조례는 이제 조례 제정 추진파가 반대하고 역으로 반대파가 찬성하
는, 전도된 형태로 성립되었다.[10] 조례 성립과 동시에, 건설업계를 중심
으로 하여 북부지역의 경제인 등으로 조직된 '나고시 활성화 촉진 시민
의 모임'이 "'환경대책이나 경제효과를 기대 할 수 있으니 찬성'에 ○표
를!"하는 서명운동을 개시하였다. 오키나와청년회의소의 초청으로 오키
나와를 방문한 하시모토 수상은 11월 21일에 정부 주최의 '복귀 25주년
기념식'을 진행하면서, 오키나와의 밝은 미래를 전망하는 오키나와선언

---

10 9월 26일부터 시민투표추진협이 직접청구한 시민투표조례안에 대한 심의가 시작되
었다. 50석의 방청석이 연일 만원을 이룰 만큼 의회 밖의 열기가 뜨거웠다. 하지만
3회에 걸친 심의는 연장되었고, 10월 2일의 심야회의에서 시민들이 청구한 조례안
은 상정되지도 않은 채, 여당측이 제출한 수정안이 찬성 17, 반대 11로 가결되었다.
이에 대해 시민투표추진협의 미야기(宮城康博) 대표는 "유권자의 거의 반수에 달하
는 시민이 서명하여 제정을 요구한 주민투표조례의 핵심을, 그런 식으로 왜곡하여
제정한 것은 서명도둑질(署名泥棒)이 아닌가"라고 격렬히 비판하였다. 시민투표추
진협은 시장이나 여당의원들에 대한 소환까지 검토하였지만, 결국 시민투표의 승리
를 위해 전력을 다하기로 결정하였다.

을 발표하고 싶다고 말하였다. 이 해 5월 15일, 오키나와는 미군용지특조법 개정이나 강제사용 기한의 종료 문제로 떠들썩해서 기념식을 거행할 분위기가 아니었지만, 72년 오키나와 반환을 합의한 미일공동성명이 발표된 날이 1969년 11월 21일이었다는 점에 눈을 돌린 것이었다. 시민투표 실시일은 이로부터 정확히 한 달 후인 12월 21일로 설정되었다. 11월에 들어가자 무라오카(村岡) 관방장관, 가지야마(梶山) 전 관방장관, 야마나카(山中) 자민당 세조회장 등 오키나와에 인연이 있는 정부 고관이나 자민당 간부가 잇따라 나고를 방문하여 해상헬기기지 건설에 대한 협력을 요청하고 북부진흥에 관한 요망(要望)을 들었다. 나하방위시설국은 직원들을 2인 일조로 편성하여 칼라 인쇄 팸플릿을 지참시키고는 협력요청을 위해 나고시의 전 호를 호별 방문시켰다. 지역경제계를 끌어들이면서 정부 전체의 대 캠페인이 전개된 것이다.

이때 캠페인에 대항한 것은 시민투표추진협을 개칭·발전시킨 '해상헬기기지 반대협의회'(해상헬기기지 반대, 평화와 나고시정 민주화를 요구하는 협의회)였다. 풀뿌리 민중 한 사람 한 사람의 의사를 결집시켜 미일 양 정부가 강요하는 군사기지건설에 명확한 반대 의사를 펼치려는 이 운동에 대한 공명과 공감은 나고 지역을 넘어서, 나아가 오키나와를 넘어서 확산되었다. 특히 지금까지 일관되게 후텐마기지의 철거를 요구해 온 기노완 시민의 대부분이 나고로 달려가서 기지피해의 심각성과 위험성을 호소하였다. 기노완 여성들은 '가마두 궈의 모임'[11]을 결성하고, 현

---

11 가마두 궈의 모임(ガマドゥ-小たちの集い): 가마두(ガマドゥ)는 예전에 오키나와의 시골에서 서민층 여성들에게 가장 널리 붙여졌던 이름이라고 한다. 현존하는 가마두들은 90세 전후 정도이다. 궈(グヮー)는 小자의 음으로 표시되는데 애칭(愛稱)으로 사용되는 오키나와식 표현이다. 굳이 일본어로 바꾸자면, 친근감을 표시하기 위해 여자아이의 이름 뒤에 붙여 주는 일본어 ちゃん 정도의 표현이다. 즉, '가마두 궈의 모임'은 보통 여자들의 모임인 것을 강조하기 위한 오키나와식 명칭이라고 할 수 있다.

지 여성들과 조를 만들어 집집마다 방문하여 "우리가 겪고 있는 공포나 어려움을 당신들이 맛보게 하고 싶지 않다"고 하면서 신기지건설 거부를 호소하였다. 기노완 사람들의 활동으로 기지문제를 실감한 사람들도 적지 않았다.

찬성파의 표 모으기에 가장 효과가 컸던 것은 부재자 투표라는 이름의 관리투표였다. 기업에 동원목표를 할당하여 송영(送迎)[12]·감시하면서 진행된 부재자 투표자는 유권자의 19.99%(투표자 총수의 24.24%)에 달했다. 투표자의 4분의 1은 투표 전날까지 이미 투표를 완료했었던 것이다. 그 중 대부분이 찬성표인 것으로 예상되었다. 찬성파는 물량대작전과 모략적인 집표활동의 성공을 확신하고 있었으며, '나고시 활성화 촉진 시민의 모임' 대표는 "한 표 차이라도 승리는 승리", "시장은 투표자의 과반수의 의사를 따르는 것이 당연"하다며 자신만만해 했다.

그럼에도 나고시민은 기지를 거부하였다. 투표결과는 투표율 82.45%에 '찬성' 8.13%, '환경대책이나 경제효과를 기대할 수 있어서 찬성' 37.18%, '반대' 51.63%, '환경대책이나 경제효과를 기대할 수 없어서 반대' 1.22%였다. 나고시민투표는 지역주민의 자기결정권 획득을 향해 생활(풍요)의 내실을 문제시하였고, 나아가 인간으로서의 긍지를 보여주었다.

나고시장 선거에서 현지사 선거로

이 결과는, 보수적인 색채가 강한 이 지역에서 오랫동안 군림해 온 히가 시장에게는 큰 충격이었을 것이다. 그는 투표 이튿날, 야당 의원단에

---

12 송영: 직장의 상급자나 찬성파로 알려진 직장 동료를 성향이 의심되는 유권자 개인별로 배당한 뒤, 유권자를 투표장까지 데리고 가서 투표를 시킨 후에 귀가시키는 방식이다.

게 "기지 수락은 단념하지 않을 수 없다"는 말을 입 밖으로 내고 있었다.

한편, 투표결과가 명확해진 순간부터 정부, 자민당 관계자는 "승리선언이다. 이를 받아서 지사나 시장이 결단하면 된다. 우리가 기대할 수 있는 조건이 갖추어졌다"(노나카 자민당 간사장 대리), "예상보다 찬성표가 확실히 많았다"(하시모토 수상), "정부로서는 투표결과를 받아들인다는 생각은 없다"(스즈키 무네오(鈴木宗男) 오키나와개발청 장관)면서 정색하고 나섰다. 시민투표의 결과는 법적 구속력도 없고, 지자체 수장이 참고해야 할 설문조사 같은 것에 불과하다는 것이 그들의 입장이었다. 그들은 반대와 찬성의 차이가 근소하다면서 시장이나 지사에게 결단을 강요했다.

히가 나고시장은 오타 지사에게 면회를 요청했다. 도움을 청했다고 하는 것이 맞을지 모른다. 만약 이때 지사가 시장과 만나서 공동으로 우리는 시민투표의 결과(민의)를 존중하여 해상기지 건설에 반대한다고 선언했었다면 정부가 약점을 이용할 틈을 주지는 않았을 것이다. 하지만 그렇게 되지 않았다. 지사도 역시 투표결과의 무게를 느끼고 있었지만, 투표결과와 정부의 압력 사이에서 동요하고 있었다. 지사는 일정조정이 어렵다는 이유로 면회에 응하지 않았다. 결국 예산 절충을 위해 상경하는 지사를 따라 상경하여 도쿄에서라도 만나기를 희망하고 있던 히가시장을 붙잡은 것은 정부측이었다. 1997년 12월 24일, 급기야 하시모토-히가 회담이 정해지고 북부진흥을 원하는 히가 시장이 기지를 받아들이면서 사임하였다. 자신의 정치생명에 종지부를 찍겠다고 밝히는 눈물겨운 일막극이 연출되었다. 사임하지 않을 경우, 주민들에 의해 소환된 뒤 재출마한다고 해도 당선은 불가능에 가까웠다.

같은 날, 하시모토 수상은 오타 지사에게 히가 시장의 영단을 전하고 직접담판의 자리에서 지사의 결단을 강요하였다. 그러나 지사는 승낙하지 않았고, 1월 중순에 수상과 만나 최종결단을 전하겠다고 약속하였다. 시민의 의사를 짓밟은 시장의 행위와 시장을 그곳까지 몰아넣은 정부 및 자민당에 대한 분노는 오타 지사에게 해상기지건설반대의 의사표명을 강요하는 힘으로 전화되었다. 그 선두에 선 여성들의 그룹은 '마음을 전하는 여성들의 목소리 네트워크'로 결집하여 현청으로 몰려왔다. 1998년 1월 10일 무렵이 되자 지사는 겨우 반대의 의사 표명을 시사하였다. 지사가 3선 출마를 결의했기 때문이었던 것 같다. 지사 선거에 나온다면 반대 이외의 선택지는 있을 수 없었다.

지사가 반대 의향을 굳혔다는 소식이 전해지자, 이번에는 정부가 일정 조정이 어렵다는 이유로 지사와의 회담을 거부하기 시작했다. 궁지에 몰린 지사는 2월 6일, 하시모토 수상과 만나지 못한 채 해상기지 반대의 의향을 정식으로 표명하였다. 나고시장 선거 투표 2일 전의 일이었다. 최악의 타이밍이었다.

히가 시장의 사임에 따른 시장 선거에서 시장의 후계자로 출마한 사람은 풍부한 행정경험과 실무능력을 자랑하던, 시장의 보좌관(助役)[13] 키시모토 다케오(岸本健男)였다. 나고시 토박이인 키시모토는 역격차론(90쪽 참조)의 주도자였으며, 한평반전지주이기도 했다. 히가 데츠야 시장의 심복이 된 후에도, 그러한 그의 과거에 희미한 기대를 가지는 사람들이 적지 않았다.

반대파에서는 나고시에 인접한 모토부정 출신의 사민당 현의원인 타마키 요시카즈(玉城義和)가 사민당을 이탈하여 출마하였다. 후보자 선출이 잘 진척되지 않았지만 시민투표의 결과로 볼 때, 반대파의 승리는 당

---

13 보좌관(助役): 시정촌이나 특별구 등에서 수장을 보좌하고 그 직무를 대리하는 특별직의 지방공무원이다. 지자체의 수장이 의회의 동의를 얻어서 선임하는데, 보통 1명이며 임기는 4년이다. 도도부현(都道府縣)에서는 부지사에 해당한다.

연시되었다. 정당으로 말하자면, 사대·사민·공산·공명에서부터 민주오키나와나 신진오키나와 제3지부(신진당 계열의 북부지부)까지 대세에 편승하여 타마키 진영에 가세했다.

타마키 진영은 해상기지문제를 전면에 내걸었으며, 키시모토 진영은 "헬기기지의 가부를 묻는 선거가 아니라 나고시정을 운영하는 인간의 선택"이라고 하면서 기지문제를 쟁점에서 빼기에 부심하고 있었다. 그런 와중에 나온 지사의 의향 표명이었다. 키시모토 후보는 즉각, "해상헬기기지는 지사의 판단에 따른다"고 공약하였다. 이로써 키시모토 후보는 히가 시장의 후계자라는 제약에서 벗어날 수 있었다. 투표결과는 키시모토 1만 6253표, 타마키 1만 5103표였다.

지사를 거의 궁지에 몰아넣고서도 대어를 놓친 정부와 자민당은 나고시장 선거 결과에 안도하였지만, "신의를 어긴 오타 현정(県政)과 손을 잡는 일은 절대로 없다"(노나카 히로무 자민당 간사장 대리. 류큐신보, 1998년 7월 1일)면서 오타 현정이 이어지는 한 어떠한 진흥책도 실현되지 않을 것처럼 [오키나와인들의] 폐쇄감과 고립감을 부채질하였고, 차기의 지사 선거에 현실대응형 후보가 부상되기를 기대하였다. 이런 기대에 부응하면서 등장한 사람이 오키나와 경영자협회 회장으로서, 1995년 10월의 현민총궐기 대회 때는 오타 지사와 함께 단상에 올랐고 그 후에는 '시마다 간담회'(214~215쪽 참조)의 부좌장이었던 이나미네 게이치(稲嶺惠一)였다. 이나미네 진영은 오타 지사가 정부의 신뢰를 잃은 것이 '현정(県政)불황'을 낳았다고 비판하고, '실업률 9.2%'라고 쓰인 검은색의 포스터를 거리마다 도배하면서 "흐름을 바꾸자"고 여론에 호소하였다. '현정불황'이라는 말은 소비세 인상이 쟁점이 되면서 참의원선거에 자민당이 참패했을 때의 '하시모토 불황'에서 힌트를 얻은 것이었지만, 이 캐치프레이즈는 이 시기 오키나와의 사회적 분위기 속에서 그 나름의 효과를 거두었다. 현정의 여당이었던 공명당도 '오타 기축의 자주'투표[14]라는 기묘한 표현으로 태도를 바꾸기 시작했다.

가장 중요한 해상기지 문제에 관해서는, 이나미네 후보도 반대라고 하면서 임공항형 산업과 한 묶음으로 15년 사용기한의 군민공용공항을 만든다는 공약을 내걸었다. 지금까지 "해상기지야말로 최선의 선택지"라고 해온 정부(오부치 게이조 수상)도 지사 선거의 투표일 직전에 '해상기지 재검토'를 표명하면서 이나미네 후보를 지지하였다.

11월 15일에 진행된 지사 선거의 결과는 이나미네 게이이치가 37만 4833표, 오타 마사히데가 33만 7369표였다. 오타 지사의 구심력은 쇠퇴하였다. 오타 지사는 선거전 최종단계에서 "오키나와인의 긍지를", "돈 몇 푼에 영혼을 팔아서는 안 된다"고 강조했지만, 8년간의 현정을 통해 그렇게 의연한 태도를 관철했었더라면 하면서 몹시 억울해하고 후회하는 지지자도 적지 않았다.

---

14 자주투표: 여당으로서의 책임을 져야 하기 때문에 선거에서 오타 진영과 함께 하지만, 투표는 각 당원이 자주적으로 해야 한다는 것. 소수당의 경우 연립정권을 구성했다가 분열할 때 지자체장 선거 등에서 투표 전략으로 사용하기도 한다.

6장

민중운동 정체와 재생

싸움을 앞두고 기원하는 헤노코 주민들
나고헬기기지반대협 제공

현정 교체와 신기지 문제

이나미네 케이치 지사가 취임한 이튿날인 1998년 12월 11일, 정부는 1년 이상 열리지 않았던 오키나와정책협의회(제9회)를 열고 오키나와특별진흥대책조정비 100억 엔을 비롯하여 오키나와 관련 예산의 성대한 향연을 벌이기로 했다. 원래 90년대 후반의 오키나와 진흥책은 오키나와 내부에 기지를 봉쇄해 두고 싶은 정부, 정부의 협력에 의한 경제개발로 기지 없는 오키나와를 꿈꾼 오타 현정, 그리고 눈앞의 이익만을 추구해 온 오키나와 경제계의 동상이몽 속에서 나온 것이었다. 오타 현정 당시에는 이것을 국제도시형성 구상이라 총칭하였다. 국제도시형성 구상은 오타 지사의 조반(造反)[즉, 지사의 대리서명 거부에 따른 일본 정부와 오키나와현의 대립]에 의해 한시적으로 동결되어 있다가, 현정 교대에 따라 일거에 부활한 것이다.

이나미네 신 현정의 부지사에 취임한 사람은 국제도시형성 구상의 비판자였던 마키노 히로타카(牧野浩隆)였다. 그는 시설중심주의의 국제교류거점 만들기보다 인재육성이나 산업기술의 확충에 의한 새로운 산업창출이 필요하다고 주장하였으며, 자유무역지대 구상에 대해서도 그림의 떡에 불과하다고 지적하고 있었다. 그러나 이나미네 현정의 경제정책은 국제도시형성 구상이라는 단어만 사라졌을 뿐, 오타 현정의 구상과 달라진 점이 아무것도 없었다. 무엇보다 그것이 정부와 오키나와 경제계의 의향이었기 때문이다. 남은 것은 "기지를 인질 삼아 경제적 요구를 하는 것은 이상하다"고 주장하는 오타의 비판뿐이었다. 이나미네 현정은 "기지를 인질로"하지 않고 "기지 수락의 대가"로써 [즉, 기지의 축소·철거 요구를 후퇴시키는데 대한 보상이 아니라 기지와 투자를 한데 묶어 요구하는 식으로] 경제적 이익의 제공을 요구하였다. 정부가 그 이상으로 준비해 준 것은 물론이다. 하지만 그것만으로는 '구걸 정치'라는 비판을 면할 수 없었다. 그러한 비판을 면하기 위해서는 '기지 수락' 자체를 정당화할 필요가 있었다.

처음에 이러한 역할을 맡아서 등장한 것은 1998년의 현지사 선거를 노리고 출판된 마에시로 모리사다(真栄城守定), 마키노 히로타카(牧野浩隆), 다카라 구라요시(高良倉吉)의 『오키나와의 자기검증 · 정담 · '정념'에서 '논리'로』였다. 『정담』의 저자들은 반전평화의 주장이나 운동을 정념에 근거한 추상적 관념론에 불과하다고 보면서, 그 기조 논리로 "오키나와의 일본 복귀는 오키나와 스스로의 선택이었다", "일본의 국책은 안보 견지이다", "안보에 대한 협력은 일본국가 나아가 국제사회에 대한 공헌이다"라는 것 등을 내세웠다. 그 연장선장에 2003년 3월 오부치 수상이 참석한 포럼에서 다카라 구라요시 등 3명의 류큐대학 교수가 발표한 「오키나와 이니셔티브를 위하여」가 있다.[1]

그런데 1998년 지사 선거의 초점은 후텐마 대체시설의 이전 문제였다. 이나미네 지사는 해상기지에 반대 입장을 표시하고, 군사사용 15년의 사용기한을 붙인 군민공용 공항의 건설을 공약으로 내세웠다. 건설예정지(후텐마 대체시설의 이전지)에 대해서는 전문가 위원회를 만들어 신중하게 검토하겠다고 하였다. 그러나 이나미네 지사는 이도(離島) 벽지의 지역 보스를 부추겨 몇몇 곳에서 진흥책과 관련된 유치운동을 일으키기만 했을 뿐 전문위원회 설치는커녕 현지조사 한번 하지 않고, 1999년 11월 22일에 헤노코(辺野古)연안 지역이 최적지라고 결정하였다.

이나미네 지사는 이설후보지를 정부에 전하면서, 15년 동안의 사용기

---

1 「오키나와 이니셔티브를 위하여」는 2000년 9월 30일에 히루기사(ひるぎ社)에서 「오키나와문고(おきなわ文庫)」판으로 발간되었다. 그 본문은 http://www5b.biglobe. ne.jp/~WHOYOU/initia-honbun.htm에서 확인할 수 있다. 『정담』과 「이니셔티브」는 기지찬성 · 안보용인의 입장을 오키나와 내부로부터 정교화한 것이라는 점에서 논란을 불러왔다. 이에 대한 오키나와 여러 지식인들의 비판은 http://www5b. biglobe.ne.jp/~WHOYOU/initia-yomu.htm에 실린 글들을 참조할 수 있다.

헤노포 앞바다의 모습과 기지건설 예정지. 일명 '해상안'으로 불린다
사진 제공: 나고헬기기지반대협

한을 요청함과 동시에 나고시장에게 이설 수락을 요청하였다. 정부는 12월 17일, 즉각 오키나와정책협의회를 열어 북부지역진흥, 이설지 및 주변지역진흥, 반환지대책 등을 밝히고 10년 동안 1천억 엔의 북부진흥예산을 확보하겠다고 발표하였다. 12월 23일, 나고시 의회는 철야 심의 결과 헤노코연안 지역으로 이설 촉진을 결의하였다. 키시모토 나고시장은 26일 나고 시내에서 아오키 미키오(青木幹雄) 관방장관과 회담하고 다음 날인 27일에 대체시설 승낙을 표명하였다. 즉, 키시모토 시장은 "기지 부담은 일본 국민이 평등하게 받아들여야" 하지만 "어느 현도 그렇게 할 의사가 없고, 또 그러기 위한 국민적 합의도 형성되지 않았기 때문에", "더이상의 군사시설 기능 강화는 용인할 수 없다는 많은 시민들의 의사가 있는 것도 알고 있"지만, 승낙을 용인하지 않을 수 없다고 한 것이다. 따라서 시장은 ① 안전성의 확보, ② 자연환경에 대한 배려, ③ 기존 미군시설 등의 개선, ④ 미일지위협정의 개선 및 승낙시설의 사용기한 15년,

⑤ 기지사용협정 체결, ⑥ 기지의 정리 · 축소, ⑦ 북부진흥책의 확실한 지속 등 7가지를 들고, "이러한 전제가 확실하게 실시되기 위한 구체적 방침을 밝히지 않는다면, 나는 이설 용인을 철회할 것이다"라고 시민들에게 약속하였다. 키시모토 시장의 이 의향 표명을 받아들인 정부는 28일에 후텐마 이설문제에 관한 정부의 활동 방침을 각료회의에서 결정하였다.

이 각료회의 결정에 따라 정부는 4개의 협의회를 설치하였다. 관방장관, 방위청장관, 외무대신, 운수대신, 오키나와현 지사, 나고시장, 히가시 촌장, 기노완 시장으로 구성되는 대체시설협의회(代替施設協議会), 관방장관, 오키나와개발청장관, 오키나와현 지사, 나고시장, 히가시 촌장, 기노완 시장으로 구성되는 이설지 · 주변지역진흥협의회(移設先および周邊地域振興協議会), 관방장관, 오키나와개발청장관, 오키나와현 지사, 북부의 12개 시정촌장으로 구성되는 북부진흥협의회(北部振興協議会), 관방장관, 오키나와개발청장관, 오키나와현 지사, 기노완 시장으로 구성되는 반환지대책준비협의회(跡地對策準備協議会)가 그것이다. 정부는 대체시설의 규모, 공법(工法)에서부터 진흥책이나 반환지의 이용대책에 이르기까지 모두 지역의 의향을 존중하겠다는 명목을 내세우면서 [이 협의회의 틀을 이용하여 오키나와현 지사에서부터] 시정촌장에 이르기까지 빈틈없이 움켜쥐었던 것이다.

오타 현정 시대에 일본 정부는 미일(SACO)합의에 근거하여 정부의 기본안을 작성하고 지사나 시장에게 설명한 다음 지역 주민에게도 손을 쓰는 순서를 밟았지만, 결국 시민투표에서 거부되고 말았다. 이를 교훈으로 삼은 일본 정부는 이나미네 현정이 들어서자 각별히 '지역의 의향 존중'을 강조하였다. 그리고 신기지건설 문제에 대해 현의회나 지사가 먼저 승낙의사를 표시하도록 만든 뒤에 나고시가 요청하도록 하고, 시의회나 시장의 승낙 표명을 기다린 뒤에 정부가 각료회의 결정을 내리는 형식을 택했다. 그러나 그 배후에서 여러 시나리오를 작성하여 사전 공작을 한 사실이 신문 등에서 자세히 보도되었다. 그 중에는 나고시장의 후텐마 대체시설 승낙 표명의 시나리오까지 있었다. 내각부의 심의관이 나고시의회 의원들에게 전화를 걸어서 시 의회 결의에 개입한 사실도 보도되었다.

한편 정부는 밖에서부터 차근차근 조여 오는 형식으로, 기지용인의 분위기 조성에 힘을 기울이고 있었다. 일본에서는 처음으로 지방에서 정상회담을 개최키로 하고, 4월 29일에 개최지를 오키나와로 결정한 일도 그 중의 하나다. 또한 정부는 6월의 오키나와정책협의회에서 '오키나와 경제진흥 21세기 플랜'의 중간보고(81시책)를 결정했다. '21세기 플랜'은 원래 나고시민투표를 염두에 두면서 복귀 25주년 기념식에서 하시모토 수상에 의해 그 책정계획이 발표되었었지만, 나고시민투표 이후의 상황 변화 속에서 보류되어 있었다. 그것이 현내 이설의 분위기를 조성할 수 단으로 부활한 것이다. 외압도 이용되었다. 클린턴 미 대통령은 6월 25일, "기지문제가 미해결인 상태로는 오키나와에 가고 싶지 않다"는 등 정상회담이 개최될 대까지 이설안을 작성하도록 재촉하는 발언을 하였다.

'전쟁을 하지 않는 국가'에서 '전쟁을 할 수 있는 국가'로

오키나와에서 미군기지 재편 · 통합이 민중들의 저항으로 좌초되고 있는 동안에도 미일안보 공동선언에 근거한 안보 재정의의 구체화 작업은 착착 진척되고 있었다. 미일 양 정부는 1997년 9월에 미일 '신 가이드라인'에 합의하였고, 1998년 4월에는 일본 정부가 '신 가이드라인' 관련 법안을 각료회의에서 결정하였다. 신 · 구 가이드라인('미일방위협력을 위한 지침')의 큰 차이는 '구 가이드라인'이 일본이 무력공격을 받을 경우에 미일 양군의 협력 방식을 정하고 있는 데 비해, '신 가이드라인'은 일본이 무력공격을 받을 사태가 거의 상정되지 않는 세계정세 하에서 일본 주변에서 미군의 행동에 일본이 어떻게 협력할 것인가를 주요 테마로 하고 있다는 점이었다. 그것은 자위대에 의한 군사협력의 틀을 넘어서는 것이었기 때문에 여러 가지 법·제도의 정비가 필요했다. 이른바 일본을 '전쟁을 하지 않은 국가'에서 '전쟁을 할 수 있는 국가'로 전환시키기 위한 법 정비였다. 이리하여 주변사태법(1999년 5월),[2] 지방분권추진일괄법(7월), 국기·국가법(8월), 통신방수법(8월) 등이 차차 성립되어 갔다. 여기에서는 야마토와 오키나와에서 극단적으로 대응이 달랐던 지방분권추진일괄법에 대해 언급하고자 한다.

　지방분권추진일괄법안(지방분권의 추진을 도모하기 위한 관계 법률의 정비에 관한 법안)은 지방분권의 추진을 명목으로 하여 475개 법률을 일괄적으로 개정하는 법안이다. 이 법안은 1999년 7월 8일 참의원 본회의에서 오키나와 선출 의원과 공산당 등 극히 소수가 반대했을 뿐 압도적 다수의 찬성으로 가결·성립되었다. 이 법률의 본의는 지사나 시정촌장 및 지자체(지방)의 행정위원회를 주무대신(국가)의 하부기관으로 간주하는 기관위임사무를 폐지하는 등, 국가와 지자체의 상하관계를 없애고 대

---

2 주변사태법: 정식 명칭은 '주변사태에 임하여 일본의 안전을 확보하기 위한 조치에 관한 법률안'이다. 1998년 4월 28일에 각료회의에서 발의되었으며 1999년 5월에 성립하여 8월 15일부터 시행되었다. 주변사태법은 일본 '주변'지역에서 유사(주변사태)가 발생했을 경우에 진압행동에 나서는 미군에 대한 지원 내용과 그 실시과정을 정의한 법안이다. 주변사태법의 목적을 규정한 제1조는 "이 법률은, 그대로 방치하면 일본에 대한 직접적인 무력공격에 이를 수 있는 우려가 있는 사태 등, 일본 주변지역에서 일본의 평화 및 안전에 중요한 영향을 미치는 사태(주변사태)에 대응하여 일본이 실시하는 조치, 그 실시의 수속 등 기타 필요한 사항을 정하고, 일본과 미합중국과의 상호 협력 및 안전보장조약(미일안보조약)의 효과적인 운용에 기여하며 일본의 평화 및 안전에 도움을 주는 것을 그 목적으로 한다"고 규정하였다. 주변사태법안과 더불어 재외국민 구출의 수단으로 자위대 함선을 파견할 수 있다는 조항 등을 포함한 자위대법 개정안, 주변사태에서 미군과 자위대간의 물자유통의 수속을 정한 미일물품·역무상호제공협정(ACSA) 개정안이 '주변사태 3법'으로 함께 발의되었다.

등한 관계로 자리 매김한다는데 있다고 하였다. 폐지되는 기관위임사무는 ① 원래 국가의 사무이지만 지자체에 위탁하는 법적수탁사무(지자체는 수탁을 거부하지 못한다 – 약40%), ② 그 이외의 자치사무(약55%), ③ 국가의 직접집행사무로 나누어졌다. '지방분권의 추진을 도모하기 위해' 개정된 475개 법률 가운데 하나가 미군용지특조법이었다. 개정의 핵심은 다음의 두 가지이다.

첫 번째는 강제사용 및 수용 대상이 되는 토지에 관한 토지조서·물건조서의 대리서명이나 관계서류의 공고·종람(대행) 등의 수속을 시정촌장이나 지사로부터 몰수하여 총리대신의 사무로 한 점, 두 번째는 토지의 수용이나 강제사용을 심리하는 수용위원회가 긴급사용의 재결신청에 대해 즉각 재결을 내리지 않을 경우나 재결신청을 각하할 경우에 총리대신이 대행하여 재결할 수 있다고 한 점이다. 즉, 미군에게 제공하는 토지는 사유지든 공유지든 총리대신 한 사람의 결정만으로 몰수할 수 있다는 것이다. 이것은 안전보장정책은 중앙정부의 전관사항이며 당사자나 지방자치체의 관여를 일체 허용하지 않겠다는 노골적인 군사우선정책이었다. 공공용지 수용에 관해 헌법이나 토지수용법이 그 본의로 삼고 있는 재산권의 보장수속을 전혀 무시하고 있다는 점에서, 2년 전인 1997년의 개정(215~219쪽 참조)과는 비교가 안 되는 대개악이었다. 말하자면, 미군용지특조법의 유사입법화였던 것이다. 하지만 이 특조법 개정에 대해 오키나와를 제외하면 거의 관심을 가지지 않았다. 2년 전의 개정 시에는 아사히신문이나 마이니치신문이 전국적인 여론조사까지 실시했지만, 이번에는 전국지의 지면에서 미군용지특조법이라는 글자를 찾아내기도 어려웠다.

지방분권추진일괄법이 성립되었을 때, 오키나와의 지역신문은 '수상이 대행 재결', '재개정 특조법이 성립, 국가의 관여 보다 선명하게'라고 큰 표제어로 보도하였고, 사민당현련, 사회대중당, 공산당현위원회, 공명당현본부, 자유연합오키나와 등은 각각 "군국화'의 폭거', '빈곤한 헌법감각', '기지를 한층 강화', '일괄방법이 문제', '중앙집권화를 강화' 등 약간의 차이는 있지만 일제히 비판적인 성명을 발표하였다. 하지만 이들 정당의 중앙은, 공산당을 제외하면, 모두 이 법안에 찬성하였다.

같은 시기, 오키나와에서는 신 평화기념자료관(平和祈念資料館)이 완성되었다. 구 자료관의 5배 규모를 가진 신자료관의 완성을 위해, 현의 위탁을 받은 전문가집단인 감수위원회가 전시내용이나 방법을 검토하고 있었다. 그런데 지사가 교체된 1999년 3월, "공립 자료관이 국책에 맞지 않는 전시를 하고 있는 것은 어떻게 된 일인가"라는 현지사나 현 간부의 코멘트를 접한 사무측이 감수위원과 협의하지도 않은 채 전쟁이나 일본군의 잔학성을 낮추는 방향으로 전시내용을 변경한 사실이 크게 보도되었다. 예를 들어 '가마에서의 참극'을 '오키나와전쟁과 가마'로, '학살'을 '희생'이라고 바꿔서 말하거나, '대피소에서 쫓겨난 수'나 '일본군에 의한 주민학살의 수'를 삭제하거나, 전시모형의 '총구를 겨눈 일본군'에서 총

'총구를 겨눈 일본군'에서 '주민을 지키는 일본군'으로 뒤바뀐 전시 내용

을 빼내는 등의 변경이 이루어졌다고 한다. 전쟁말라리아 보상사업의 일환으로 1999년 5월에 개관한 야에야마평화기념자료관에서도 비슷한 일이 있었다고 한다.

지역 언론의 캠페인 결과 전시내용은 모두 원래대로 고쳐졌지만, 주민을 위협하고 있는 일본군의 표정이 마치 주민을 지켜주고 있는 듯한 인상을 주는 등 많은 문제도 남겨졌다. 어쨌든 이나미네 현정이 중앙정부의 의향에 알아서 기는 식의 임시방편적인 수단으로 평화기념자료관의 전시내용을 변경시키려고 한 것은 민중의 위기의식을 더욱 더 자극하였다.

오키나와 정상회담과 민중의 움직임

현지사 선거 후 얼마 동안, 오키나와 여론은 신 현정의 태도를 확인하려는 분위기도 강했다. 신 지사가 내건 '해상기지 반대, 15년 기한부의 군민공용 공항'이라는 선거공약은 어차피 미일 양 정부의 정책과 모순을 표면화시킬 것이 분명했기 때문에, 처음부터 지사를 궁지로 몰아서 저쪽으로 쫓아버리는 것은 상책이 아니라는 생각도 없었던 것은 아니다. 하지만 일본 정부는 이나미네 현정에서 오타 현정의 전철을 밟지 않도록 신중을 기해, 우선 진흥책을 전면에 내세워 현 내에서 이설용인의 사회적 분위기를 만들어 반기지투쟁의 기선을 제압하려 했다. 그러한 사회적 분위기를 고조시킨 결정타가 된 것이 오키나와 정상회담이다.

일본에서는 처음으로 지방도시에서 개최하는 정상회담의 후보지로 나신 곳은 8개 지자체였다. 오타 현정도 뒤늦게나마 거기에 가담했다. 현에 동조하여 혁신정당이나 지역의 2개 신문도 정상회담의 유치운동에 가담하고 있었다. 오키나와뿐만 아니라 다른 모든 후보지들도 국제정치에 있어서 정상회담(선진국 수뇌회의)이 가지는 의미를 인식하고 있던 것은 아니었다. 단지 세계적 이벤트의 유치가 지역사회에 가져다줄 경제효과 등에 착목한 것에 불과했다. 시설의 정비 상태나 경비의 용이함 등을 기준으로 하여 관료들이 매긴 순위에 따르면, A급은 후쿠오카(福岡)나 미야자키(宮崎)였고 꼴찌가 오키나와였다고 한다. 예를 들어, 미야자키에서는 이미 정상회담에 사용할 회의장도 준비되어 있었던데 비해 오키나와에서는 착공조차 하지 않고 있었으니, 이 순위는 당연했다. 하지만 후보지 결정을 마지막까지 연장시킨 정부는 순위를 뒤집어 오키나와 정상회담을 결정하였다. 그만큼 연출효과는 컸다. 이나미네 지사도 키시모토 나고시장도 오키나와 정상회담을 예상조차 하지 않았다고 말한 것에서 알 수 있듯이, 그들도 후쿠오카나 미야자키와 한 묶음으로 해서 정상회담에 따른 각료회의라도 가지고 올 수 있으면 충분히 만족했을 것이다. 이리하여 현내 이설 무드의 조성을 노린 '눈가리개'로서, 정상회담의 피바(piva)가 연출되었다.

  미국은 당초 오키나와 정상회담(그 실상은 오히려 나고 정상회담이지만)에 그다지 마음이 내키지는 않았다고 한다. 신 전략개념(NATO 이외 지역의 주변사태에 대한 군사개입)을 선언한 NATO의 유고를 공습하자 이를 엄중하게 비판하고 있던 중국의 주 유고 대사관을 '오폭(1999년 5월 7일)'하고, 미일의 주변사태 개념에 중국이 강한 우려를 표명하고 있던 시기였다. 이런 시기에 서방측의 군사적 결속을 과시하는 자리이기도 한 정상회담을 중국의 코앞에서 개최하는 것은 너무 노골적인 도발을 의미한다는 우려가 있었다. 그러나 미국은 일본이 오키나와 정상회담을 결정하자, 즉각 이를 오키나와기지의 재편문제에 이용했다. 이리하여 1999년 6월부터 7월에 걸쳐 클린턴 대통령을 비롯한 미 정부 고관들의 "정상회담은 기지(현내 이설)문제 해결의 호기", "정상회담이 시한선"이라는 발언이 연이어 나왔다. 이러한 발언에 떠밀려 일본 정부나 이나미네 현정 속에서도 후텐마 이설지의 연내 낙착이라는 소리가 들리기 시작했고, 이에 호응하여 기노완시에서는 현내 이설을 전제로 후텐마기지의 이전을 촉진하려는 움직임이 강해졌다. 8월 21일에는 기노완시 의회에서 현내 이설 요청 결의가 나왔고, 9월 1일에는 상공회나 군용지주회, 농협 등 시내의 많은 단체들을 망라한 후텐마비행장 반환·반환지이용촉진협의회가 설립되었다. 원래 군용지 반환에 소극적이었던 군용지주회가 이 협의회에 참여한 것에서도 알 수 있듯이, 이 반환촉진운동에 있어서는 기지의 정리·축소·철거보다는 '1조엔 사업'이라 불리는 반환지개발사업에 각자가 어떻게 관여할 것인지가 큰 관심사였다. 10월 15일에는 현 의회도 뒤따라서 조기 현내 이설 결의를 하였다.

미 정부 고관들의 발언에 쫓겨 연내 타결을 서두르는 정부의 움직임이나 신 평화기념자료관 전시왜곡 문제에서 그 본질이 폭로된 이나미네 현정의 실태는 민중들의 위기감을 고조시켰다. 그 위기감을 배경으로 8월에는 '오키나와에서 기지를 없애고 세계평화를 추구하는 시민연락회'(오키나와평화시민연락회)가 설립되었고, 9월에는 '후텐마기지·나하군항의 현내 이설에 반대하는 현민회의'(현내 이설반대현민회의)가 결성되었다.

오키나와평화시민연락회는 오키나와 정상회담이 동아시아의 국제관계나 주오키나와 미군기지의 재편에 미치는 영향 등을 분석하면서, 그 정치적 의도를 타파할 투쟁의 구축을 지향하고 있었다(정상회담 후, 평화시민연락회는 제2기 평화시민연락회의 발족 집회를 열고, 제1기의 활동을 총괄함과 동시에 그 이름에 표현된 목적을 추구하는 여러 활동을 전개해 갈 것을 확인하였다). 현내 이설반대현민회의는 오키나와평화운동센터, 통일련(안보폐기오키나와통일련), 나고시의 헬기기지반대협, 우라소에시의 군항 이설에 반대하는 시민의 모임, 오키나와평화시민연락회, 사대·사민·공산 등 각 정당을 망라하는 상시적 조직으로서 결성되었다. 조직적으로 보면, 1987년의 카데나기지 포위행동이나 1995년의 현민총궐기대회의 '1일 공투' 방식보다 진전한 셈이다. 거기에는, 지금까지 반기지투쟁에 관여해온 노조, 시민운동단체, 각 정당의 "이제 물러설 곳이 없다"는 위기감이 반영되었다고 할 수 있다. 현민회의가 주최한 10월 23일의 현내 이설반대 현민대회에는 만 2천명이 참여하였다. 오래간만에 열기를 띤 집회였다.

그때쯤부터 '가마두 귀의 모임'의 여성들 사이에서 "현내 이설 반대가 아니라 현외 이설을"이라는 목소리가 명확한 형태를 띠기 시작했다. 이나미네 지사나 키시모토 나고시장, 그리고 다카라 구라요시 등이 구조적인 오키나와 차별 위에 안주하는 안보체제의 현실을 받아들이고 그 대가를 일본 '정부'에게 요구한데 비해, '가마두 귀의 모임' 여성들은 이 차별 구조를 고발하여 그 존재의 자각을 일본 '국민'에게 요구하는 방향으로 한 걸음 나섰다고 할 수 있다. 그것은 1995년 이후, 안보 자체를 재검토하려는 움직임의 약화·형해화에 대한 반작용이기도 했다.

이러한 상황을 배경으로 하여, 1999년 말에 나고시장의 대체시설 승낙 표명과 각료회의 결정이 있었다. 나고 시민투표로부터 만 2년. 정부는 문제를 어떻게든 출발점으로 되돌렸다고 할 수 있다. 그러나 일본 정부가 지사나 현의회, 나고시장이나 시의회는 간신히 구슬렸을지 몰라도, 현민이나 시민의 동의를 받아낸 것은 아니었다. 시장의 승낙 표명 직전에 실시한 여론조사에서도 반대가 찬성을 압도하고 있었다. 중요한 현지 헤노코의 의사결정기관인 행정위원회는 9월 24일 헤노코 이설 반대를 결의하고 있었다. 승낙에 대한 압력이나 회유책은 지역 사회를 분열시켰으며, 다음해인 2000년 1월에는 헤노코구장의 자살미수사건이 보도되기도 했다.

나고시장이 신기지건설을 받아들이자 헬기기지반대협은 시장의 소환

(recall)을 선언하였다. 2년 전의 시민투표는 미일동맹의 군사적 중핵을 둘러싼 기지의 재편·강화를 저지함으로써 미일공동패권주의의 세계적 진전에 제동을 걸었고, 그를 통해 [세계평화를 파괴하는데 일조하지 않도록] 오키나와를 구했고 일본을 구했다. 그럼에도 불구하고 2년 후, 다시 일본은 자신의 과제를 오키나와에 떠맡기고 오키나와는 그것을 나고에 떠안겼다. 그럼에도 불구하고 나고 시민들은 보다 어려운 조건 속에서 투쟁의 최전선에 서지 않을 수 없었다.

시장의 소환 투표를 청구하기 위해서는 유권자 3분의 1의 서명이 필요하다. 주민투표조례 제정 청구시 600명의 수임자[3]로 유권자 46%의 서명을 모은 헬기기지반대협에게도 이는 상당히 높은 장애물이었다. 현직 시장의 해고 요구에는 지연·혈연관계가 얽히게 마련이므로, 정치적 쟁점만으로는 해결할 수 없는 복잡한 요인들이 관련되기 때문이다. 그래도 소환 서명을 위한 수임자에 주민투표조례 제정 청구시의 1.5배에 해당하는 900명이 이름을 걸고 나왔다. 그럼에도 불구하고 소환 서명운동을 시작할 수 없었다. 소환 후의 시장 후보자를 결정하지 못했기 때문이다. 지난번 시장 선거의 후보자였던 다마키 요시카즈는 시장 선거 직후에 실시된 현의회 보궐선거에 당선되어, 곧 바로 현 의회로 돌아가 있었다. '대중운동'이 '선거'에 졌다고도 할 수 있을 것이다. 다가오는 오키나와 정상회담의 '성공'도 일정상으로는 큰 압력이 되었다. 2004년 4월 24일, 헬기기지반대협은 소환운동의 단념을 확인하는 임시총회를 열었다. 소환운동은 싸워보지도 못한 채 패배했다. 이제 정치의 초점은 정상회담으로 이동했다.

---

3 수임자(受任者) 또는 수임인: 조례제정 등의 청구권 행사시에 위임계약에 의해 맡은 일을 처리할 의무를 지게 되는 사람이다. 여기에서는 '서명을 모으는 책임자'를 말한다. 아무나 마음대로 서명을 모을 수는 없고, 미리 신고한 사람에게만 그러한 권한이 부여된다.

오키나와정상회담에서 발언하는 클린턴 미 대통령(2000년 7월 21~23일)
사진 제공: 류큐신보사

    오키나와평화시민연락회는 2000년 4월 17일, '오키나와로부터 평화를 호소하는 4·17집회'를 열고 세계를 향해 '오키나와민중평화선언'을 발신하였다. 1996년의 이 날에는 미일안보공동선언이 선언되었고, 1997년의 이 날에는 미군용지특조법이 개정되었었다.

    오키나와민중평화선언은, 매년 정상회담에서 반복 발언되는 "'경제적 번영'이란 일부의 대국이나 그 중의 특권계급의 이익을 추구하는 것이며, '평화'란 그 이익을 보증하는 경제체제나 국제질서의 유지에 불과하다"고 단언하고, "우리가 원하는 '평화'란 지구상의 모든 사람들이 자연환경을 소중히 여기고, 한정된 자원이나 부를 가능한 평등하게 나누며, 결코 폭력(군사력)을 사용하지 않으며, 다른 문화·가치관·제도를 존중하며 공생하는 것입니다"라고 선언하였다. 이 해 6월에 실현된 한반도의 남북정상회담은 오키나와민중평화선언의 현실성을 입증하는 것처럼 보였다.

    오키나와평화운동센터나 반환계획반대현민회의도 여기에 연대하여,

많은 언론인이 모이는 오키나와 정상회담을 오키나와 민중의 평화 발신의 장으로 활용하려고 움직이기 시작했다. 지역의 2개 신문사도 정상회담 직전, 사설이나 편집국장 명의의 논설에서 '나고 이설 재검토'나 '해병대 철수의 시나리오 명시'를 주장하였다.

예년의 정상회담 개최지에서는 최빈국의 채무 취소를 요구하는 쥬빌리(Jubilee)2000 같은 국제적 NGO를 비롯하여 남북문제나 평화문제로 활동하는 여러 조직들이 모여 각각의 요구를 호소해 왔다. 오키나와의 여러 조직, 여러 단체는 이들과 직·간접적으로 연계하면서 반정상회담 행동을 전개하였다. 그 절정은 7월 20일의 '기지는 필요 없다, 인간 띠잇기 현민대행동' 실행위원회에서 주최한 카데나기지 포위행동이었다.

오키나와의 반기지투쟁은 대항 정상회담의 여러 행동들로부터 2가지 관점을 배웠다. 첫 번째는 본토와 오키나와라는 일본의 틀 안으로 시야를 한정시킴으로서 고립감에 빠지기 쉬웠던 오키나와 반기지투쟁이 국제적인 시야를 갖게 된 것이다. 카데나기지 포위행동과 연계하면서 진행된 오키나와평화시민연락회의 '기지·군대에 반대하는 평화교류집회'에 한해 살펴보아도, 주최자가 초청한 비에케스[4]나 한국뿐만 아니라 필리핀, 대만, 독일, 하와이 등지에서 온 평화 운동가들의 예정에 없었던 발언이 이어졌다. 두 번째는 오키나와의 반기지투쟁이 희미하게나마 경제와 군사의 연계성을 대중적인 수준에서 인식하는 계기가 됐다는 점이다. 오키나

---

4 비에케스(Vieques) 미군기지: 비에케스는 푸에토리코 동쪽 끝에 있는 작은 섬이다. 오키나와와 유사하게, 섬 전체 면적의 75% 정도를 미군기지가 차지하고 있었다. 1938년 이래 미 대서양함대 소속 항공모함 전단의 포격·폭격 훈련장으로 사용되어 왔으며, 60여 년간 계속된 폭격훈련에 따른 불발탄 사고, 소음피해, 군용폐기물에 의한 환경오염 등으로 주민들이 큰 피해를 받아 왔다. 2001년에 폭격훈련 때문에 주민이 사망하면서 반기지운동이 크게 고조되었고, 주민투표에서는 80%이상이 미군기지 폐쇄를 지지하였다. 2003년 5월에 비에케스 동쪽에 있던 일부 미군기지가 반환되어 푸에토리코 야생동물 보호구역으로 지정되었다. 1990년대 말부터 오키나와의 반기지 운동가들은 비에케스를 비롯한 하와이, 괌, 필리핀, 한국 등지의 활동가들과 아시아·태평양 지역에서 미군기지의 철거를 위해 지속적으로 연대활동을 펼치고 있다.

카데나기지 포위 인간띠잇기 대회. 2만 7천여명이 참가하였다(2000년 7월 20일)
사진 제공: 류큐신보사

와의 반기지투쟁을 비롯한 일본의 평화운동은 스스로가 경제대국의 일원
이라는 사실에 대한 자각을 현저하게 결여하고 있었기 때문이다.[5]

하지만 이러한 성과가 반드시 새로운 투쟁의 계기로 살아난 것은 아니
었다. '인간 띠잇기'에 의한 기지포위도 1987년 이래(151~152쪽 참조) 카
데나나 후텐마에서 총 4번이나 진행되었으며, 이미 오키나와에 있어서 가
장 대중적인 기지반대의 의사표시 수단으로 정착되어 있었다. 역으로 말
하자면, 그만큼 신선미를 잃고 의례화되어 있었던 것이다. 오키나와 정상
회담이 '오키나와의 전략적 중요성을 세계에 어필'하지도 못했지만, 반정
상회담 행동도 현내 이설의 사회적 분위기를 분쇄하지는 못했던 것이다.

---

5 오키나와의 반기지운동이나 일본의 평화운동은 반전평화의 입장에서 일본의 군사화
나 미일동맹 강화에 반대해 왔다. 하지만 그러한 군사동맹의 강화가 경제 대국인 미
일(특히 일본)의 경제적 권익을 확보하기 위한 틀이라는 인식이 강했던 것은 아니었
다. 미국의 제국주의 정책을 비판하면서 그것이 석유자원을 비롯한 경제적 이익을 획
득하기 위해 추진되어 왔다는 인식이 없지 않았지만, 미일동맹 자체는 주로 정치·군
사적인 측면에서 비판의 대상이 되고 있었다. 하지만 최빈국의 채무 삭감을 경제 대
국에 요구하는 쥬빌리-2000과 같은 국제 NGO 등이 오키나와의 반-정상회담 행동
에 참가하면서, 경제 대국의 세계지배나 일본도 그 일원이라는 현실이 보다 뚜렷하게
인식되었다고 한다.

신기지건설의 과정

오키나와 정상회담의 떠들썩했던 분위기가 지나가자, 정부는 8월 25 일에 대체시설협의회의 첫 번째 회합을 열었다. 반정상회담 행동에서 어 느 정도 [반기지행동의 강경한 분위기에] 바람이 빠졌다고 본 것인지, 신 기지건설로 살짝 한 걸음을 내딛기 시작한 것이다. 이미 북부진흥협의회 와 이설지·주변지역진흥협의회 양자는 2번 정도 회합을 열어 12개 사 업의 실시를 결정했으며, 반환지대책준비협의회는 과제별로 11개 항목 의 중간정리를 한다는 등 진흥책은 이미 진행되고 있었다. 정부는 대체 시설협의회의 첫 번째 회합이 있던 날, 제15회 오키나와정책협의회를 열 고 이전의 '21세기 플랜 중간보고'에 16개 시책을 추가한 97개 시책의 최 종보고를 결정하였다. 이때부터 약 2년 동안 9번의 대체시설협의회를 개 최하였고 신기지의 구체적인 위치·공법에 대한 논의나 듀공[6]에 대한 예 비적 조사보고가 진행되었다. 2002년 7월에는 매립 방식으로 약 2,500 미터 길이에 공사기간 9년 반의 군민공용 공항건설이 합의되었다. SACO 에서 합의되었던 철거 가능한 해상헬기기지는 거대한 군민공용 공항으 로 재등장하였다.

협의 과정에서 키시모토 나고시장은 '15년으로 사용기한 제한'과 '기지 사용협정의 체결'을 기본계획과 동시 병행적으로 진행해달라고 요청하 였지만 사실상 무시되었고, 건설계획만 기정사실화 되었다. 원래 군사이 용 15년이라는 사용기한은 여론과 정부, 양쪽의 압박 사이에서 나온 이

---

6 듀공(Dugong, ジュゴン): 바다소목(海牛目) 듀공과의 포유류로 아프리카 동해안으 로부터 홍해, 말레이반도, 필리핀, 호주 북부, 반다해 및 남태평양의 여러 섬에 서식 하는 것으로 알려져 있지만 멸종 위기에 놓여 있는 상태이다. 산호초가 있는 바다에 서 단독으로 생활하며 낮에는 장시간 해저에 숨어 있다가 주로 저녁부터 밤 시간에 먹이를 찾아 헤맨다고 한다. 오키나와에도 서식하고 있으며, 헤노코 신기지건설예정 지 주변이 주요 서식처 중의 하나이다. 이 때문에 반기지운동가들과 환경단체들은 신 기지건설 반대의 이유 중의 하나로 듀공 보호를 내세우고 있다.

오키나와의 자연을 상징하는 듀공

나미네 지사의 선거 대책상의 착상에 불과했고, 군사적 관점에서는 아무런 근거도 없는 비상식적인 사고였다. 지사 자신이 선거 후에 이 조건을 애매하게 만드는 발언을 하기도 했었지만, 현내 이설 반대의 강한 여론 앞에서 이나미네지사는 자승자박(自繩自縛)의 상태에 빠져 있었다. 정부는 "오키나와 측의 요망을 무겁게 받아들인다"고 하였지만, 이를 대미교섭의 의제로 다루려고 하지는 않았다. 일본 정부는 지사나 시장을 완충막으로 삼고 민중여론과 대치하면서, 오로지 기성사실[7]을 쌓아 올리는 데에만 전념하였던 것이다.

대체시설협이 역할을 마치자 2003년 1월, 대체시설건설협의회가 발족하였다. 12월에 들어서 대체시설건설협은 사업주체를 나하방위시설국으로 하여 약 207헥타를 매립하기로 하였다. "5–7년 내에 후텐마 반환"을 약속했던 SACO합의의 기한은 이미 지나갔다. 나하방위시설국은 연안을

---

7 기성사실(旣成事實): 원래는 '이미 일어나 버려서, 승인해야 할 사항'을 뜻한다. 여기에서는 일본 정부가 신기지건설과 관련된 진흥책 등의 여러 가지 사업을 충분히 진행시켜 버림으로써, 반기지운동이 사태를 되돌릴 수 없게 하는데 골몰했다는 의미이다.

보호하기 위한 공사를 위해 헤노코 앞바다에서 보링조사를 실시하기로 하고, 이를 위해 오키나와현에 공공재산사용협의서에 대한 동의를 요구하였다. 2004년 4월 7일, 오키나와현은 이에 동의하였다. 4월 19일, 나하방위시설국은 보링조사의 실시에 나섰다.

부시, 고이즈미 정권의 등장

일본 정부가 헤노코 앞바다의 신기지건설을 위해 차근차근 기성사실을 쌓아가는 동안에 세계정세는 크게 변화했다. 그 최대 전기는 2001년, 부시정권의 탄생이다. 대통령 선거의 개표를 둘러싼 대혼란 끝에 등장한 부시(George W. Bush)정권은 역대 어느 정권 보다 경제·군사면에서 독선적인 미국중심주의 정책을 취했다. 몇 개월 뒤에는 일본에서도 역대 내각 가운데 가장 친미적인, 아니 그보다는 대미추종적이라고 할 수 있는 고이즈미(小泉 純一郎)정권이 등장했다. 부시정권은 이른바 9·11 동시다발테러를 이용하여 각국의 권력자에게 "미국의 편인가, 테러의 편인가"라는 선택을 강요하면서, 아프카니스탄 공격을 시작으로 한 대테러전쟁에 돌입했다. 이를 추종하듯이, 일본도 대테러특조법을 제정하고 인도양에 자위함을 출동시켜 주변사태법에서도 예측하지 않았던 미국의 군사행동에 대한 후방지원에 나섰다.

부시정권과 고이즈미정권에 의해 형태를 갖추어 간 새로운 미일(동맹)관계는 이미 양 정권의 성립 이전부터 일부에서 기대하고 있던 바였다. 예를 들어, 공화당계의 아미티지(Richard L. Armitage)나 민주당계의 캠벨(Kurt M. Campbell), 나이(Joseph S. Nye, Jr.) 등이 초당파적인 입장에서 정리한 보고서는 성숙된 미일관계의 모델을 미·영 관계에서 찾고 있었다. 일본은 유럽에 있어서 영국의 역할을 아시아에서 해야 한다는 것이다.

후에 「아미티지 보고서」[8]라고 불린 이 보고서는 오키나와의 과도한 기지부담을 언급하면서 [오키나와기지부담의] 경감은 집단적 자위권의 용인을 포함한 일본의 대미군사협력 강화에 의해 가능할 것임을 시사하고 있다. 오키나와를 이용하여 미일동맹을 강화하는 수법으로는 오키나와 반환교섭이나 후텐마기지의 반환을 구실로 한 신 가이드라인 체제의 확립 등 많은 선례가 있었지만, [아미티지 보고서에서 오키나와와 관련된 부분은] 이후에 진행될 오키나와의 부담경감을 이용한 주일 미군 재편 협의의 코스를 미리 보여주는 것이었다. 어쨌든 부시, 고이즈미정권은 미일동맹을 다음 단계로 밀고 갈 구체적인 담당자로서 등장한 것이다.

2002년 1월, 부시 미 대통령은 일반교서 연설 도중에 이라크, 이란, 조선민주주의인민공화국(북한)을 '악의 축'이라고 매도하고, 9월의 국가안전보장보고에서 선제공격전략을 정당화하였다.[9] 그리고 다음 해 3월, 유

---

8 아미티지-나이 보고서(Armitage-Nye Report): 2000년 10월 11일 미 국방대학 국가전략연구소(INSS)에서 특별보고 형식으로 발표된 것으로 정식 명칭은 「미일관계: 성숙한 파트너십으로의 전진(The United States and Japan: Advancing Toward a Mature Partnership 2000)」이다. 2차 보고서가 나온 뒤로 '1차 아미티지 보고서'라고 불린다. 2차 보고서는 2007년 2월 16일에 발표되었다. 리처드 아미티지 전 국무부 부장관, 조지프 나이 하버드대 케네디행정스쿨 학장 등 미국의 초당파 아시아전문가들이 2020년까지의 아시아전략과 정책제안을 종합한, 이른바 '2차 아미티지 보고서'는 「미·일동맹: 2020년까지 아시아를 어떻게 올바른 방향으로 이끌어갈 것인가(The U.S.-Japan Alliance: Getting Asia Right through 2020)」라는 제목을 달고 있다. 여기에서는 미일동맹을 "미국의 아시아전략에서 중핵으로 삼아야 한다"고 했던 1차 보고서보다 더 강력하게 일본의 재무장과 중국에 대한 경계를 역설하고 있다. 2차 보고서는 미일간의 포괄적인 자유무역협정(FTA) 체결을 주문하고, 안보 분야에서는 일본이 ① 효과적인 결정을 내릴 수 있도록 안보기구들을 강화, ② 동맹협력의 억제요인을 논의할 헌법개정론의 촉진, ③ 자위대의 해외파병을 규정하는 항구적인 법 제정, ④ 국방예산 증액, ⑤ 유엔 안보리 상임이사국 진출 등의 과제를 수행하도록 추동해야 한다고 지적하였다. 이러한 제안들은 일본의 군대보유와 전쟁행위, 그리고 동맹국과 함께 전쟁을 벌이는 집단적 자위권을 금지한 현행의 헌법 제9조의 제약에서 완전히 벗어나 '전쟁을 할 수 있는 국가'의 제도적 여건을 완비하라는 주문이라고 할 수 있다. 1차 보고서는 http://www.ndu.edu/inss에서, 2차 보고서의 원문은 http://www.policypointers.org에서 확인할 수 있다.

9 2002년 9월에 승인된 「미국의 국가안보전략(The National Security Strategy of the United States of America, NSS)」을 말한다. 미국은 이미 2001년에 발표한 「4개년

엔결의를 얻지도 못한 채 대량파괴무기(Weapons of Mass Destruction, WMD) 개발의 움직이지 못할 증거를 잡았다고 주장하면서 영국과 함께 이라크를 침공하였다. 일본은 미·영의 군사행동을 지지하면서, 이라크 지원특조법을 제정하고 육상자위대를 이라크에 파견하였다.

하지만 이라크 침공 무렵부터, 압도적 군사력을 배경으로 한 미국의 단독행동주의[또는 일방주의]는 파탄나기 시작했다. 유엔 안보리에서는 독·불 양국을 비롯한 다수의 국가들이 미국의 이라크 침공을 용인하지 않으려 했다. 소련의 찬성과 중국의 기권으로 안보리가 사실상 미국의 군사력 행사를 용인했던 걸프전쟁이나 NATO의 유고 공격과 비교해 보아도 상황은 명확히 달라져 있었다. 거기에는 중동에 있어서 미·영·독·불의 국가적 이해관계가 반영되어 있었지만, 유럽을 중심으로 국경을 넘어 확대된 '1천만 명의 반전시위'에서 표명된 민중의 의사도 [미국의 일방주의적 정책의 파탄과] 무관하지 않았다.

압도적 군사력으로 마치 아이의 손을 비트는 것처럼 손쉽게 후세인 정권을 타도한 후, 사실상의 승리선언(대규모전투종결선언)을 하고 그 창끝을 다음 타깃으로 돌리려 했던 미국은 점령지배에 대한 이라크 민중의 저항투쟁 앞에서 이러지도 저러지도 못하는 상황에 놓이게 되었다. 이러한 상황 속에서 미국의 점령행정에 협력한 일본 외교관 2명이 살해되는 사건도 일어났다. 북한을 둘러싼 이른바 6자회담도 [미국이 강요한] 북한의

국방기획」(QDR 2001)에서 종래의 위협기반전략(threat-based strategy)에서 능력기반전략(capability-based strategy)으로의 전환을 명시하고, 테러위협과 같은 다양한 수준에서의 위협에 능동적으로 내서할 수 있는 신속대응체계를 갖출 것을 표방한 바 있다. 또한 2002년 1월 8일에 발표된 「핵태세검토보고서(Nuclear Posture Review)」에서는 북한, 이라크, 이란 등 7개국에 대한 핵선제공격의 가능성을 표방하였다. 더 나아가 2002년의 국가안보전략에서는 냉전시기에 미국 군사전략의 기둥이었던 '봉쇄전략'과 '억지전략'을 근본적으로 전환하고, 미 본토에 대한 선제공격을 막기 위해 '선제예방공격'과 '방어적 개입'을 군사적 대안으로 선택하였다. NSS와 QDR은 http://www.whitehouse.gov에서 확인할 수 있으며, NPR은 http://www.globalsecurity.org에서 발췌된 내용을 확인할 수 있다.

[체제]변화에 의해 실현된 것이 아니라, 미국의 이라크 점령지배 정책의 파탄과 이를 시야에 넣고 있던 중국 외교전략의 결과로써 실현되었다.

갑작스러운 평양방문과 북일정상회담의 개최는 대미추종적인 고이즈미 정권에게 예외적이라고 할 수 있는 일이었다. 이에 관한 고이즈미 정권의 진의에 대해서는 아직 검토의 여지가 있겠지만, 정상회담 결과 발표된 북일평양선언이 식민지지배의 책임이나 배상에 대해 [배상금이 아니라 원조금을 지불하기로 함으로써] 한일조약과 같은 문제를 남겼음에도 불구하고, 북한과 전쟁상태를 지속하고 있던 미국의 동맹국 일본이 북한과 국교정상화에 나선 것 자체는 많은 한국 민중들도 환영할 만한 일이었다. 하지만 북한과의 긴장관계를 미일동맹 강화나 유사체제 정비에 이용하려는 세력들은 납치문제를 최대한 이용하면서 역으로 북한에 대한 적대감정을 높이기에 성공하였다. 몇 년 전에는 상상조차 못했던 유사관련 3법(2003년 6월), 유사관련 7법(2004년 6월)의 성립[10] 등은 배외주의적이며 호전적인 내셔널리즘의 확대와 관련짓지 않고서는 생각할

10 '유사3법'과 '유사7법' : 일본 주변에서 유사사태가 발생했을 때, 그 대응방침을 규정한 법안이다. 2003년 6월에 성립·시행된 '유사3법'은 국가 유사시 일본 정부의 적극적인 대응을 상정한 '무력공격사태법', 유사시 자위대 이동에 따른 도로법 특례 등 20개 법률특례조치를 규정한 '자위대법 개정안', 유사사태에 대응하기 위한 전문위원회 설치를 규정한 '안전보장회의 설치법 개정안'을 말한다. 2004년 6월에 성립한 '유사7법'은 자위대에 의한 국민들의 피난 유도와 구출 작업을 규정한 '국민보호법', 유사시 항만이나 공항 등을 미군과 자위대가 우선적으로 사용할 수 있다는 '특정공공시설 이용법(교통·통신이용법)', 일본 주변의 공해에서 선박정지명령에 불복할 경우 위해 사격을 가할 수 있도록 한 '외국군용품 등 해상수송규제법', 포로의 구속 및 억류 수속을 규정한 '포로취급법', 중요문화재 파괴 및 포로 처우 문제에 관해 형사처벌 규정을 포함한 '국제인도법위반행위처벌법', 자위대 시설에서 미군에게 물품·노역의 제공을 규정한 '자위대법 개정안', 미군에 대한 물품·노역의 제공을 규정한 '미군행동원활화법' 등이다. '유사3법'과 '유사7법'은 일본 '주변'에서 '전쟁을 할 수 있는 국가'의 구축을 의미한다. 이때 '주변'은 지리적인 개념이 아니라 상황적인 개념이기 때문에, 그 지리적인 범위는 얼마든지 확대될 수 있다. 이것을 보여주는 것이 1992년 6월에 성립한 'PKO협력법', 2001년 10월에 제정된 '대테러특별조치법', 2003년 7월에 제정된 '이라크특별조치법', 그리고 몇 차례에 걸친 '자위대법 개정안' 등이라고 할 수 있다. 물론 2002년 12월의 미일안보협의위원회(이른바 2+2)에서부터 시작된 주일미군 재편협의도 이러한 흐름 속에 있다.

수 없다고 해도 좋을 것이다.

시대 상황과 민중 여론

2001년 5월 19일, 내각부는 '오키나와 현민 의식조사'를 발표하였다. 다음 날인 20일 전국 각 신문은 이 조사결과를 "기지용인이 반대를 웃돌았다"는 표어로 크게 보도하였다. 즉 "오키나와에는 미군기지가 있는데 어떻게 생각하느냐"는 물음에 대해 "일본의 안전을 위해 필요하다" 9.8%, "일본의 안전을 위해 어쩔 수 없다" 35.9%, "일본의 안전을 위해 필요 없다" 20.6%, "일본의 안전을 위해 오히려 위험하다" 23.8%이며, '필요'와 '어쩔 수 없다'고 답한 45.7%의 기지용인파가 '필요 없다'와 '오히려 위험'의 반대파 44.4%를 웃돌았다는 것이다. 참고로 1985년, 1989년, 1994년의 과거 3번의 조사에서는 각각 '필요 없다', '오히려 위험'이 53.9-60.7%로 과반수를 차지했었다.

이런 변화의 원인은 어디에 있을까. 이 조사 중에 "본토 사람들의 오키나와에 대한 이해는 복귀 당시와 비교해서 깊어졌다고 생각하느냐"는 질문이 있다. 지난번과 비교해서 '깊어졌다'는 답은 줄었고, '깊어지지 않았다'는 답이 늘어났다. 이러한 사실을 염두에 두면서, 오키나와타임스는 "기지의 현내 이설을 둘러싼 현내 여론이 두개로 갈라지면서 [오키나와 내부의] 폐쇄감이 높아지고 있다. 그럼에도 불구하고 [본토의] 정부나 국민의 관심은 급속히 낮아져 [오키나와의 기지문제를] '남의 일'로 치부하는 분위기까지 감지되고 있다. 그러한 현실에 대한 초조감을 반영한 숫자"라고 평가하였다. 그러한 견해를 뒷받침하듯 2000년 1월 총리부가 전국적으로 실시한 '자위대·방위문제에 관한 여론조사'에 의하면, 오키나와 미군기지 기능의 일부를 본토로 이전하는 것에 대해 [일본 전체의 여론은] '반대'가 40%로 '찬성'의 37%를 웃돌아, 1997년의 조사결과

(찬성 42%, 반대35%)와 비교하면 찬반이 역전되었다. 오키나와에 주일 미군기지의 70%가 집중해 있다는 사실을 알고 있는 사람도 줄어들었다. 이러한 변화는 오키나와 문제를 나의 문제로서 생각하려는 자세의 후퇴를 나타내고 있다고 할 수 있다. 그것은 나고시민투표를 향한 민중운동 고양의 시기와, 지사나 나고시장이 현내 이설을 승낙하면서 헤노코의 신기지건설이 각료회의에서 결정된 시기와의 차이를 반영하고 있었다.

복귀 30주년에 해당하는 2002년 3월, NHK는 10년 만에 현민 여론조사를 실시하였다. 그 중에 "복귀 후에도 오키나와에 미국 군기지가 남아 있는데 당신은 이에 대해 어떻게 생각합니까"라는 물음에 대한 대답은 "일본의 안전을 위해 필요" 7.3%, "어쩔 수 없다" 39.9%, "필요하지 않다" 19.1%, "오히려 위험" 24.5%였다. 즉, '필요'와 '어쩔 수 없다'를 합하면 47.2%가 되어 '필요하지 않다', '오히려 위험'을 합한 43.6%를 웃돌았다. 10년 전 NHK의 같은 조사에서 '필요' 5.8%, '어쩔 수 없다' 28.9%, '필요하지 않다' 26.1%, '오히려 위험' 24.4%라는 숫자와 비교하면 명백한 변화가 존재한다. '어쩔 수 없다'는 대답의 증가는 "오키나와만 힘을 내봐도 어쩔 수 없다"는 좌절감의 표명이기도 했다.

이 조사 중에도 "본토 사람은 오키나와 사람을 이해하고 있느냐"라는 항목이 있다. 이 물음에 대한 답을 15년 전 조사, 10년 전 조사와 비교해 보면, 해가 갈수록 [본토 사람의 오키나와에 대한] 이해도는 후퇴하고 있다고 인식되고 있음을 알 수 있다(권말의 도표 참조). 같은 경향을 "오키나와 사람은 본토 사람을 이해하고 있느냐"라는 항목에서도 볼 수 있다. 즉 양방향에서 무이해의 정도가 깊어가고 있다고 생각된다. 이는 1년 전의 내각부 조사결과와도 부합된다. 한편으로 오키나와 출신의 소녀를 주인공으로 한 NHK의 아침 연속 텔레비전 소설인 '츄라상'이 상당한 시청률을 내고 류큐음악이나 오키나와 출신의 연예인이 인기를 얻으면서 오키나와가 '치유(healing)의 섬' 등으로 불리기도 했으나, 이러한 현상과 동시적으로 다른 한편에서는 본토와 오키나와 간의 틈이 깊어갔던 것이다.

이를 실증한 것이 미·영군의 아프간 공격을 계기로 한 오키나와 관광객의 격감이었다. 고이즈미 수상은 미국의 보복전쟁을 지지하면서 오키나와 미군기지를 방위하기 위해 본토에서 기동대를 파견하였다. 이 단계에서도 고이즈미 내각에 대한 지지율이 높게 유지되고 있었던 것을 볼 때 국민의 대다수가 고이즈미 정권의 전쟁협력 정책을 지지하고 있었다고 이해되지만, 자기들은 위험한 장소[인 오키나와]에 가기를 기피했던 것이다. 오키나와 관광업계는 이 사태를 기지피해라고 파악했지만, 현은 세상의 이러저러한 평판에 따른 풍평(風評)피해라고 얼버무리면서 '괜찮다~오키나와' 캠페인을 펼쳤고, 현 의회는 오키나와 관광안전선언을 결의하였다. 더 이상 참지 못한 오키나와시 의회는 기동대 철수 의견서를 채택하였다. 일본 정부는 마치 위험수당이라도 지급하듯, 특별보조금을 제공하여 오키나와로의 수학여행을 장려하였다. 이윽고 시간이 지남에 따라 관광객 수는 회복되어 갔지만, 군사기지의 존재라는 현실을 무시해서는 '치유의 섬'이라는 환상도 성립될 수 없다는 것이 명백해졌다.

2002년은 민중운동이 가장 저하되어 있던 시기였다. 그러한 상황 속에서 혁신야당들의 당리당략적 의도에 따른 보조의 분산 때문에, 나고시장 선거나 현지사 선거에서 [혁신세력은] 참패(키시모토, 이나미네의 압승)하였다. 2002년 4월, 복귀 40년을 바라보면서 오키나와진흥특조법이 시행되었다.

헤노코의 투쟁과 미군 재편협의

오키나와 정상회담으로부터 3년 반 이상의 시간을 투자하여, [여러 가지 정책협의회를 열거나 진흥책을 통해 지역의 유지나 엘리트들을 포섭하는 등] 민중의 손이 직접 닿지 않는 곳에서 헤노코 신기지건설의 준비를 거듭해온 일본 정부는, 2004년 4월 19일 마침내 현지에서의 보링조사에 착수하였다. 그리고 당연하게도 주민, 시민들의 저지행동에 직면하였다. 헤노코의 '생명을 지키는 모임'이나 나고헬기기지반대협, 그리고 이를 지원하는 오키나와평화시민연락회도 후텐마기지의 현내 이설에 강력히 반대해온 기노완시 직노도 아직 건재하였다. 이렇게 해서 정부(나하방위시설국)와 주민·시민과의 직접 대치가 시작되었다.

오키나와 정상회담 이후 오키나와 민중운동은 전체적으로는 침체 상태에 빠져 있었지만, 여기저기에서 작은 운동의 흐름이 끊이지 않고 이어져 오고 있었다.

2001년 6월의 미군에 의한 강간 사건을 계기로 기노완시의 미 총영사관 앞에서 열렸던 '마음을 전하는 여성들의 목소리 네트워크'의 금요집회는, 2004년 4월에 마침내 100회째를 맞이하였다. 매주 금요일 정오에 열리는 이 집회는 한국 서울의 용산미군기지 앞에서 열리는 금요집회에서 배운 것이다(역으로, 용산기지 이전 예정지인 평택의 토지공유화운동은 한국의 활동가들로부터 한국의 한평지주운동이라고 불린다).

이라크 정세가 긴박해진 2003년 1월, 오키나와평화시민연락회는 이라크에 파견단을 보냈다. 영미의 공격이 시작되자 미 총영사관 앞에서는 농성이나 단식투쟁이 전개되었다. 5월에는 의약품 등을 지닌 제2차 파견단을 이라크로 보냈다. 이때까지는 일반시민도 간신히 이라크에 들어갈 수 있었다.

헤노코 앞바다의 보링조사 착수가 초읽기 단계로 들어갔던 2004년 3월 말, 7월에 진행되는 참의원 선거에서 오키나와 선거구의 야당 통일후보로 이토카즈 게이코(糸数慶子) 사대당 부위원장이 결정되었다. 또 다시 분열 선거가 될 것이라고 생각되던 마지막 단계에서 후보 통일이 실

방위시설국과 대치한 주민들
사진 제공: 나고헬기기지반대협

현된 것이다. 그 배경에는 헤노코 투쟁에 대처하는 민중들의 위기감이
있었다. 분열선거는 반기지투쟁에도 악영향을 끼칠 수밖에 없었다. 여기
에서는 [2000년 초의 키시모토 나고시장 소환운동과 반대로] '민중운동'
이 '선거'에 이겼던 것이다. 이토카즈 후보를 천거한 야당들의 정책은 헌
법 개정부터 안보에 이르기까지 국정 레벨에서는 큰 차이가 있었다. 유
일한 일치점이 있다면, 그것은 다시금 지역정치의 초점이 된 헤노코의
신기지건설(현내 이설)에 대한 반대입장이었다. 정부가 시간을 투자하여
여러 가지 이해관계를 조정하면서 기지용인파를 형성하고 신기지건설을
준비하는 사이에, 이러한 조정 과정에서 소외되었던 일반 민중들 사이에
서 헤노코로의 신기지건설은 '비현실적'이라는 인식이 확대되어 갔다. 지
금까지는 거의 반기지투쟁과 관련이 없었던 시민들까지 헤노코 농성에
참여하거나 각 거주지역의 길가에 서서 신기기건설 반대를 호소하는 행
동에 나선 것도, 이러한 인식의 확대를 보여주고 있었다. 참의원선거 직

전에 실시한 쿄도(共同)통신과 류큐신보의 여론조사에서는 헤노코기지 건설 반대가 6할, 지지가 1할이라는 수치가 나타났다. 어느 정당도 이 여론을 무시할 수 없었다. 정부로 하여금 [헤노코 해변에서 농성을 하고 있던] 시민·주민들의 저지선 강행돌파를 주저하게 만든 요인 중 하나는 이러한 정치 상황이었다. 또 하나는 주일 미군 재편협의가 시작되고 있었다는 것이다(2005년 10월, 발표된 재편협의 중간보고, 즉 '미일동맹, 미래를 위한 변혁과 재편'에 의하면 재편협의는 이미 2002년 12월의 미일안전보장협의위원회, '통칭 2+2'에서 시작되고 있었다).

   2003년 5월, 로스엔젤리스타임스는 미 국방성이 주오키나와 해병대 약 2만 명 중에서 1만 5000명을 호주로 옮기는 방안을 검토 중이라고 보도했다. 오키나와현이 [주오키나와 미군의 이주 문제에 대해 미 국방성에 직접] 조회하자 미 국방성도 그 사실을 인정하였다. 하지만 일본 정부는 사실에 반한다고 하면서 이를 부정하고, 오키나와현이 정부를 건너 띄어 직접 [미 국방성에] 조회한 것에 대해 불쾌감을 표시했다. 부시 정권은 특히 9·11 이후 아프간 공격, 이라크 공격의 경험을 거치면서, 냉전시의 고정적 군사거점 확보 전략에서 핵을 포함한 선단무기개발, 소규모 미군거점의 네트워크화, 동맹국의 군대나 민간군사회사의 활용 등 냉전 후의 세계전략에 즉응하기 위한 미군재배치나 병력구성의 재편을 검토하고 있었다. 한국 등 동맹국과의 협의도 진행되었으며, 2004년 4월에는 일본에 대해서도 미 본국의 육군 제1군단 사령부를 자마(座間)기지로 이전하겠다는 제안이 있었다는 보도가 나왔다.

   이제 미국에게 있어서 환경평가실시 기간을 추가하면 운용개시까지 10여 년을 요하는데다가 사용기한이 15년인 신기지건설보다, 기지의 공동사용까지 포함하는 자위대와의 군사적 일체화가 현실적으로 훨씬 더 중요한 사안으로 부각했다. 그래도 일본 정부는 미측으로부터 구체적인 제안은 없었다고 하면서 기존 방침을 유지하지 않을 수 없었다. 그런 교착상태 속에서 후텐마기지에 인접한 오키나와국제대학에 미군 헬기가 추락하였다. 말하자면 '최후 경고'였다.

미군 헬기가 추락했을 때, 이나미네 지사는 볼리비아에 있는 오키나와 이주민들의 거주지를 방문 중이었다. 지사가 오키나와로 돌아오는 도중에 도쿄에서 강조한 것은 후텐마기지의 즉시 폐쇄가 아니라 헤노코 신기지건설의 가속화였다. 나고의 건설촉진파도 이설 촉진대회를 열려다가 키시모토 시장에게 제지되었다. 그만큼 헤노코 신기지건설에는 직·간접적으로 많은 이권이 얽혀 있었다. 지사의 목소리에 떠밀린 것처럼, 나하방위시설국은 9월 9일에 농성하는 주민·시민을 우회하여 훨씬 남쪽의 바텐(馬天)항으로부터 배를 출항시켜 보링조사에 착수하려 했다. 헤노코 어항에서 농성하던 사람들이 소형선이나 카누를 타고 파랑주의보가 내려진 바다로 나갔고, 곧 이어 해상에서의 공방이 시작되었다. 아사히신문과 오키나와타임스의 여론조사에 의하면 이 시기에 헤노코 신기지건설 반대의 숫자는 81%에 달하고 있었다. 오키나와의 민중의식은, 2001-02까지의 내각부나 NHK의 여론조사(253~255쪽 참조) 무렵과 비교해서, 2004-05년 무렵에는 크게 변화하고 있었다(권말의 류큐신보사·마이니치 신문사 여론조사 참조). 이 무렵, 이라크의 팔루자(al-Fallujah)에서 진행된 무장세력 소탕작전의 중심부대가 헤노코의 캠프 슈와브에서 파견된 해병대임이 밝혀졌다. 미군 헬기의 추락도 이라크로의 반송을 서두르기 위해 매일 16시간, 3일간의 철야 정비작업을 벌이다가 그 과정에서 일으킨 실수가 원인이라고 보고되었다.

2004년 9월 21일의 미일정상회담 이후, 지금까지 오키나와에 대해 거의 구체적 발언을 해 오지 않았던 고이즈미 수상이 갑자기 "오키나와의 부담경감"이나 "오키나와기지의 현외 이설"을 입에 올리기 시작했다.

오키나와국제대학에 추락한 헬기사고의 흔적이 아직도 남아 있다

"가능한 한 [일본 본토가 아닌] 오키나와[내부]에 기지를 봉쇄한다"는 무사안일주의적인 정책에서 "오키나와의 과중부담 경감을 구실로 미일의 군사일체화를 추진"하는 정책으로 전환을 시사했다고 할 수 있다. 10월에는 아미티지 미 국무부장관이 일본을 방문하여 재편협의의 재가동(공식화)을 요구하였고, 이에 따라 공통의 전략목표를 확인한 다음 개별 협의에 들어가게 되어 2005년 2월에는 미일안보협의위원회(2＋2)가 열렸다. 여기에서 미일 양국은 북한과 함께 중국까지 경계대상으로 하는 전략목표를 밝혔고, 동시에 "오키나와를 포함하는 현지의 부담을 경감하면서 주일 미군의 억지력을 유지"(미일공동발표)할 것을 확인하였다. "현지의 부담경감"의 '공약화'는 미군 재편협의에 대한 기대감을 낳기도 하였다. 이런 가운데 '헤노코 재검토', 후텐마기지의 자위대 관리나 카데나 통합 등 여론의 동향을 측정하기 위해 의도적으로 유출된 여러 정보들이 어지럽게 유포되었다.

그러나 미군 재편협의의 본질은 어디까지나 미국의 세계전략에 따른 효율적인 병력운용 및 동맹국과의 군사일체화에 있었다. 이미 2004년 12월에 각료회의에서 결정된 새로운 '방위계획의 대강'은 '2+2'를 앞서 가는 형태로 북한과 중국을 경계대상으로 삼았고, 그 중에서 '새로운 위협이나 다양한 사태에 대한 대응'으로 열거하고 있는 5개 항목 중의 하나로 '도서(島嶼) 지역에 대한 침략에의 대응'을 내걸고 있었다. 2005년 1월 16일 오키나와 현지의 두 신문은, 방위청이 남서 제도 유사를 상정하고 육상자위대 5만 5000명 파견 등, 대처방침을 정리했다는 뉴스를 1면 머리기사로 전하였다. 이 해 3월에는 민간항공 파일럿훈련장으로 3km 정도의 활주로가 있는 이라부정(伊良部町) 의회에서 자위대 유치를 긴급 결의했다가 주민들의 반발로 10일 후에 철회하는 소란이 있었지만, 그 배후에도 정부관계자의 움직임이 있었다.

이런 가운데 나하방위시설국이 보링조사를 시도한지 1년이 지났다. 하지만 단 한 곳에서도 보링작업을 할 수 없었다. 해상에 건설된 보링조사용 4개 망루는 농성의 장소가 되었다. 해상 농성은 극히 가혹한 조건에서 진행되어야 했지만, 주민을 배제하고 공사를 강행하려는 측에 있어서도 어려운 조건이라는 점은 마찬가지였다. 태풍 등 기후조건도 오히려 보링조사를 저지하는 측에 유리하게 전개되었다. 머지않아 농성을 지원하는 어민들의 어선이 해상 농성을 하고 있는 사람들을 방위하게 되었다. 그런 가운데 오키나와현의 공공재산사용협의서에 대한 동의기한 1년이 끝났다. 국가는 1년의 갱신을 신청하였고, 현도 이에 동의하였다.

정부에게도, 어떻게든 가속화한다 해도 10여 년 후에야 완성되는 '후텐마 대체시설'의 중요도는 극히 낮아져 있었을 것이다. 하지만 이 계획을 포기함으로써 반기지투쟁의 기세를 올려주거나 혹은 겨우 육성한 기지유치·용인파에게 피해를 주는 일은 어떻게든 피해야 했다. 그들은 쓸

보링대 위에서의 싸움
사진 제공: 나고헬기기지반대협

데없는 실적을 만드는데 안간힘을 썼다. 드디어 나하방위시설국은 4월 26일, 스스로 공표했었던 작업방침(그들 스스로, 야간에 먹이를 찾는 듀공에게 영향을 미치지 않도록 작업시간은 일출 1시간 후부터 일몰 1시간 전까지라고 정했었다)을 깨고 야간작업을 강행하려 했다.

　이리하여 해상에서의 대치는 휴일도 없는 24시간체제가 되었다. 그래도 사람들은 투쟁을 지속했다. 헤노코 투쟁은 '개인 의지의 집합체에 의해 지지되는 철저한 비폭력 · 실력투쟁'이었다. 망루에 상시 농성하는 사람들의 수는 한정되어 있었다. 하지만 장기간의 24시간 농성체제였기 때문에, 몇 교대로 하게 되면 연인원은 막대한 수가 된다. 참여자들은 조직이나 단체의 동원에 의한 것이 아니었으며, 개인 각자가 모두 자기의 건강상태나 생활조건에 맞추어서 일수나 시간을 정하고 참여했다. 거의 우연히 이 투쟁에 참여했다가 삶이 바뀐 사람도 있었고, 그 체험기를 읽고 투쟁에 참여한 사람도 있었다. 이 투쟁의 배후에는 통계상으로는 콤마 이하로 기록되는 보통 사람들의 눈에 보이지 않는 관계가 존재하고 있었으며, 그 폭은 오키나와를 훨씬 넘어서 있었다. 재일조선인의 참여도 있었다.

물건을 파괴하지 않고 폭력에도 물리적 반격은 하지 않고 언어상에서도 도발적 언사를 삼간다는 철저한 비폭력주의도 이 투쟁의 특징이었다. 그 전통을 오키나와의 현대사에서 찾는다면, 1955년 무렵에 압도적인 미 군사권력과 대치하지 않을 수 없었던 이에지마 농민들의 '진정규정' 35~36쪽 참조)이 있다. 농성장에 있는 텐트의 작은 방에 이에지마 투쟁의 상징인 아하곤 쇼우코우의 사진이 걸려 있는 것도 이를 많이 의식해서였을 것이다.

도시형 전투훈련 시설의 건설

미군 재편협의가 진전됨에 따라 자기의 지지기반인 신기지건설 촉진파와 압도적인 반대여론 사이에서 우왕좌왕하던 이나미네 지사는 헤노코의 신기지건설을 보류시킨 채 '해병대의 현외 이설'이나 '도시형 전투훈련 시설의 건설 중지'(후술)를 요구하며 3월에 미국으로 건너가는 등, 미일 양 정부의 정책전환에 따른 정치적 손실을 줄이려고 움직이기 시작했다. 그래서 현 의회에서는 야당이 '해병대의 현외 이전'을 요구하는 초당파적인 현 의회 결의를 여당에게 요구했지만, 이즈음 현 의회에 조직된 국방의원 연맹의 중심 멤버 등 일부 여당의원의 반대로 실현되지 않았다. 야당과는 안보나 주오키나와 미군의 억지력에 관한 인식이 다르다는 것이 반대의 이유였다. 오키나와에서는 지금까지 기본적인 인식의 차이를 보류한 채, 당면한 과제에 대해 초당파적인 의사표시를 하는 일이 적지 않았다. 현

의회의 전 회파가 초당파적으로 발의한 1995년의 현민대회도 그러한 사례 중의 하나이다. 하지만 그러한 초당파적 의사표시가 어려워진 새로운 상황이 조성되고 있었다. 결국 자민당 현련이나 여당의 여러 회파는 "정부에게 후텐마기지의 현외 이설을 요구하지만, 현내로 할 경우에는 헤노코 앞바다 이외에는 인정하지 않는다"는 방침을 결정하였다.

같은 시기, 오키나와에서는 또 하나의 기지문제가 부상하고 있었다. 2003년 11월 미군이 캠프 한센에 도시형 전투훈련시설을 건설하겠다는 계획을 밝히고, 2004년 5월에 이를 착공한 것이다. 도시형 전투훈련시설 건설 지역은 킨정 이게이(伊芸)구의 주민거주 지역에서 불과 300미터의 지근거리로서, 과거 이게이구에서는 몇 번이나 캠프 한센에서 날아 온 유탄에 의해 피해를 입은 적이 있었다. 주민들은 즉시 반대행동에 나서, 건설예정지를 바라볼 수 있는 오키나와 자동차도로변에 감시탑을 세우고 매일 새벽 기지의 게이트 앞에서 건설 중지를 호소하였다. 킨정의 정장이나 의회도 이에 동조하였다.

당초, 오키나와현은 주민들의 불안한 감정을 이해할 수 있다고 하면서도 적극적인 대응은 오히려 피해 왔다. 하지만 미군 헬기가 추락하고 헤노코의 정세가 긴박해지는 등의 상황이 도시형 전투훈련 시설 건설반대와 연결되어 반기지의 무드가 고조되자, 마치 헤노코에서 눈을 돌리려는 듯, 도시형 전투훈련 시설 건설반대에 적극적으로 나서기 시작했다. 지사는 감시탑을 방문하고 정부에게도 시설의 건설반대를 요청하였으며, 현에서 선출된 여당의원들과 함께 캠프 한센 내부의 구역 중에서 주민거주지와 멀리 떨어진 곳으로 시설을 옮길 것을 제안하였다. 결국, 주민거주지역에서 1킬로 정도 떨어진 기지 내에 건설비를 일본이 부담하여, 새로운 시설이 만들어지게 되었다.

하지만 미군은 새로운 시설이 만들어지기 전까지는 기존의 완성된 시

캠프한센 내에 건설된 도시형전투훈련시설
사진 제공: 류큐신보사

설에서 전투훈련을 한다고 통고해 왔다. 전투훈련 시설의 잠정사용에 현지주민들은 강력히 반발하였다. 시설의 위험성을 인식했기 때문에 새로운 시설을 만들기로 했는데, 그것이 완성될 때까지인 몇 년간 주민들이 위험에 노출되기 때문이다. 이 호소에는 지사나 현 의회의 여당도 귀를 기울이지 않을 수 없었다. 이리하여 긴급 현민집회를 초당파적으로 개최하기로 하였다. 그러나 여당의 일부는 이 집회가 1시설에 한정된 것이며 오히려 반기지적인 여론의 고조를 막는, 바람 빼기의 의도를 가진 것임을 숨기지 않았다. '현민대회'라는 명칭도 굳이 회피되었다. 그래도 현지의 킨정에서 열린 '현민집회'는 열기에 넘쳤다.

하지만 정부는 "훈련의 중지를 요구할 수 없다"는 태도를 견지하였다. 기지의 관리권은 미군 측에 있고, 안정성을 배려한 훈련이 진행되고 있을 것이며, 시설이 이전되는 것만 해도 특별한 배려라고 하였다. 은근히 오키나와현측의 행동 지연 등도 지적되고 있었는데, 정부측에 의해 오키나와 측의 내부 모순이 간파되고 있었던 것이다. 주일 미군 재편협의는 이러한 상황을 배경으로 진행되고 있었다.

민중을 무시한 미일합의

2005년 9월 2일, 나하방위시설국은 태풍 접근을 이유로 헤노코 앞바다의 보링조사용 망루 4기를 모두 철거하였다. 반대파의 힘을 소모시켰던 야간작업도 5월말에는 중지하지 않을 수 없었다. 5월 16일 중의원 예산위에서 고이즈미 수상은 "농성하시는 분들의 강한 저지의 결의, 고생은 잘 이해하고 있다"면서 "현지와 잘 이야기를 나누어서 협조할 수 있는 해결법이 없는지 진지하게 생각하고 있다"고 발언(오키나와타임스, 2005년 5월 16일)했다. 하지만 이 고이즈미 발언 즈음부터 주일 미군 재편협의에 대해 "부담경감을 주장하는 일본과 억지력을 강조하는 미국과의 사이에서 난항"이라는 뉴스가 많아졌고, '헤노코 재검토'는 '현내 이설'의 방향으로 다시 흔들리기 시작했다.

'헤노코 재검토'가 현실성을 띠기 시작하자, 흔들리기 시작한 것은 지역의 신기지건설 촉진(혹은 용인)파였다. 헤노코 신기지건설이나 이와 한 묶음이 된 여러 진흥책이 자기들에게 이익이 된다고 생각해 온 그들은 2000명 규모의 후텐마비행장 대체시설 건설촉진대회를 열고, 6월경에는 오키나와현 방위협회 북부지부를 자칭하면서 공사기간을 대폭 단축시키기 위해 기지 규모를 대폭적으로 축소하고 장소도 여울(浅瀬) 쪽으로 끌어당긴 안[=여울안]을 스스로 작성하여 정부에 권하는 등, 활발하게 움직이기 시작했다. 키시모토 시장은 자기는 추진파가 아니라고 하면서 건설촉진대회 등과는 거리를 두고 있었지만, 자신의 지지 기반으로

2005년 10월 29일, 미일안전보장협의위원회는 연안안(Coastline Plan)을 발표했다
사진 제공: 나고헬기기지반대협

　부터 불평을 사게 되자 '여울안'은 허용할 수 있는 범위라는 태도를 암시
했다.

　이러한 상황에 눈을 돌린 것은 미국이었다. 원래 '오키나와의 부담경감'
을 거래재료로 하여 미일의 군사적 일체화를 추진하려한 것은 미국 쪽이
었다. 주일 미군 재편협의의 주목적은 거기에 있었으며, 그 의도는 아미
티지 보고서까지 거슬러 올라갈 수 있다(249~250쪽 참조). 하지만 주체
적 전략을 가지지 못하고 대미추수(對美追隨)로 일관해 온 일본 정부와의
협의에서는 오히려 군사적 일체화 쪽이 용이하게 진행되었고, 이른바 부
담경감책은 뒤로 남겨지는 결과가 되었다. 여기에서, 얻을 수 있는 것은
모두 얻어낸다는 미국 외교의 강력함이 발휘되었다. 미국은 중국의 위협
을 암시하면서 오키나와의 지정학적 중요성을 강조하였고, 현지에서 지
지하는 여울안을 받아들이겠다고 하면서 해병대원 수의 삭감 등을 덤으

로 제시했다. 또한 국무성이나 국방성의 고관을 오키나와에 보내어 일본 정부를 무시한 채 오키나와현에 대한 설득이나 타진을 시작했다.

이에 대해 원래 현외 이설에 소극적이었던 일본 정부는 캠프 슈와브 내의 육상 지역에 기지를 건설하자는 육상안(카데나기지로의 잠정 통합안도 동시에 검토되어 있었지만, 이는 지역의 강한 반대 때문에 초기 단계에서 사라졌다)을 제시하였다. 듀공 보호를 비롯한 환경문제, 뿌리 깊은 반대운동의 규제나 책상머리에서의 검토 예상을 뛰어넘는 해상공사의 어려움 등으로 인해, 정부는 가능한 한 해상기지를 피하고 신기지를 기존의 미군기지 내에 만들고 싶어 했다. 그러나 육상안은 캠프 슈와브의 기존 기능에 영향을 미친다.

이렇게 옥신각신한 끝에, 미일 양국은 캠프 슈와브 '연안안'으로 신기지건설에 합의하였다. 합의안에 따르면, 신기지는 일부가 헤노코 곶에 있는 캠프 슈와브의 병사(兵舍)지구를 가로지르며, 북동쪽 끝은 오우라(大浦)만으로 남서쪽 끝은 헤노코 해상으로 뻐어져 나오는 1800미터의 활주로를 갖게 된다. 더구나 오우라만 쪽에는 역L자형으로 격납고나 연료보급용 천교(浅橋) 등이 건설된다고 한다. '육상안'도 '여울안'도 활주로 길이는 1500미터를 전제로 하고 있었는데, 신형 수직이착륙기인 MV22오스프레이(Osprey)의 도입을 전제로 한 다기능 군사전용시설의 건설이 합의되었던 것이다. 대다수의 보도는 미국이 일본에 타협했다고 전했지만, 오히려 이것은 미국 쪽에서 보면 웃지 않을 수 없는 것이었다. 그럼에도 불구하고 미국은 일본이 책임지고 건설한다고 했기 때문에 양보한다고 못을 박았다.

하지만 이것은 '육상안'과 '여울안'의 폐해를 아울러 가지는, 오키나와에 있어서 최악의 안이었다. 육지에 가까워짐으로 해서 주민주거지역에 소음이나 사고 피해 등의 영향이 크게 미치게 되었다. 또한 매립으로 인한 듀공의 서식지 파괴나 해역 오염의 문제도 그대로 남게 되었다. 이나미네 지사도 키시모토 나고시장도 이 안을 받아들일 수는 없었다. '여울안'까지는 허용범위로 했던 키시모토 시장에게도 이 안은 주민에게 설명이 불가능한 안이었다. 현행 계획을 용인하고 있던 지역에서도 잇달아 승낙 거부의 목소리가 나왔다. 현행 계획 이외에는 현외 이설을 주장했던 지사도 당연히 거부하지 않을 수 없었다. 현이 지적하지 않더라도 '육상안'이나 '여울안' 그리고 '연안안'도 대체시설협의회의 검토과정에서 문제점이 너무 많다고 하여 배제되어 온 안을 손질해서 다시 써먹은 것에 불과했다. 10월 30일에는 '현내 이설반대 현민회의' 주최의 현민대회가 열렸다. 류큐신보와 오키나와 텔레비전방송의 합동여론조사(11월 1–3일)에 의하면, '연안안' 지지는 불과 7%이며 그 이외에는 현외이설이 27.4%, 국외 이설 29.4%, 후텐마기지의 즉시 폐쇄·무조건반환 28.4% 등이었다.

오키나와 측의 총 반발을 예상하여, 자민당 내부에서는 미일합의 시점부터 공유(公有) 수면의 사용 기한, 환경영향평가의 절차, 기지시설의 건설허가, 매장문화재의 조사 등의 권한 등을 지사나 시정촌장으로부터 국가로 옮기는 특별조치법의 제정이 검토되고 있다고 전해졌다. 언론 가운데서도 "오키나와가 15년 사용기한이라든지 군민공용 등의 조건을 단 것이 문제를 악화시켰다"면서 책임을 오키나와 측에 전가함과 동시에 반대운동에 단호한 태도를 취하라고 주장하는 논조(일본경제신문 10월 9일 사설, 요미우리신문 11월 4일 사설) 등도 등장하기 시작했다. 미군용지특조법 개정 당시의 상황이 보다 대규모로, 보다 철저한 모습으로 재현되어가고 있었다. 오키나와에서도 초당파적인 행동에 부정적이었던 자민당 현련의 간부(264쪽 참조)는 현내 이설로 타결점을 찾고자 했다.

반복해서 말할 것까지 없이, 주일 미군 재편협의의 첫 번째 목적은 미일의 군사적 일체화에 있으며, 미군기지의 재배치나 병력의 재편에 의해 오키나와 등 기지가 소재한 지역의 부담이 경감할지 아닐지는 부차적인 문제에 불과하다. 10월 29일에 발표된 '미일동맹, 미래를 위한 변혁과 재편'은 미일의 군사적 일체화에 의해 미일동맹이 "지역 및 세계에 있어서 공통의 전략목표를 달성하기 위해" 전면적으로 전개될 것임을 명확히 했다. 1996년의 미일안보공동선언을 기점으로 한 안보 재정의는 새로운 단계에 들어서게 되었다.

맺는 글

이 책은 이와나미신서(岩波新書)에서 펴내는 오키나와 현대사(전후사)에 관한 다섯 번째 책이다. 첫 번째는 전후 20년이 되는 해인 1965년에 펴낸 『오키나와 문제 20년』이었고, 이어서 1970년에 그 후 5년 동안의 어지러운 움직임에 관한 『오키나와 · 70년 전후』가 나왔으며, 셋 번째로 두 책의 내용을 포함하여 미군정 하의 27년 동안 오키나와의 역사를 다시 정리한 『오키나와 전후사』가 1976년에 나왔다. 모두 나카노 요시오(中野好夫)와의 공저이다.

미군 지배 하의 오키나와의 역사는 미국의 세계전략의 일환이었던 지배정책과 평화 · 인권 · 자립(자기결정권의 획득)을 요구하는 민중들의 투쟁이 선명하게 시대의 국면(시기구분)을 형성하여, 전체상을 파악하기 쉬웠다. 이에 비해 1972년 반환 후, 즉 일본이 된 이후 오키나와 현대사의 독자성과 전체상을 파악하는 것은 반드시 쉬운 일만은 아니었다. 하지만 미군정 하에서도 47도도부현 중의 하나가 되어서도 오키나와 현대사를 가로지르고 있는 것은 구조적인 오키나와 차별 위에 성립되어 있는 미일안보체제(미일동맹)와 오키나와 민중의 투쟁이었다. 이것을 확실히 실감할 수 있었던 것은 1995년 가을 이후의 투쟁 속에서였다. 그러한 실감을 염두에 두면서 쓴 것이, 복귀 후 20여 년 동안 오키나와의 역사적 발걸음을 정리한 『오키나와 현대사』(1996년)이다.

그 후로 약 10년. 오키나와 현대사 그리고 미일동맹의 역사는 이른바 미군 재편협의를 거치면서 안보 재정의의 단계로부터 다음 단계로 나아가려 한다. 새로운 시대는 어떠한 양상을 띨 것이며 민중운동은 그 곳에서 어떻게 움직여야 할 것인가. 그러한 것들을 생각하기 위해서 구판(舊版)『오키나와 현대사』를 다시 정리해서 써야겠다고 생각했다.

　이 신판은 구판 이후의 역사적 흐름에 대해 썼을 뿐만 아니라, '머리말'에도 썼듯이 제1장에서 미군지배 하의 오키나와 역사를 정리하여 전후의 역사적 흐름을 통관할 수 있도록 고려하였다. 하지만 미군 지배 하의 27년의 역사적 걸음을 정리하기에는 신서판의 불과 30쪽으로는 부족하다. 가능하면『오키나와 전후사』를 함께 읽어주었으면 한다.

　또한 이들 신서는 역사적 흐름 속에서 쓰고 발표했던 많은 논문이나 논평의 축적을 배경으로 하고 있다. 이 책이 주요 대상으로 하고 있는 시기에 잡지나 신문에 게재된 글의 대부분은『오키나와 동시대사 시리즈 (전 10권)』(가이후사)에,『오키나와 전후사』가 대상으로 한 시기는 같은 시리즈의 별권『미완의 오키나와 투쟁』에 수록되어 있다. 신서에 쓰인 사례들을 보다 자세히, 그 시대의 사회적 분위기 속에서 알고 싶다면 참조해줬으면 감사하겠다.

　본문에서는 언급하지 않았지만, 2005년 9월에 실시된 중의원 의원선거는 오키나와에서 봤을 때도 주목할 만 것이었다. 참의원에서 우정개혁 법안이 부결된 것을 구실로 중의원 해산을 강행하면서 실시된 이 선거에서, 여당은 반대파 후보를 쓰러뜨리기 위해 '저명한' 여성 자객을 보낸다는 등 고이즈미 극장이라 불린 드라마형의 정보조작으로 도시지역의 정치무관심층을 투표소로 동원하였고, 이를 통해 압승을 거두었다. 하지만 오키나와의 양상은 크게 달랐다. 이 선거에서 오키나와의 투표율은 처음으로 전국 최저를 기록하였다. 그리고 4개 선거구 중의 하나에서는 반자공(反自公) 후보가, 다른 하나에서는 사민당 후보가 당선되었다. 투표율 저하가 민중의 정치 이탈을 의미한다고 해도, 투표율 상승이 정치적 관심의 고양을 표현하는 것은 아니다.

어쨌든 미군 재편협의를 거치면서 일본은 더욱 더 인근 아시아의 여러 나라로부터 고립되어 이들과의 대립을 심화시켜 가는 한편, 초대국 미국에 밀착하여 오키나와를 군사적 대립의 최전선에 두려 하고 있다. 오키나와는 그리고 일본 국민은 이를 용인할 것인가 아니면 거부할 것인가. 지금 이 물음이 던져져 있다.

2005년 11월
아라사키 모리테루(新崎盛暉)

[보론]

미군 재편과 오키나와[*]

    일본 정부는 3년여에 걸친 미군 재편협의를 주일 미군 재편협의라고 부르면서 "억지력의 유지와 오키나와 등 주일 미군기지를 안고 있는 지역의 부담경감"에 그 목적이 있다고 말해 왔다. 언론보도도 대부분 정부의 이런 설명에 따라 이루어졌다. 따라서 2005년 10월의 이른바 주일 미군 재편협의의 중간보고, 즉 '미일동맹, 미래를 위한 변혁과 재편'이 발표된 이후 언론보도의 내용은, 주일 미군기지 기능의 재배치나 병력구성의 변경을 현지 지자체의 수장이나 주민들이 수락 할 수 있는 것인지 아닌지의 관점에서, 정부와 지자체 수장간의 대화나 기지 기능 및 형태에 관해 보도하거나 논의하는 내용이 압도적으로 많았다.

    하지만 당연히, 이른바 주일 미군의 재편협의는 주일 미군 병력구성의 변경이나 기지기능의 재배치를 목적으로 하는 것이 아니다. 이른바 '중간보고'의 타이틀에서도 명확하게 알 수 있듯이, 해외주둔 미군 재편계획(GPR)의 일환으로서 미일동맹의 본질을 재검토하려는 것이다. 그리고 그것은 정부가 말하는 '중간보고'가 아니라 오히려 기본합의문서라고 해야 하는 것이며, 2006년 5월 1일에 합의된 이른바 '최종보고'도 그 타이틀은 '재편실시를 위한 미일 로드맵'이었다.

---

[*] 이 글은 『現代思想』 2006년 9월호에 실린 글로써, 2005년 말 이후 미군 재편에 따른 오키나와 미군기지의 변화에 대한 이해를 돕기 위해, 저자와 『現代思想』의 동의하에 싣는다.

세계적인 미군 재편은 미군 변혁(Transformation)이라 불리는 미군의 이러저러한 변혁의 총체, 예를 들어 군사기지나 그 기능의 재배치, 핵이나 로봇 등을 포함한 첨단무기의 개발, 동맹국과의 관계 재구축이라는 것들의 일부로서 자리매김 되어 있다. 한편으로 그것은 미국이 원하는 세계질서의 유지·강화를 우격다짐으로 진행하기 위한 군사전략과 야망을 표현하고 있지만, 동시에 그것은 미국 단독으로는 그러한 전략과 야망을 실현할 수 없다는 곤란함을 표명하는 것이기도 하다. 미국은 동맹국(의 군대)을 자신의 세계전략 속에 보다 구체적으로 통합시킬 필요에 직면하고 있다. 따라서 미일동맹의 변혁과 재편은 주일 미군 뿐만 아니라 자위대의 역할, 나아가서는 일본 국가체제의 변용까지도 필요로 한다. 주일 미군과 자위대의 역할이나 임무의 분담, 정보공유나 상호운용능력의 통합·강화를 주장하는 '미일동맹, 미래를 위한 변혁과 재편'(기본합의문서)의 발표와 거의 같은 시기에 미 원자력 항공모함이 요코스카(横須賀)를 모항으로 삼은 것이나 자민당의 신헌법초안이 발표된 것은 우연한 일이 아니다.

안보정의로부터 미군 재편협의로

다음으로 이른바 주일 미군 재편협의가 안보 재정의의 새로운 단계임을 확인할 필요가 있다.

1996년의 미일안보공동선언은 지금까지의 동서냉전 대응형의 미일동맹을 미국의 일극지배 대응형으로 재정의 하려는 것이었다. 달리 말하자면, 미국이 일본을 지켜주는 것을 원칙으로 했던 안보로부터 아시아·태평양에서 일본이 미국의 군사행동을 후방 지원하는 안보로의 재정의다. 이 재정의에 따라 1997년 9월에 신 가이드라인(미일방위협력을 위한 지침)이 책정되었고, 1999년 7월에는 주변사태법이 제정되었다. 그 연장선상에 2003년 6월에는 유사관련 3법이, 2004년 6월에는 유사관련 7법이 정비되었다.

미일안보 공동선언으로부터 10년. 그 사이에 부시정권의 출범, 고이즈미정권의 탄생 그리고 9·11이 있었다. 그리고 안보 재정의가 상정하지 못했던 9·11에 대응하기 위한 미국 군사전략의 진전에 따라, 2001년 10월에 대테러특조법이 제정되었고 2003년 7월에는 이라크지원특조법이 제정되었으며, 2002년 12월의 미일안보협의위원회(이른바 2+2)에서 주일 미군 재편협의가 시작되었었다.

한편으로 위로부터의 미일동맹 재검토라고 할 수 있는 안보 재정의에 대해, 이른바 아래로부터 미일동맹의 재검토를 요구한 것이 1995년 가을, 폭발적인 기세로 고조되었던 주오키나와 미군기지의 정리·축소·철거와 미일지위협정의 재검토를 요구한 오키나와의 민중운동이었다. 이에 대해 미일 양 정부는 오키나와에 관한 특별행동위원회(SACO)를 발족시켜, 오키나와 미군기지의 약 20%를 정리·축소한다는 SACO합의를 매듭지었다. SACO합의의 핵심은 [기노완시의] 시가지 중심부에 위치하고 있는 후텐마(普天間)기지를 나고시(名護市) 동해안의 [헤노코(辺野古)] 앞바다로 이설한다는 것이었다.

하지만 민중들의 요구에 대응하여 기지의 정리·축소를 가장했던 SACO합의는, 광대하고 노후한 기지를 일본의 경비로 콤팩트한 최신예 기지로 재편·통합하려는, 바로 그것이었다. 예를 들어, 1945년 6월 일본 본토를 폭격하기 위한 공군기지로 건설되었던 후텐마비행장은 반세기라는 세월이 지나면서 노후화하여 이제 미군에게는 사용하기가 매우 좋지 않은 기지가 되었다. 이 기지를 철거하고, 이설 명목으로 해병대기지인 캠프 슈와브나 헤노코 탄약고에 인접한 위치에 일본의 자금으로 최신예의 신기지를 건설한다는 것이 바로 SACO합의에 의한 계획이었다.

이는 1960년대 중반, 즉 남베트남 내전에 전면 개입하려던 시기에 이미 미군이 계획을 했었지만, 당시의 정치상황과 미국측의 재정난 때문에 빛을 보지 못했던 구상의 재현이었다.

　오키나와 민중들은 이 기만적인 재편·통합에 속지 않았다. 1997년 12월에 실시된 나고시민투표는 헤노코 신기지건설안을 명확히 거부하였다. 지역주민들의 의한 자기결정권의 행사였다. 오키나와에 대한 재정적·제도적 지원, 이른바 진흥책과 연계된 일본 정부의 기지 강요 방침에 동요하고 있던 오타(大田) 전 지사도 시민투표의 결과에 따랐다. 나고 시장도 지사의 판단에 따를 것을 공약하였다.

　그럼에도 불구하고 미일 양 정부, 보다 직접적으로 말해 일본 정부는 주오키나와 미군기지의 정리·통합·강화를 포기하려 하지 않았다. 그것이 안보 재정의의 중요한 일환이었기 때문이다. 정부는 이른바 진흥책이나 여러 가지 정치적 책략을 구사하면서 [오타 지사에서 이나미네 지사로] 지사를 교체하고 나고시장이나 기지 재편에 관련된 시정촌장을 포섭하여 현지 지자체 수장과 관계 각료의 협의기관을 몇 개나 설치하는 등, 민중들의 손이 닿지 않은 곳에서 야금야금 신기지건설 계획을 완성시키고는 지사나 시정촌장의 합의를 받아냈다. 이렇게 해서 만들어진 것이 15년 사용기한부 군민공용 공항이라는 이름의 '헤노코 앞바다 신기지 건설 계획'이다.

　이 계획이 보링조사 실시라는 형태로 민중들 앞에 그 모습을 드러낸 것은 2004년 4월 19일의 일이었다. 철거 가능한 해상헬기기지를 만들어서 5~7년 이내에 후텐마기지를 전면 반환하겠다고 했던 [SACO합의에 따른] 기한은 벌써 지나 버렸다. 그뿐만 아니라 안보 재정의의 다음 단계인 주일 미군 재편협의가 시작되어 있었다.

　하지만 일본 정부는 이 협의내용을 단지 숨기기에 바빴다. 오히려 일본 정부 자체가 이 협의에서 미국측의 전략적 의도를 꿰뚫어보지 못하고 즉흥적인 대응으로 일관하고 있었다고 하는 편이 더 정확할지 모르겠다. 2003년 11월에는 럼스펠드 미 국방장관이 일본과 오키나와를 방문했다. 2004년 3월 초순에는 미 육군 제1군단 사령부가 캠프 자마(座間)로 이전한다는 유출 보도도 있었다. 그러한 상황 속에서 일본 정부는 끝까지 기존 방침에 매달리면서, 구태여 보링조사를 강행하였다.

1997년의 나고시민투표 이래, 오키나와의 여론은 시종일관 신기지건설에 반대하고 있었다. 그것은 모든 여론조사 숫자에서 드러나고 있다. 또한 [오키나와의 기지부담을 경감시킨다고 했던] SACO합의 다른 항목을 봐도 그 중 많은 부분이 실현되지 않았다. 이것은 주변사태법의 제정에서부터 유사관련 7법의 제정에 이르기까지, 대미군사협력과 관련된 법정비가 별다른 저항도 없이 진행된 일본 전체의 상황과는 대조적인 것이었다.

정부(나하방위시설국)의 보링조사를 저지하는 주민·시민의 농성투쟁은 이러한 여론에 기반하고 있었다. 정부가 경찰력을 동원해서 주민들의 농성을 돌파하는 것도 충분히 가능한 일이었지만, 그것은 곧 바로 오키나와현 의회선거나 참의원 선거의 결과로 되돌아올 것이 명확했다. 이러한 교착상태가 진행되는 가운데 후텐마기지에 인접한 오키나와 국제대학에 헬기가 추락하여, 우려되던 후텐마기지의 위험성이 구체화되었다. 이나미네(稻嶺) 오키나와현 지사는 "헤노코 앞바다 기지 건설의 가속화"를 강조하였다. 그러한 목소리에 따라 나하 방위시설국은 주민·시민들의 농성 현장을 우회하여 오키나와섬 남쪽의 바텡(馬天)항에서 배를 출항시켜 해상에 보링조사용 망루를 설치하려 했다. 헤노코항에서는 농성을 하고 있던 사람들이 소형 배나 카누로 바다로 나가, 해상에서의 공방이 시작되었다.

하지만 헬기추락은 헤노코 앞바다 신기지반대의 여론을 더욱 더 확대·강화하는 결과를 낳았다. 정부의 전망으로도 헤노코 앞바다의 신기지 완성까지 10년 이상의 시간이 걸린다고 했기 때문에, 헤노코 앞바다의 신기지에 후텐마기지가 이설되더라도 10년 이상이나 후텐마기지의 위험성이 방치되는 셈이다. 후텐마기지의 위험성을 제거하기 위해서는 기지의 즉시폐쇄·조기반환 이외에는 있을 수 없으며, 후텐마 대체시설의 건설 따위는 아무런 의미가 없다.

한편, 2004년 9월 [부시-고이즈미의] 미일정상회담 이후 그때까지 오키나와에 대해 거의 구체적인 발언을 하지 않고 있던 고이즈미 수상이 갑자기 "오키나와의 부담경감"이나 "오키나와기지의 현외 이설"을 입에 담기 시작했다. "가능한 한 [일본 본토가 아닌] 오키나와[내부]에 기지를 봉쇄한다"는 무사안일주의적인 정책에서 '오키나와의 과중부담 경감을 구실로 미일의 군사일체화를 추진'하는 정책으로의 전환을 시사했다고 할 수 있다. 나아가서는 미군 재편에 대한 미국 측의 전략적 의도를 이해하고 거기에 동조할 의사를 표명했다고도 할 수 있다.

10월에는 아미티지 미 국무장관이 일본을 방문하고 재편협의의 재개를 요청하여, 공통된 전략목표를 확인한 다음 개별 협의에 들어가기로 했다. 다음 해인 2005년 2월에 미일안보협의위가 열려 북한과 함께 중국도 경계대상으로 한다는 전략목표를 명확히 했으며, 더 나아가 "오키나와를 포함한 현지의 부담을 경감하면서 주일 미군의 억지력을 유지한다"는 것이 확인되었다.

이러한 흐름 속에서 '헤노코 재검토'가 자명한 듯한 분위기도 있었지만, 미일의 군사적 일체화에 따른 새로운 징후도 보이기 시작했다. 성부는 이미 2004년 12월에 각료회의에서 결정한 새로운 '방위계획의 대강'에서 미일안보협의위를 앞서가는 형태로, 북한과 중국을 경계대상으로 삼고 그 가운데 "새로운 위협이나 다양한 사태에 대한 대응"으로서 "도서(島嶼) 지역 침략에 대한 대응"을 내걸었다. 다음 해인 2005년 1월 16일 오키나와 현지의 2개 신문은 방위청이 남서 제도유사를 상정하고 육상 자위대 5만 5천명 파견 등을 담은 대처방침을 결정했다는 뉴스를 1면 머리기사로 전했다. 3월에는 민간항공 파일럿 훈련장으로 3km 활주로를 가지고 있던 시모지지마(下地島)공항이 소재한 미야코 제도의 이라부정(伊良部町) 의회에서 자위대 유치를 긴급 결의했다가 주민들의 반발로 10일 후에 철회하는 사건이 있었다. 시모지지마공항은 과거 미국의 싱크탱크인 랜드 연구소에 의해 후텐마기지의 이설후보지로 거론된 적이 있는 곳이었다. 그 후에도 오키나와섬과 대만 사이에 존재하는 여러 섬들에서는 자위대 진출과 관련된 소문이 끊이지 않았다. 그런 배경에는 지방재정 개혁 속에서 재정적 궁핍 상태로 내몰린 [그리하여 기지 수락의 대가로 내걸고 있던 일본 정부의 개발자금 제공 유혹에 쉽게 넘어갈 수밖에 없었던] 이도(離島) 지자체의 현실이 놓여 있었다.

미군 재편은 패키지

이제 안보 재정의에서 미군 재편협의로의 흐름을 간략하게 정리한 다음, '미일동맹, 미래를 위한 변혁과 재편' 그리고 2006년 5월 1일에 합의된 '재편실시를 위한 미일 로드맵'으로 돌아가 보자.

이른바 주일 미군 재편협의가 세계적인 미군 재편의 일환이며 미일의 군사적 일체화를 지향하는 것이라는 점은 이미 언급했었다. 그러므로 캠프 자마(座間), 요코타(橫田), 아츠키(厚木), 이와쿠니(岩国) 등 미군 재편에 직접 연관된 기지나 지역은 적지 않지만 그것들에 대해서는 [이 글이 실린 『現代思想』 9월호의] 다른 논자들이 자세히 언급할 것으로 생각되므로, 여기서는 이번 미군 재편에서도 여전히 중요한 위치를 차지하고 있는 오키나와에 초점을 맞추기로 한다.

오키나와에 관한 재편구상의 첫 번째는 헤노코 '앞바다'의 신기지건설 계획 철회와 헤노코 '연안' 지역에 신기지건설 계획의 재제기이다. 기본 합의문서에 따르면, "바다 깊은 부분에 있는 산호초 상의 군민공용시설 … 의 계획과 관련된 많은 문제 때문에 … 이설이 대폭 지연"되고 있으므로 캠프 슈와브 연안으로 [신기지건설 지역을] 변경한다. 완성목표 연차는 2014년. 후텐마비행장의 능력을 대체하기 위해 항공자위대의 신덴바루(新田原) 및 츠이키(築城)기지를 정비하고, 민간시설의 긴급시 사용을 개선하기 위한 소요를 검토한다. SACO합의에서 후텐마에서 이와쿠니로 이주하기로 했었던 KC-130에 대해 기본합의문서는 "다른 이주지로서 해상자위대 카노야(鹿野)기지를 우선적으로 검토 한다"고 했었지만, 로드맵에서는 이와쿠니를 거점으로 삼고 "카노야기지 및 괌에 정기적인 순회배치(rotation)로 전개"한다고 밝혔다.

두 번째로, 약 8000명의 제3해병기동전개부대의 요원과 그의 가족 약 9000명을 2014년까지에 오키나와에서 괌으로 이전한다. 이전을 위한 시설 및 인프라 정비비의 추계액 102.7억불 중 일본이 60.9억불을 제공한다.

세 번째로, 후텐마 반환과 괌 이전에 따라 시설·구역을 통합하여 카데나비행장 이남의 상당 규모의 토지(캠프 쿠와에의 전부, 캠프 즈케란의 일부, 마키미나토 보급지구의 전부 등)의 반환이 가능케 된다. 단 "반환대상이 되는 시설에 소재한 기능 및 능력 가운데, 오키나와에 잔류하는 부대가 필요로 하는 모든 것은 오키나와 내부로 이설"되어야 한다. 또한 카데나 이남 기지들의 통합 및 토지의 반환은 해병대 요원과 그 가족의 "괌으로의 이전 완료에 달려 있다."

네 번째는 캠프 한센을 육상자위대 훈련에 사용하는 것, 항공자위대가 카데나 공군기지에서 미군과의 공동훈련을 하는 것이다. 역으로 카데나, 미사와(三沢), 이와쿠니의 미군군용기가 치토세(千歳), 핫쿠리(百里), 코

마쯔(小松), 츠이키(築城), 신덴바루(新田原) 등의 자위대기지에서 공동 훈련을 실시한다.

크게 보자면 이 4가지가 오키나와와 직접 관련된 구체적 재편안이지만, 기본합의문서와 로드맵은 "구체안은 통일적인 패키지의 요소"임을 강조하고 있다. 특히 로드맵은 "전체적인 패키지 속에서 오키나와에 관한 재편안이 상호 연결되어 있다"는 점을 되풀이하고 있다. 부분적 평가나 은근슬쩍 [그 일부만 따로] 실시하는 것은 인정하지 않겠다는 것이다.

또한 기본합의문서는 "적절한 시기에 패트리어트 PAC-3나 스탠더드 미사일(SM-3)과 같은 적극적 방어능력을 전개한다"고 하였지만, 로드맵에서는 "미군의 지대공유도탄 패트리어트3(PAC3) 능력이 일본에서 기존의 미군시설·구역에 전개되어, 가능한 한 빠른 시기에 운용 가능토록 한다"고 하였다. 그리고 이미 7월에는 북한의 미사일발사실험을 이용하여 카데나기지와 카데나탄약고지구에 패트리어트 배치를 결정하였다.

미군 재편과 오키나와의 정치적 이용가치

그런데 미군 재편의 목적 중 하나는 대테러전쟁 대응형의 다양한 기지 네트워크 형성에 있다. 2006년 2월에 발표된 최신의 미국 QDR(4개년 국방재검토) 등에서는 미국의 기본적인 전략목표가 어디까지나 미 본토의 방위이며 장기에 걸친 대테러전쟁이라고 되어 있다. 9·11 미 본토자폭공격 이래, 이러한 인식이 뚜렷해져 왔다. 그러한 상황 속에서 동서냉전 대응형의 중후장대한 군사기지로서 가상 적국의 세력권을 포위·대치·억지하는 전략거점의 하나로 그 역할을 담당해 온 오키나와기지도 당연히 변화하지 않을 수 없다. 기지기능도 오키나와의 범위를 넘어서 이와쿠니나 괌으로 뻗어 나가, 분산화되지 않을 수 없다. 달리 말하자면, 오키나와기지의 미 군사전략상의 가치는 상대적으로 저하되고 있다. 하지만 정치적 이용가치는 여전히 높다. 오히려 미일 양 정부가 서로 다른 목적을 가지고, 의도적으로 높여가고 있다고 해도 과언이 아니다.

미군 재편의 논리에 따르면, 헤노코 앞바다 신기지건설 계획의 무조건 철회는 가능했다. 이것을 스스로의 정치적 주장 속에 명확히 자리매김한 사람은 이하 요이치(伊波洋一) 기노완(宜野湾) 시장이다. 도대체가 "바다 깊은 곳에 있는 산호초 위"에 군민공용공항을 만든다는 등의 이야기는 터무니없는 것이었다. 게다가 나고시민투표에서 드러난 주민의 의사를 무시하고, 지사나 시장 등까지 끌어들여 기지 건설을 용인하도록 만들기 위해서는 [산호초 위에 기지를 만드는 '해상안(海上案)'을 주장하는 것] 이외의 방법은 없었다. 사용기한 15년이라는 조건도 군사적 관점으로만 보자면 비상식적이었다(그래서 정부는 1999년의 각료회의 결정에서 이 조건을 배려한다고 하였지만, 대미협상 자리에서는 내 놓지 않았다). 가령 반대운동이 없었다고 하더라도, 어차피 헤노코 앞바다의 신기지건설 계획은 실현 불가능했던 것이다.

그러나 일본 정부로서는 헤노코 앞바다의 신기지건설 계획을 철회하기 위해서는 2가지 조건이 충족되어야 했다. 하나는 그것을 신기지건설 반대 여론에 근거한 [반기지운동의] 비폭력·실력저지투쟁의 성과가 되게 해서는 안 된다는 것이었다. 달리 말하자면, 기지에 반대하는 여론이나 투쟁을 고양시킬 계기를 주어서는 안 된다는 것이었다.

또 한 가지는 겨우 형성된 기지용인파, 즉 [산호초 위에 해상기지를 건설하자고 주장해 왔던] 지사나 나고시장의 지지기반에게 [신기지건설 계획을 철회했을 경우에] 줄 수 있는 타격을 가능한 최소화해야 했다. '헤노코 재검토'의 분위기가 높아지는 가운데, 이나미네 지사는 오키나와 해병대의 현외 이전을 호소하기 위해 미국을 방문 하는 등 지사에게 어려운 선택을 강요했던 현행계획, 즉 '해상안'으로 결정되지 않을 경우에 오키나와 현외 이전 이외에는 다른 대안이 있을 수 없다는 주장을 강하게 제기함으로써, 계획철회에 의한 정치적 손실을 회피하기 위해 움직이기 시작했었다.

한편, 헤노코 앞 바다의 신기지건설이나 그와 연계된 여러 진흥책이 자신들에게 이익이 된다고 생각했던, 현지 건설업을 중심으로 한 북부지역의 기지용인파는 건설촉진대회를 열거나 공사기간을 대폭 단축시키기 위해 기지의 규모를 축소하고 장소도 여울지역으로 끌어당긴 안[='여울안']을 작성하여 정부에 권하는 등의 움직임을 시작했다.

미국은 이러한 상황에 주목했다. 원래 "오키나와의 부담경감"을 거래 재료로 '미일동맹의 강화=미일의 군사적 일체화'를 추진하려고 시도한 것은 미국이었다. 하지만 미일동맹강화에 의한 군사적 일체화 속에서 자신의 군사적 역량을 높이는 것 이외에 주체적 전략도 없이 대미추수(對美追隨)로 일관해 온 일본 정부와의 협의에서는, 오히려 "공통의 전략목표의 확인"이나 역할과 임무 분담, 정보 공유라는 군사적 일체화가 보다 용이하게 진행되었고, 거래 재료였던 부담경감책과 관련된 병력·기지의 구체적인 재편책은 뒷전이 되는 결과가 되었다. 여기에서 취할 수 있는 것은 모두 취한다는 미국 외교의 강력함이 발휘되었다.

그렇지 않아도 미국 측에는, 오키나와를 [1945년의 오키나와전에서] 만 수천 명의 미군 병사가 피를 흘려 획득한 전리품처럼 보는 경향이 강했다. 오키나와에서 기득권을 유지할 수 없게 될 경우에도, 가능하면 그것을 비싸게 팔려고 했다. 1972년 오키나와 반환의 경우에도 그 본성이 유감없이 발휘되었다. 후텐마반환, 미군 재편을 둘러싼 협의에서도 마찬가지였다. 미국 측은 중국의 잠재적 위협을 암시하면서 오키나와의 [지정학적] 위치의 중요성을 강조하고 해병대의 축소나 상당 규모의 토지 반환을 과장되게 선전하면서, "현지에서 지지하는 여울안"을 내세워 국무성이나 국방성의 고관을 오키나와로 보내 일본 정부를 제쳐 두고 오키나와현에 대한 설득이나 타진을 시작했다. 후텐마대체시설이라는 명목의 신기지건설은 미국의 기득권에 부가가치를 제공하는 의미도 있었던 것이다.

이에 대해 일본 정부는 캠프 슈와브 '육상안'을 대치시켰다. 안보 재정이나 SACO합의 단계와 달리, 가능한 한 미군기지를 오키나와에 봉쇄해 둔다는 즉흥적인 정책은 통용되지 않았다. 하지만 미일의 군사적 일체화 속에서 자신의 군사적 역량을 강화하려는 일본정 부에게 오키나와는 다른 의미를 지니기 시작했다. 일본 국민들에게 미국이 역점을 두고 있는 테러의 위협을 실감케 하는 것이 꼭 쉽지는 않았지만, 북한의 현실적 위협과 중국의 잠재적 위협으로 국민들을 부채질하는 것은 간단했다. 북한의 미사일 발사실험으로 인해 (미국을 비롯한 미사일 보유국들은 보다 대규모의 발사실험을 상시적으로 하고 있음에도 불구하고) 집단히스테리 상황이 된 언론의 보도를 배경으로 하여, [대북제재 결의안에 대한 중국의] 거부권 발동에 의한 중국의 고립화까지도 감안하면서, 군사적 제재를 포함한 UN안보리 결의안를 제출했던 일본 정부의 동향에 의해서도 이는 실증된다(또한 당초에는 일본을 부추기면서 뒤로 물러나 있던 미국의 움직임은, 1970년대 초에 일본을 제쳐 두고 이루어진 대중 관계개선을 떠올리게 했는데, 변함없는 미일동맹의 본질까지 엿보게 했다). 이러한 일본 정부에게 있어서 카데나기지나 캠프 한센의 공동사용은 남서 제도로 자위대를 전개하는 발판이라고 할 수 있으며,* 완성시에 미 군사전

---

* 1972년 오키나와 반환 당시부터 현재까지 '미군기지와 비교해서' 자위대는 오키나와에 대규모의 군사기지를 가지지 못하고 있다. 2005년 3월을 기준으로 오키나와의 미군 (전용시설)기지 면적은 2만 3671.3ha인데 비해 자위대기지는 640ha 정도이다. 가장 큰 항공자위대 나하기지가 211.8ha 정도이지만, 민간항공과의 공동사용이나 나하시와의 인접성 등으로 인해 비행훈련이 제한적일 수밖에 없다. 따라서 대규모 해병대기지인 캠프 한센(5,118.2ha)과 공군기지인 카데나기지(1,988.9ha)를 자위대가 이용한다는 것은 오키나와를 둘러싼 남서 제도에서 자위대의 군사훈련이 본격화된다는 것을 의미하며, 이것은 남중국해로의 군사적 영향력 확대로 이어지게 될 것이다.

략상에서는 의미를 가지지 않을 수도 있는 헤노코의 신기지가 [일본에게 있어서는] 중국과의 군사적·정치적 대치의 거점으로서 중요해질지도 몰랐다. 다만 듀공 보호를 비롯한 환경문제, 뿌리 깊은 반대운동의 규제나 책상머리에서의 검토를 뛰어넘는 해상공사의 어려움 등을 체험한 일본 정부는 신기지를 가능한 기존 미군기지 내에 만들고 싶어 했다.

옥신각신한 결과, 미일은 캠프 슈와브 '연안안(沿岸案)'으로 합의하였다. 당초의 합의안에 따르면, [헤노코 연안의 신기지는] 헤노코 들머리의 캠프 슈와브 병사(兵舍)지구를 가로질러 북동쪽은 오우라만(大浦湾)으로 남서쪽은 헤노코 해상으로 돌출한 1,800미터의 활주로를 보유하며, 거기에 수심이 있는 오우라만 쪽에는 역L자 형으로 격납고나 연료보급용 잔교 등이 건설된다. '육상안'도 '여울안'도 활주로 길이는 1500미터를 상정하고 있었는데, 신형 수직이착륙기 MV22오스프레이(Osprey) 도입을 전제로 한 다기능 군사전용시설의 건설이 합의된 것이다. 대다수의 언론 보도에서는 미국측이 일본 측에 타협했다고 전했지만, 오히려 그 결과는 미국 측이 웃지 않을 수 없는 것이었다. 그럼에도 불구하고 미국은 일본이 책임지고 건설한다고 했기 때문에 양보했다고 못을 박았다.

그러나 이는 '육상안'과 '여울안'의 폐해를 고스란히 안고 있는, 오키나와로서는 최악의 안이었다. 육지에 가까워짐으로 해서 주민주거지역에 소음이나 사고 피해 등의 영향이 크게 미치게 되었다. 매립에 의한 듀공 서식지의 파괴나 환경오염의 문제도 그대로 남게 되었다. 이나미네 지사도 키시모토 나고시장도 '연안안'을 거부했다.

이나미네 지사나 오키나와현이 지적했듯이, '육상안'이나 '여울안'은 물론 '연안안'도 관계 각료와 오키나와 측의 관계 지자체 수장들이 참여한 협의기관의 검토과정에서 문제점이 많다고 하여 배제되었던 안을 다시 손질해서 내 놓은 것에 불과했다. 일본 정부는 지역 수장들과의 합동

협의 결과 타협안으로 성립되었던 헤노코 앞바다 계획 ('해상안')을 현지측에 한 장의 사전통고도 없이 일방적으로 파기하고, 타협안과는 전혀 다른 미일합의를 강요하려 하고 있는 것이다. 이는 전후 보수정치에 있어서 지방자치의 존재를 그 뿌리에서부터 부정하는 수법이었다. 미군 재편은 미일동맹의 본질뿐만 아니라 국내정치의 본질까지도 바꾸려 하고 있는 것이다.

'여울안'까지는 허용범위로 했던 키시모토 시장으로서도 '연안안'으로 주민들을 설득하는 것은 불가능했다. 하지만 키시모토 시장의 후계자인 시마부쿠로(島袋) 나고시장은 착륙용 활주로와 이륙용 활주로를 달리하면 주민거주지역의 상공을 고정익기가 날지 않아도 된다는 궤변에 속아서 혹은 속은 척하면서 V자형으로 다시 하나의 활주로를 설치하는 방안으로 정부와 타협해버렸다. 만약 회전익기도 고정익기**도 방위청이 지도 위에 그린 선 위만을 난다면, 시가지 한가운데 있는 후텐마비행장의 헬기나 고정익기가 [지금처럼] 모든 방향으로 자유자재로 날아다닐 필요는 없을 것이다. 이런 뻔한 속임수가 언론에 크게 보도되어 미군 재편의 본질을 은폐하였고, 기지기능이 보다 확대·강화되어 로드맵에 명기되었다.

나고시장이 정부에게 포섭당하고 로드맵 발표라는 궁지에 몰린 상황 속에서, 5월 4일 오키나와현은 장문의 '미군 재편에 관한 현의 입장'을 발표하였고, 5월 11일에는 지사가 누카가(額賀) 방위청 장관과 '기본확인서'를 교환하였다. 거기에는 "정부안을 기본으로 하여 ① 후텐마비행장의 위험성 제고, ② 주변 주민의 생활 안전, ③ 자연환경 보전, ④ 농 사업의 실행 가능성—에 유의하여 대응할 것에 합의한다"고 적혀 있

** 고정익기(固定翼機)는 해리어기처럼 비행 중 날개가 고정되어 있는 비행기이며, 가변익기는 F14처럼 비행 중에 날개 모양이 변하는 기종이다. 여기에서는 오키나와 해병대의 주력 기종 중의 하나인 해리어기를 가리킨다. 회전익기는 헬기를 말한다.

었다. '기본확인서'를 두고, 정부는 오키나와현이 V자형 연안안을 양해한 것으로 해석하였고, 오키나와현은 정부안의 육상부분에 있는 캠프 슈와브의 병사(兵舍)부분에 후텐마비행장의 위험성을 제거하기 위한 긴급적 조치로서 [오키나와현 밖으로 이설할 때까지] 잠정적인 헬기이착륙장(heliport)을 건설해달라는 오키나와현의 요망도 검토해야 한다고 주장함으로써, 서로 대립하였다. 또한 정부는 확인서 가운데 미일합의를 실시하기 위한 각료회의 결정시에는 1999년의 각료회의 결정(후텐마비행장의 이설에 관한 정부 방침)을 염두에 두고 오키나와현, 나고시 및 관계지방공공단체와 "사전에 그 내용에 대해 협의할 것을 합의"하였다고 했지만, 이러한 협의는 진행하지도 않은 채 10년간 실시하기로 확약했던 지역진흥책을 포함한 1999년의 각료회의 결정을 파기하고, 5월 30일에 새로운 각료회의 결정을 내렸다. 신기지건설을 비롯한 미군 재편의 진행상황에 따라, 이른바 성과급 방식으로 진흥책을 실시해 갈 속셈인 것으로 보인다. 이런 움직임에는 시마부쿠로 나고시장 등도 "납득이 가는 것은 아니다"라고 하였다.

'부담경감'이란 무엇인가

마지막으로 미군 재편협의의 키워드라고 할 수 있는 '부담경감'에 대해 언급하고자 한다.

미일 양 정부는 해병대의 괌 이전이나 카데나 이남의 기지반환을 부담경감의 구체적 사례로 강조한다. 헤노코 '연안안'을 거부하는 이나미네 지사도 이것들을 '해병대의 현외 이전'이나 기지의 정리·축소에 이어지는 것으로 평가하고 있다. 하지만 오키나와타임즈(2006년 5월 17일)는 오키나와에 배치된 해병대의 실수(12530명)는 정수(18000명)를 훨씬 하회하므로 이전하는 해병대원의 실수는 많아도 4000명 이하일 것이라고 전하고, 해병대원 가족의 경우에는 실제 숫자가 이미 9000명을 밑돌아 (7910명) 9000명이 전출되면 마이너스가 된다고 전하였다. 또한 카데나 이남의 기지반환도 필요한 시설의 오키나와 '현내'이설이 조건부가 되어 있다. 자위대에 의한 캠프 한센이나 카데나기지의 공동사용은 명확한 군사기능의 강화이며, 소음이나 사건·사고의 증대를 초래하는 일은 있을지라도 부담경감이 될 수는 없다. '오키나와의 부담경감'은 미국측에게는 괌의 해병대 시설이나 인프라를 정비하기 위한 경비를 일본에게 요구하기 위한 근거로서, 일본측에게는 이를 정당화하는 구실로서 이용되고 있는 것에 지나지 않는다. 그런 의미에서, 오키나와의 정치적 이용가치는 오히려 높아지고 있다고 해야 할 것이다.

작년 10월의 '미일동맹, 미래를 위한 변혁과 재편' 발표 이후, 미국측의 협의 당담자로부터 "부담경감은 미군 재편의 부차적 결과에 지나지 않는다"는 발언이 많이 들려왔다. 그것이 본심일 것이다. 미군 재편은 미국의 세계전략상의 군사적 필요성에서 실시되는 것이며, 결코 민중의 부담경감을 목적으로 시작된 것이 아니기 때문이다.

또한 '부담경감'이라는 말은, 군사행동이나 군사지기로부터 파생되는 사회적·경제적·정치적 부담은 평화유지를 위한 필요악이라는 것을 전제로 하여, 그 부담이 특정 지역에 집중되지 않도록 완화한다는 뉘앙스로 사용되기 쉽다. 하지만 군사행동이나 군사기지의 존재에 의한 인간사회에 대한 악영향은 결코 평화유지를 위한 필요악이 아니다. 우리는 우선 '미군 재편=미일의 군사적 일체화'가 우리 스스로에게 구체적으로 어떠한 의미를 가지는지 파악해야 할 필요가 있다.

로드맵과 동시에 발표된 미일의 공동발표문은 미일의 "동맹관계는 지역 및 세계의 안전보장환경을 둘러싼 변화에 성공적으로 적응해 오고 있으며, 나아가 장래의 과제에 대응하기 위해 보다 깊고 보다 폭 넓게 발전할 필요가 있다"고 강조하고 있다. 우리는 이러한 주장에 동조할 수 있을 것인가. 실제는 그 반대다. 미국의 대이라크 · 중동정책이나 미일의 대북정책 등의 연장선상에 있는 미군 재편은 명확히 "지역 및 세계를 둘러싼 안전보장환경"을 악화시키고 있다. 우리는 이 미군 재편의 흐름을 저지하는 것에서부터 출발해야 할 것이다. 벌써 한국에서도 미군 재편에 대한 뿌리 깊은 반대운동이 전개되고 있다. 사회의 상층부에서는 해병대를 환영하는 분위기가 지배적인 것처럼 보도되고 있는 괌에서도 선주민족인 챠모로(Chamorro)를 중심으로 강한 반대의 움직임이 존재한다는 것이 알려지기 시작했다. 우리는 이 사람들과 인식을 공유하려는 노력을 쌓아가는 과정에서 우리 스스로의 평화에 대한 전망을 구축해야 할 것이다.

글을 옮기며 1

정영신

　풍요로운 바다와 푸른 산호초에 둘러싸인 섬, 오키나와. 오키나와 사람들은 종종 "예전의 오키나와 바다는 '물반 고기반'이었다. 그래서 바다의 은혜로 아무 걱정없이 살았다"고 말한다. 직접 겪어보지 않은 우리로서는 그 말을 실감하기 힘들지만, 오키나와 사람들의 넉넉한 마음씨를 접하다보면 그렇게 평화로운 '오키나와의 마음'이 너무나 아름다운 오키나와의 바다로부터 왔을지도 모른다는 생각이 들게 된다.

　오키나와에는 분명 '비무장'의 전통이 존재한다. 오키나와가 근대국가 일본에 편입하기 이전에 오키나와 부근을 통치하던 류큐왕국은 제대로 된 군대를 갖추지 않은 '비무장–교역 국가'였다. 그러나 당시에도 지배자와 피지배자는 구별되었을 것이고, 피지배자들의 삶은 고달픈 것이었음에 틀림없다. 그럼에도 불구하고 류큐왕국의 이미지는 주로 '교역을 통해 평화를 지향했던 국가'의 이미지로 남아 있다. 왜 그럴까?

　오키나와를 한번쯤 방문해 본 사람이라면, 그 대답을 어렵지 않게 제시할 수 있다. 기지의 섬, 오키나와. 그것은 오키나와의 또 다른 얼굴이다. 일본이 소위 '대동아전쟁'이라는 미명 하에 아시아 민중들을 향해 벌인 전쟁의 과정에서, 오키나와의 기지화는 시작되었다. 그로부터 70여 년. 오키나와의 기지는 구일본군에서 미군으로, 미군에서 미일동맹으로 그 관리의 주체만 바뀌어 왔을 뿐, 기지로 인한 중압의 고통은 변하지 않고 있다. 류큐왕국으로부터 '주어진' 평화로운 삶은 이미 오래전부터 누릴 수 없게 되었다. 그리고 그 고통의 무게만큼, 잃어버린 것에 대한 향수가 커졌을 터이다. 즉, '평화로운 류큐왕국'의 이미지는 오키나와기지가 주민들의 생활에 끼쳐 온 거대한 중압감의 또 다른 표현이라고 할 수 있다.

하지만 평화로운 삶을 빼앗겼을 때, 오키나와 주민들이 진정으로 선택한 것은 '향수'나 '환상'이라기보다는 평화를 향한 운동과 실천이었다. 즉, '쟁취하는' 평화를 택한 것이다.

바로 이 과정에서 오키나와는 한국과 만나게 된다. 구 일본군의 군국주의화 움직임으로부터 60년이라는 긴 시간이 흐른 뒤에야 이루어진 만남은 '너무 늦은' 만남이었지만, 그 만남에는 어떤 필연성이 숨겨져 있었던 듯하다. 이 책의 저자인 아라사키 선생은 한국과 오키나와 사이의 본격적인 연대운동이 벌어지기 10여년 전부터 이미 연대의 끈을 만들기 위해 노력해 오셨다. 저자의 한국어판 서문에 소개된 한국과의 연대에 관한 내용은 2006년에 오키나와를 방문하면서 아라사키 선생을 인터뷰할 당시에 들었던 내용인데, 이번에 책을 펴내면서 아라사키 선생의 선구적인 역할을 한국의 독자들에게 조금이나마 알리기 위해 저자에게 직접 요청한 것이다. 배봉기 할머니(20쪽 옮긴이주 참조)와 같은 앞선 이들의 삶이 있었고, 아라사키 선생과 같은 연대의 노력이 있었으며, 그러한 발자국을 따라가다가 옮긴이 역시 오키나와와 만날 수 있었다. 연대활동의 확장은 학술영역에서도 오키나와에 대한 관심을 고조시켰고, 옮긴이 역시 그러한 흐름 속에서 기지문제 연구의 길로 들어서게 되었다. 말하자면, 옮긴이의 오키나와에 대한 관심이나 이 책의 번역에까지 이르게 된 과정은 아라사키 선생의 선구적인 활동의 결과물들 가운데 하나라고 해도 좋을 것이다. 그러한 만남과 만남이 만들어낸 인연과 연대의 과정에서 나온 책이기에, 이 책은 옮긴이에게 매우 각별한 의미를 가질 수밖에 없다.

한국어판 서문에서 아라사키 선생이 밝힌 것처럼, 기지문제에 있어서 한국의 사정은 일본 본토보다는 오키나와와 유사한 측면이 더 많다. 미국과의 동맹관계를 유지시키는 물적 토대로서 미군기지의 존재, 기지건설의 폭력적인 과정, 기지로 인한 주민들의 피해나 지위협정의 불평등성 등의 문제에서 오키나와와 한국의 현실은 많은 부분을 공유하고 있다. 그래서 대추리의 농지가 포크레인과 군경에 의해 짓밟힐 때, 우리는 1950년대 오키나와에서 '총검과 불도저'에 의해 이루어진 토지강탈과 기지건설을 떠올리지 않을 수 없었다. 다른 한편으로, 오키나와 사람들은 신미선·심효순 두 여중생의 죽음으로 촉발되었던 대중투쟁의 과정을 보면서 1995년의 오키나와 소녀 폭행사건을 떠올렸다고 한다. 이와 같은 현실의 유사성에 대한 인식과 서로의 처지에 대한 공감이 한국과 오키나와간 민중연대의 발판이 되었음을 부정하기 힘들다. 대추리의 싸움이 한창이었을 때에는 오키나와에서 온 지원단이 하루에도 몇 차례 대추리를 방문했을 정도였다. 옮긴이들도 그 과정에 함께 하면서, 오키나와에서 온 늙은 활동가들과 학자들의 "어쩌면 이렇게 똑 같을 수가 있느냐"라는 탄식과 눈물을 보아 왔다.

하지만 미군기지를 둘러싼 역사적 구조나 미군 재편으로 인한 신기지 건설의 문제와 같은 많은 유사성에도 불구하고, 그러한 유사성을 생성시킨 역사적 맥락의 차이를 간과해서는 안 된다. 1945년 이후, 특히 1972년 이후에 오키나와는 '전후 일본'의 일부가 되었기 때문이다. 여기에서 '전후'란 단순히 시기를 구분하는 서술어가 아니라, 일본 현대사를 설명하는 독특한 개념이다. 일본의 역사학자인 나카무라 마사노리(中村政則)는 '전후'를 "반전, 평화, 민주주의, 빈곤으로부터의 카이호우(해방)"과 같은 "전후적 가치이념을 실현하고 지탱하는 외교·정치·경제·사회 시스템의 총체"로 규정한다(『일본 전후사, 1945-2005』, 논형). 물론 여기에는 UN이나 식민지 독립, 냉전체제와 같은 국제적인 틀도 포함된다. 일본의 현대사를 '전후 일본'이라는 틀을 통해 바라보게 되면, '전후 일본'을 가능케 했던 오키나와의 독자성에 주목하지 않을 수 없다.

1945년 이후의 동아시아 현대사를 되돌아 볼 때, '전후 일본'의 시스템은 두 가지 제도상을 그 토대로 하면서 형성되어 왔다. 첫 번째는 '전력의 보유'와 '분쟁의 수단으로서 무력행사'를 포기한 평화헌법이며, 두 번째는 미국에게 일본의 안보를 의탁하는 미일동맹체제이다. 그런데 이 두 제는 본질적으로 모순적일 수밖에 없다. 왜냐하면 평화헌법이 일본의 군사대국화를 제한해 온 반면, 미일동맹은 세계에서 가장 막강한 미군 전력의 일본 내 주둔과 자위전의 군사적 활동을 보장해 왔기 때문이다. 즉, 평화주의 이념을 실현한 '전후 일본'이란 '총검위에 내려앉은 비둘기'와 같은 것이었다.

그렇다면 이와 같은 모순이 어떻게 폭발하지 않고 전후 60년 동안 봉합되어 올 수 있었을까. 바로 여기에 미일 양국이 공모한, '기지의 섬, 오키나와'의 가치가 있었다. 주일 미군 시설의 75%를 총 영토 면적의 0.6%에 불과한 작은 섬 내부로 봉쇄해 둔다는 미일간의 공모야 말로, '전후 일본'을 가능케 했던 가장 핵심적인 전략이자 구조였다. 따라서 '평화국가, 일본'의 토대에는 '기지의 섬, 오키나와'가 작동하고 있었고, 반대편에서 보자면 '기지의 섬'이라는 오키나와의 현실은 '평화국가'라는 일본의 이미지에 의해 은폐되어 있었던 셈이다. 오키나와의 군사기지화를 대가로 하여 본토에서는 평화의 이념과 제도를 구축해 온 것이 '평화국가, 일본'이라고 한다면, 휴전선으로 상징되는 '끝나지 않은 전장 (戰場)'으로 끊임없이 국민들을 동원하고 규율해 온 것이 '전장국가, 한국'이라고 할 수 있을 것이다. 이와 같이 '기지'를 둘러싼 한국과 일본의 차이가, 역설적으로, 한국과 오키나와 사이의 유사성을 만들어 내었다고 해도 좋을 것이다.

그러므로 오키나와를 근대국가 일본에 속한 하나의 '지방'으로 취급해 버릴 수는 없다. 다시 말해서, 일본의 현대사를 규정하는 여러 요소들 중의 하나로 오키나와의 현대사를 다룰 수 없다. 오히려 오키나와를 통해서 일본의 현대사를 보아야 할 필요가 있다. 『오키나와 현대사』를 통해 『일본 전후사』를 보는 것, 더 나아가 일본과 한반도를 포함한 동아시아의 현대사를 대하는 하나의 '방법'으로서 오키나와를 읽는다면 한반도의 현대사를 이해하는데 있어서도 더욱 풍부한 함의를 찾을 수 있으리라 믿는다. 바로 여기에 이 책의 진가가 있으며, 이것이 이 책을 번역하게 된 첫 번째 이유이기도 하다.

두 번째 이유를 말하자면, 이 책의 번역을 시작할 당시에 옮긴이는 '오키나와 미군기지의 정치사회학'이라는 연구프로젝트에 참여하면서 오키나와의 반기지운동에 대한 연구를 막 시작하고 있었다. 그 과정에서 오키나와와 일본에서 온 활동가들의 통역을 담당하고 있는 미야우치 아키오씨를 만나게 되었다. 또 다른 옮긴이인 아키오씨는 주한미군범죄근절운동본부에서 활동가로 근무하면서 여러 가지 일본 서적이나 자료를 번역하고 있었는데, 때마침 『오키나와 현대사』의 번역을 먼저 제안해 주셨다. 나 역시 2005년 말에 출간된 책을 읽기 시작하던 참이었지만, 무엇보다, 오키나와에 대한 학술적 · 실천적 관심이 증대되었음에도 불구하고 오키나와의 현대사를 깊이 있게 접할 수 있는 서적이 없다는 점과, 더 나아가 책의 번역을 제안을 받았던 시기에 평택 미군기지의 건설을 둘러싸고 활발하게 벌어지고 있던 여러 가지 대중투쟁을 염두에 두었다. 한국의 미군기지 문제를 이해하는데 오키나와의 사례가 큰 도움이 될 것이라고 판단하고, 책의 번역에 착수하였다. 말하자면, 학술적인 목적뿐만 아니라 실천적인 관심도 컸다고 할 수 있다. 이것이 책을 번역하게 된 두 번째 이유였지만, 대추리를 중심으로 한 평택 미군기지 확장저지를 위한 싸움은 나의 예상보다 일찍 끝나고 말았다. 아니, 오히려 번역 작업이 훨씬 더 길어졌다는 것이 진실에 가까울 것이다. 대추리 주민들의 이주로 대추리에서의 싸움은 일단락되었지만, 평택에서는 평택평화센터를 건설하면서 새로운 싸움을 준비하고 있다. 뿐만 아니라 군사기지를 둘러싼 싸움은 파주, 군산, 제주도 등지로 확산되고 있다. 따라서『오키나와 현대사』를 펴냄으로써 (미군)기지 문제를 이해하는데 도움이 되고자 했던 번역의 의도는 여전히 유효하리라 생각한다.

책의 번역과 출판까지 여러 가지로 도움을 주신 분들에게 감사의 말씀을 전하고 싶다. 먼저, 서울대학교 사회학과의 임현진, 정근식 선생님은 오키나와를 통해 일본과 동아시아의 현대사를 보는 새로운 시각을 소개해 주셨다. 이령경씨와 정선숙씨는 미묘한 일본어 표현을 한글로 옮기는데 여러 가지 조언을 해 주었을 뿐만 아니라 잘못된 번역을 꼼꼼히 지적해 주었다. 현민과 김보성을 비롯한 서울대학교 사회학과 대학원의 여러 원우들은 번역 초고를 읽고 한글 표현에서 어색한 부분들을 지적해 주었다. 강상규, 이지원, 김백영 박사님은 책의 번역이나 출판과 관련된 여러 가지 조언을 아끼지 않고 해 주셨다. 또한 책을 번역하도록 용기를 준 주한미군범죄근절운동의 고유경 씨와 이 책의 의의를 이해하고 흔쾌히 출판을 추진해 준 소재두 논형사장님께도 감사드린다. 무엇보다 이 책의 저자인 아라사키 선생님은 옮긴이들의 잦은 질문과 문의에 언제나 친절하게 답변을 해주셨을 뿐만 아니라, 길어지는 번역 작업을 끝까지 기다리면서 격려해 주셨다. 이 자리를 빌어서, 여러 분들에게 감사의 말씀을 드린다.

글을 옮기며 2

미야우치 아키오(宮内秋緒)

　오키나와(沖繩)는 그냥 레저나 관광 혹은 마음의 요양을 위한 곳이 아
니다. 또한 오키나와 전쟁의 기억과 무거운 미군정의 역사, 미군기지만
의 섬도 아니다. 그 곳에 가면 아열대의 아름다운 자연이 펼쳐져 있고 그
자연과 어울려 살아가는 사람들이 있다. 그들은 자연과 자신의 생활을
파괴하는 거대한 군사주의와 군사안보를 광신하는 정치세력과 맞서면서
도 결코 지치거나 좌절하지 않는다. 그들은 끊임없이 삶 속에서 진정한
'평화'를 만들어내고 지키려는 노력을 하고 있다. 그러한 사람들 속에, 아
니 선두에 아라사키 모리테루(新崎盛暉) 선생님이 계신다.
　아라사키 모리테루 선생님은 학자의 모습보다 활동가의 모습이 더 친
숙하다. 최근 그 친숙한 모습을 뵈었던 기억이 다시 떠오른다. 내가 일하
고 있는 주한미군범죄근절운동본부에서 1년 동안 진행한 오키나와 학습
의 마무리로, 2007년 2월 오키나와 현장을 방문하였을 때 일이다. 전쟁
과 미군기지로부터 생명과 평화를 지키려는 오키나와 사람들의 실천과
노력이 엿보이는 여러 곳을 둘러보고 많은 사람들을 만나서 이야기를 들
었던, 오랫동안 기억하고 싶은 방문이었다. 방문 일성 마지막 날, 한국
과 십년이 넘도록 미군기지 반대운동의 연대 역사를 갖고 있는 '미군기
지 반대운동을 통해서 오키나와와 한국의 민중연대를 도모하는 모임(이
하 오키 · 한 민중연대)'의 회원들과 교류회를 가졌다. 서로 소개하는 시

간에 사회자가 아라사키 선생님을 가리켜서 "오키 · 한 민중연대의 고문이십니다 ⋯ 아, 맞아요. 오키나와대학 전(前) 학장님이시기~도~ 하고요"라고 소개를 하였다. 그러자 모두들 "~도~가 뭐야~"하며 한바탕 웃었던 일이 있었다. 활동가로 소개되면서 덧붙여 대학 학장직도 역임했다는 소개에 대해 아라사키 선생님도 그 특유의 수줍은 듯한 넉넉한 웃음을 지으셨다.

1999년 처음 선생님을 뵈었을 때 오키나와의 수호신, 시사(シーサー)를 떠올렸다. 오키나와 집 앞이나 지붕위에 자리를 잡고 앉아 사람들과 집을 지켜주는 수호신 시사를 꼭 한번 보기를 추천한다. 엄격하고 진지하면서도 풍부한 지식을 지닌, '행동하는 학자'의 길을 걸어온 아라사키 선생님을 오키나와 반기지운동의 수호신이라고 해도 많은 사람들이 동의할 것이다. 나에게 많은 경험과 생각을 안겨준 한국의 미군기지 관련 활동가들과 연구자들에게 그분의 책을 전할 수 있게 되어서 마냥 영광스럽기만 하다.

이 책을 번역하면서 힘든 작업은 거의 대부분 같이 번역을 했던 정영신씨에게 떠맡겼으면서도, 고마운 분들에게 감사의 말씀을 전하는 순간만을 기다리고 있었다. 돌이켜보니 내가 '평화'라는 아주 애매모호하면서도 인간이 살아가는데 꼭 있어야 하는, 인간의 기본적 환경이자 권리인 개념을 확실하게 알게 된 것은 한국에 와서 미군이 일으키는 범죄문제와 만나면서부터였다. 한국에서 주로 미군범죄 피해자가 되었던 사람들은 시대를 떠나서 여성들이었고, 미군기지 주변의 여성들의 존재가 필요하다고 하면서도 그녀들을 멸시하는 사회가 있음을 알게 되었다. 그 속에서 이름 없이 쓰러져 가는 여성들의 아픔을 잊지 않고, 그들과 나를 구별하지 않고 활동하도록 나의 시야를 열어준 주한미군범죄근절운동본부의 역대 상근자분들에게 먼저 감사의 인사를 드리고 싶다. 정유진, 김동심,

이소희, 오진아님, 그리고 고유경 현 사무국장님.

정영신씨, 내가 먼저 번역을 제안했음에도 불구하고 거의 모든 수고를 혼자 감당하셨다. 죄송함을 느끼면서 동시에 이 분에게서는 아라사키 선생님과 같은 '행동하는 학자'로서의 부드러움을 느낄 수 있었다.

그리고 어릴 때부터 물처럼 공기처럼 평화와 인권의 소중함을 나에게 가르쳐주신 육아의 대 선배인 부모님, 얼굴을 보면서 말하기가 참으로 쑥스러워 이 자리를 빌어서 감사 말씀을 전한다.

마지막으로 나와 한 집에서 살고 있는 가족들에게 특별한 감사를 전하고 싶다. 내가 앞으로도 '평화'와 '인권', '자연'을 지키고 만들어낼 의욕이자 원동력이 되어 주고 있는 아들 린과 늘 나를 이해하며 곁에 있어주는 남편에게 감사와 사랑의 뜻을 전한다.

본토인의 오키나와 이해도에 대한 오키나와 민중의 평가 (%)

	87년 2월	92년 3월	02년 3월
1. 충분히 이해하고 있다	4.5	3.0	3.4
2. 약간 (어느 정도) 이해하고 있다	40.9	34.4	31.9
3. 별로 이해하고 있지 않다	43.5	45.9	49.2
4. 전혀 이해하고 있지 않다	4.0	5.5	8.0
5. 모름, 무응답	7.0	11.2	7.5

자료 출처: NHK 오키나와 주민 의식조사

주오키나와 미군에 관한 오키나와 민중 및 전국 평가(2005년 6월 조사)

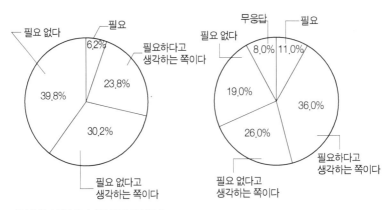

자료 출처: NHK 오키나와 주민 의식조사

복귀-미군기지-자위대에 관한 오키나와 민중의 평가

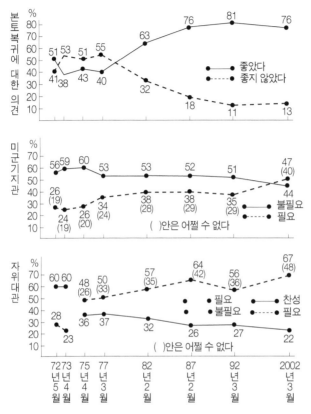

자료 출처: NHK 오키나와 주민 의식조사

＊ 여론조사는 당시의 민중의식을 파악하기 위한 하나의 단서로서 중요하다. 그러나 질문의 방식이 조금만 달라도 결과는 크게 달라진다. 또한 계속적 조사를 통해서 민중의식의 변화 경향을 알 수 있다. 그렇지만 예컨대 미군기지관에 관한 NHK의 조사가 1997년(민중의식의 고양기)에도 실시되었더라면, 변화의 경향을 보여주는 그래프는 전혀 달랐을 것이다. 여론조사의 결과는 어디까지나 민중의식을 파악하기 위한 하나의 단서에 지나지 않는다.

오키나와 미군 기지

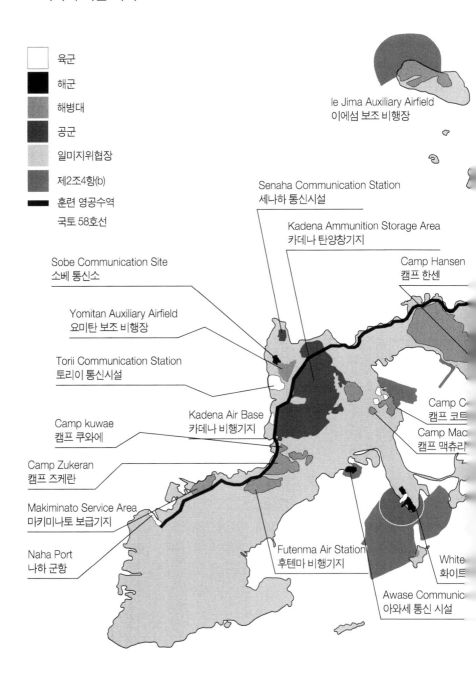

육군

해군

해병대

공군

일미지위협장

제2조4항(b)

훈련 영공수역

국토 58호선

le Jima Auxiliary Airfield
이에섬 보조 비행장

Senaha Communication Station
세나하 통신시설

Kadena Ammunition Storage Area
카데나 탄양창기지

Camp Hansen
캠프 한센

Sobe Communication Site
소베 통신소

Yomitan Auxiliary Airfield
요미탄 보조 비행장

Torii Communication Station
토리이 통신시설

Camp C
캠프 코트

Camp Mac
캠프 맥츄리

Kadena Air Base
카데나 비행기지

Camp kuwae
캠프 쿠와에

Camp Zukeran
캠프 즈케란

Makiminato Service Area
마키미나토 보급기지

Futenma Air Station
후텐마 비행기지

White
화이트

Naha Port
나하 군항

Awase Communic
아와세 통신 시설

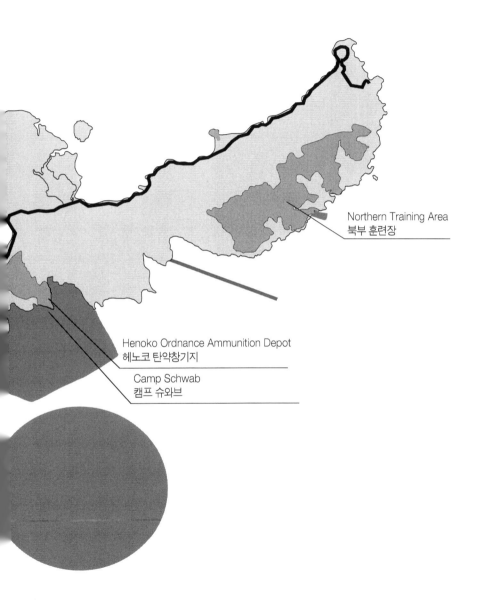

Northern Training Area
북부 훈련장

Henoko Ordnance Ammunition Depot
헤노코 탄약창기지

Camp Schwab
캠프 슈와브

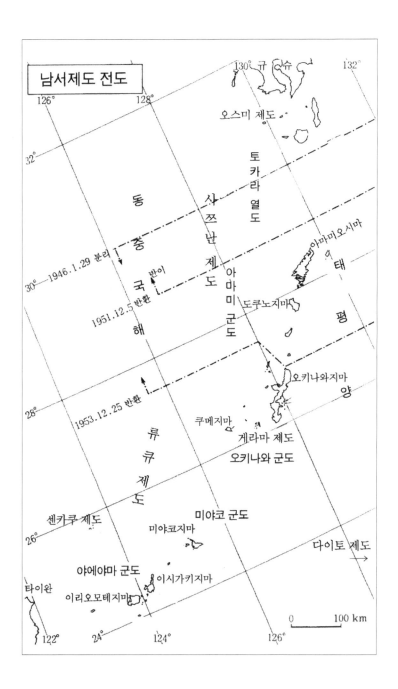

남서제도 전도

126° 128°

130° 규슈 132°

오스미 제도

32°

토
카
라
열
도

동 사
쯔
난
제
도

중 아마미오시마

30° ─1946.1.29 분리 반이 아
마
미
군
도

반이

태

1951.12.5 반환 도쿠노지마

평

해

오키나와지마

28° 1953.12.25 반환 양

쿠메지마

게라마 제도

류 오키나와 군도

큐

제

도

센카쿠 제도 미야코 군도

26° 미야코지마 다이토 제도 →

야에야마 군도 이시가키지마

타이완 이리오모테지마

0 100 km

122° 24° 124° 126°

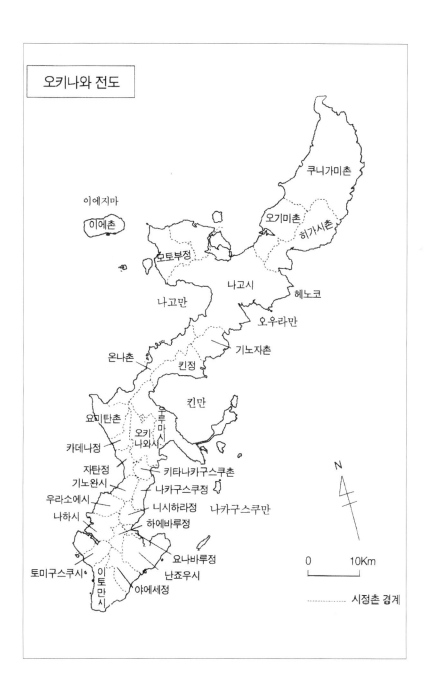

오키나와 전도

이에지마
이에촌

쿠니가미촌

오기미촌

히가시촌

모토부정

나고시

헤노코

나고만

오우라만

온나촌

기노자촌

킨정

킨만

요미탄촌

우루마시

오키나와시

카데나정

자탄정

키타나카구스쿠촌

기노완시

나카구스쿠정

우라소에시

니시하라정

나카구스쿠만

나하시

하에바루정

토미구스쿠시

이토만시

요나바루정

난죠우시

야에세정

N

0   10Km

.... 시정촌 경계

오키나와 현대사 연표

1941	12	08	일본군 미 하와이 진주만 공격, 태평양 전쟁 시작
1944	02	22	일본군 오키나와수비군(제32군) 신설
1945	03	26	미군 게라마 상륙
			오키나와 자마미지마에서 '집단자결' 발생
	04	01	미군 오키나와 본섬의 요미탄촌과 차탄촌에 상륙 니미츠포고 발포
	04	02	요미탄촌 치비치리가마에서 '집단자결' 발생, 83명 희생
	06	19	일본군의 조직적 저항 종료
	06	23	일본군 사령관 우지시마 자결
	07	02	미군의 오키나와작전 종료 선언 발표
	08	15	일본, 포츠담선언 수락
	09	07	오키나와 방면 일본군과 미군의 항복조인식
1946	01	29	북위 30도 이남의 제도, 일본에서 분리
1948	05	01	류큐은행 설립
	07	16~20	전류큐 통화, 군표B엔으로 통일
1949	10	01	중화인민공화국 성립(이 즈음부터 방공연습 시작)
1950	06	25	한국전쟁 발발
1951	04	29	류큐일본복귀촉진기성회 결성
	09	08	대일강화회의 개최
1952	04	01	류큐 정부 발족
	04	28	대일평화조약, 미일안보조약 발효
1953	07	15	이에지마 주민들 토지투쟁
	12	25	아마미오시마 일본 복귀
1945	01	07	미 아이젠하워 대통령, 오키나와기지 무기한 보유선언
1955	07	17	이사하마 지역에서 무장 미군에 의한 토지강제수용 시작
1956	06	09	프라이스 권고의 골자 발표, 섬 전체 투쟁 시작
	06	20	프라이스 권고 반대, 4원칙 관철 주민대회
1957	06	21	기시 - 아이젠하워 공동성명
1958	09	16~20	통화의 달러 전환

	10 04	안보개정협의 시작(1960. 6. 23 개정조약 발효)
1959	06 30	이시카와시 미야모리 초등학교에 미 제트기 추락, 138명 사망
1960	04 28	오키나와현조국복귀협의회(복귀협) 결성
1961	04 05	오키나와인권협회, 전군노련(6. 18), 전오키노련(6. 19) 등 결성
1965	01 13	사토 - 존슨 공동성명
	02 07	미군 북베트남 폭격 개시
	07 20	카데나기지에서 B52 베트남 출격
	08 19~21	사토수상 오키나와 방문
1967	02 24	교공2법 저지투쟁
	11 15	제2차 사토 - 존슨 공동성명
1968	04 24	전군노 10할 연휴 투쟁
	11 10	주석 첫 선거에서 야라 초뵤 당선
	11 19	카데나기지에서 B52 추락 사고
1969	02 04	2.4 총파업 중지
	11 19~21	사토 - 닉슨 회담
	11 22	사토 - 닉슨 공동성명, 오키나와반환 발표
1970	11 15	국정참가선거
	12 20	고자 폭동
1971	06 17	오키나와반환협정 조인
1972	01 08	오키나와반환 기일 결정
	03 07	전군노 무기한 파업 돌입(~4. 10 중단)
	05 09	류큐 정부, CTS(석유비축기지)용지로서 미야기시마와 헨자지마 사이의 매립 인가
	05 15	오키나와반환, 오키나와처분 항의 현민총궐기대회
	06 25	전후 첫 오키나와현 지사 선거, 야라 초뵤(혁신) 당선
	06 30	자위대, 오키나와로의 본격 이주 개시
	11 26	복귀기념식수제(마부니)
	12 18	오키나와진흥개발계획(10개년계획, '1차진계') 결정
1973	04 24	미 해병대, 실탄포격연습을 위해 오키나와현도 104호선 봉쇄
	05 03	오키나와특별국민체육대회(와카나츠국체) 개막
	09 25	CTS에 반대하는 '킨만을 지키는 모임' 결성

1974	01	19	아라지사, CTS유치 방침을 철회, CTS입지 반대를 표명
	03	02	전지중의 불발탄이 폭발, 유치원생 등 4명 즉사, 20명 부상
	07	10	이에지마 사폭장에서 미군이 지역 청년을 저격한 사건 발생
	09	05	공유수면매립면허 무효인정소송(CTS소송) 제소
	10	17	오키나와현도 104호 넘어 미군실판포격연습
			게릴라가 착탄지 잠입으로 실력 저지(기센바루 투쟁)
1975	02	05	CTS건설 저지 현민총궐기대회
	07	20	오키나와국제해양박람회 개최(~1976. 1. 18)
			장기 불경기와 해양박람회 부진으로 기업 부도가 잇따름
1976	02	16	공용지법위헌소송 지원 현민공투회의(위헌공투) 결성
	06	13	복귀 후 2번째 오키나와현 지사선거, 타이라 코우이치(혁신) 당선
	06	22	아라지사, CTS건설을 허가
	07	01	현도 넘어 실탄포격연습의 포탄파편으로 저지단에 부상자 발생
	09	17	현도 넘어 실탄포격연습, 저지행동으로 노조원 4명 형특법위반으로 체포
	10	10	구시켄 요코, 세계 주니어 프리이급 챔피언으로
1977	04	19	현도 넘어 실탄포격연습 저지행동으로 학생 3명, 형특법위반으로 체포
	05	15	공용지법기한 마감, '안보에 바람구멍을 뚫은 4일간'
	05	18	지적명확화법 성립, 공용지법 살아남
	10	04	미군 현도 넘어 실탄포격연습을 강행
1978	02	10	나고시, 미군 전차 통행을 저지
	04	12	센카쿠 제도 주변에 중국 어선단 100척이 출몰
	04	12	킨정과 나고시(23일)에 포탄파편이 낙하
	07	03	교통방법, 일본식인 '사람은 오른쪽, 차는 왼쪽'으로 변경
	09	02	전군노, 전주노와의 조직통일
	12	11	타이라 지사의 병 사임으로 인한 지사선거에서 니시메 준지(보수) 당선
	12	29	캠프 슈와브기지에서 훈련중이던 미군이 나고시 교다 부락에 기관총 난사
1979	07	19	오키나와현·미군·나하방위시설국의 기지문제연락협의회 발족
	08	18	미군 대합동훈련 '포트레스 게일'이 오키나와를 무대로 개시, 자위

대도 참여

1983	01	28	해상자위대 대잠작전을 위한 데이터 기지를 화이트 비치에 건설
	02	03	캠프 슈와브 대훈련 때문에 구시 중학교(나고시)에서 수업 중단
	06	07	주오키나와 미 해병대, 제7함대의 대규모 상륙연습 '밸리언트 브리지 83'에 자위대 참여
	10	08	기노완 시장, 지사에게 후텐마비행장 이전을 요청
	12	04	'오키나와 - 야에야마 - 시라호의 바다와 생활을 지키는 모임' 결성
	12	08	'오키나와전쟁 기록 필름 1피트운동의 모임' 결성
	12	23	나하방위시설국에서 독직 사건
1984	01	15	자위관 참여 성인식에서 혁신단체·우익·경찰이 충돌
	04	06	오키나와전 유적지·기지 안내인 양성강좌 개시
	05	16	오키나와전 기록 필름 상영회
	05	18	나고시 교다에서 덤프트럭에 미군 기총탄 명중
	06	21	자위대기 나하공항에서 이륙에 실패, 불에 탐
	06	23	'혼백(魂魄)의 탑' 앞에서 제1회 국제반전오키나 집회
	09	12	오키나와현 기동대를 도입하여 시라호 환경조사 강행
	10	19	미 육군특수부대 창대식(그린베레 재배치)
	10	21	주오키나와 미 해병대 홋카이도에서 자위대와 최초 합동훈련(~11. 3)
	11	30	나하방위시설국 두 번째 강제사용 수속을 개시
1985	03	01	미 해병대 오키나와에 배치된 모든 화포를 핵포탄발사 가능한 M198형 유탄포로 전환할 것을 발표
	06	04	자위대기 사고로 나하공항 일시 폐쇄
	08	28	문부성 '히노마루', '기미가요' 촉진 통지
	09	27	일본체육협회 카이호우국체 일정을 결정
	11	19	미 태평양 공군 나하공항의 민간기 이착륙을 규제하고 대규모 항공기전투 훈련을 실시
1986	02	04	오키나와현 항공자위대에게 카이호우국체에서의 협력 요청
	02	17	미군용지 20년 강제사용반대 현민총궐기대회
	02	25	'히노마루', '기미가요' 반대 현민총궐기대회
	02	26	20년 강제사용 제1회 공개심리
	06	10	핵전쟁을 상정한 '글로벌 시루드 '86'에 카데나기지도 연동(~23)
	08	07	자위대 오키나와현내 중고생을 대상으로 청소년방위강좌

		나하방위시설국 미계약 군용지에 강제사용수속을 개시
	07 11	P3C대잠초계기 나하기지에 배치
	08 23	세계의 우치난츄(오키나와인)대회(~26)
	11 18	오타 마사하데 오키나와현 지사로 당선
1991	01 17	걸프전쟁 시작
	02 04	반전행동주간(걸프전쟁에 반대하는 시민·주민연락회)(~10)
	03 26	재개정 지방자치법('위령의 날' 휴일존속) 성립
	05 28	지사 공고·종람대행을 표명
	09 24	오키나와현 의회 전회일치로 주필리핀 미군기의 카데나이주 반대 결의
1992	02 12	오키나와현수용위원회 강제사용 5년 재결
	02 16	전쟁말라리아 국가보상실현 총궐기대회
	07 29	P3C 송신소 건설로 측량 개시
	11 03	슈리성 복원, 일반 공개
	11 26	지사 신이시가키공항 미야라안을 표명
1993	03 23	'히노마루' 재판에서 나하지방재판소 치바나 피고에게 징역 1년 판결
	04 23	오키나와에서 전국식수제, 천황·황후 첫 오키나와 방문
	09 27	P3C 송신소 건설저지 총궐기 대회
1994	02 24	나하지방재판소 오키나와지부에서 카데나폭음소송 제1심 판결
	04 04	F15 이글 전투기 카데나탄약고지구에 추락, 불탐
	08 29	모토부정장 선거, P3C 송신소 반대인 나가하나 도쿠마츠 당선
	09 09	호주야마 발언
	12 12	반전지주들에게 중과세소송 나하지방재판소에서 승소(국가 측 공소)
1995	03 28	정보공개소송에서 나하시 승소(국가 측 공소)
	05 09	무라야마 수상 강제사용안정을 고시
	05 19	군전(특조)법 성립
	06 23	'평화의 초석' 건립
	09 04	미군에 의한 소녀 폭행사건
	09 19	고노 외무대신 지사의 지휘협정 재검토 요구를 일축
	09 28	오타 마사히데 지사 오키나와현 의회에서 대리서명거부를 표명
	10 21	오미나와현민 총궐기대회 85,000명이 참여

	11 16	클린턴 미 대통령 일본 방문을 중지
	12 07	무라야마 수상 오타 지사를 제소(직무집행명령 소송)
1996	01 11	마타요시 에이키, 아쿠타가와상 수상, 오키나와에서 3명 째 복귀 후 첫 수상
	01 30	오키나와현 기지반환 행동프로그램을 제시
	03 25	대리서명소송 오키나와현 측 패소
	03 29	하시모토 수상 서명대행
		소배통신소(코끼리 울타리) 긴급 사용을 오키나와현 수용위원회에 신청
	04 12	하시모토 · 먼데일 회담에서 후텐마기지 반환 합의
	04 15	미군용지강제사용에 반대하는 오사카(도쿄)집회(~16)
	04 17	미일정산회담 미일안보공동선언을 발표
	06 09	오키나와현 의회선거에서 16년 만에 혁신우위
	08 19	정부 오키나와간담회를 설치
	08 28	대리서명소송 최고재판소 판결(오키나와현 측 패소)
	09 08	전국 최초의 (오키나와) 현민투표
	09 13	지사 공고 · 종람대행을 표명
	10 20	중의원 선거, 복귀 후 처음으로 오키나와현의 투표율이 전국평균을 하회
	10 31	중과세 소송, 후쿠오카고등재판소 나하지부에서 역전 패소
1997	01 16	해상헬기기지 헤코노 앞바다로 미일기본합의, 지역은 맹반발
	02 21	미군용지강제사용 제1회 공개심리
	04 11	중의원에서 미군용지특조법 개정안 가결(90%가결)
	04 17	참의원 본회의에서 미군용지특조법 개정안 가결, 성립
	05 14	기한 종료 군용지 출입 요구 등 여러 행동(~15)
	07 17	메도루미 슌 아쿠타가와상 수상
	08 01	오키나와현 해상기지 보링조사를 허락
	08 13	나고시민투표조례 제정청구 서명명부 제출
	09 23	미일 신 가이드라인 합의
	11 04	FTZ 오키나와현(2005년을 목표로 전현화) 결정
	11 05	정부 해상기지기본안 제시
	12 21	나고시민 투표, 52.86%가 해상기지건설에 반대
	12 24	히가 데츠야 나고시장 기지 승낙과 시장사임 표명

1998	01	29	미군용지강제사용 공개심리 종료
	02	06	오타 지사 해상기지 승낙 거부 표명
	02	08	나고시장에 카시모토 다케오 당선
	05	19	오키나와현 수용위원회 각하를 포함한 강제사용 재결
	05	22	카네나 폭음소송 공소심 판결(쌍방 상고 단념)
	10	08	오키나와현 의회 나라군함 이설촉진 결의
	10	09	미 해병대원 여고생을 뺑소니
	11	15	오키나와현 지사에 이나미네 케이치 당선
	12	22	'나하군항 우라소에 이설에 반대하는 시민의 모임' 결성
1999	01	14	노나카 히로무 관방장관 오키나와개발청 장관 겸무
	01	29	이나미네 지사 나하군항의 우라소에 이설 표명
	04	13	킨정장 '코끼리 우리' 수용 표명
	05	25	주변사태법 성립
	07	08	지방분권추진일괄법 성립
	07	16	오키나와현 평화기념자료관 완성
	08	14	오키나와평화시민연락회 결성
	09	29	오키나와현내 이설반대 현민회의 결성
	10	05	아오키 미키오 관방장관 오키나와개발청 장관 겸무
	11	22	이나미네 지사 후텐마대체시설 헤노코 연안지역 이설 표명
	12	27	나고시장 이설 승낙 표명
	12	28	헤노코 이설 각의 결정
2000	03	20	모리 요시로 자민당 간사장 '오키나와지역신문은 공산당이 지배' 발언
	03	27	제2차 카데나 폭음 소송
	04	17	오키나와에서 평화를 호소하는 4·17집회
	06	11	오키나와현 의회 선거, 공명당현본부 여당 참여 표명
	03	13	한반도남북정상회담
	07	21	오키나와 8개국 정상회담(~23)
	08	25	오키나와 21세기 플랜 최종보고, 대체시설협의회 첫 회합
	11	30	구스쿠(오키나와의 城) 관련 유산군 세계유산으로 결정
	12	05	오키나와·행혁담당대신으로 하시모토 류타로
	12	12	국립조용극장(국립극장 오키나와) 기공식

찾아보기